한자 Up
어휘력 Up
성적 Up

이
우
용

전북대학교 정보과학대학원을 졸업하였고, 청소년 교육관련 공공 기관에서 근무하는 등 24년간 공직생활을 하였다. 한자 1·2급 및 한국사 1급 자격증을 소지하고 있으며, 한자 교육에 대한 중요성을 인식하고, 그동안 많은 지인 및 자녀들에게 지도해 주었던 한자 교육에 대한 노하우를 고스란히 금번 교재에 담았다. 2017년 말에는 여성·청소년·가족정책 추진에 기여한 공로로 여성가족부 장관상을 수상한 바 있다.

한자 Up 어휘력 Up 성적 Up

발행일	2018년 12월 10일

지은이	이 우 용		
펴낸이	손 형 국		
펴낸곳	(주)북랩		
편집인	선일영	편집	오경진, 권혁신, 최승헌, 최예은, 김경무
디자인	이현수, 김민하, 한수희, 김윤주, 허지혜	제작	박기성, 황동현, 구성우, 정성배
마케팅	김회란, 박진관, 조하라		
출판등록	2004. 12. 1(제2012-000051호)		
주소	서울시 금천구 가산디지털 1로 168, 우림라이온스밸리 B동 B113, 114호		
홈페이지	www.book.co.kr		
전화번호	(02)2026-5777	팩스	(02)2026-5747

ISBN	979-11-6299-409-2 13710 (종이책)	979-11-6299-410-8 15710 (전자책)

이 도서의 국립중앙도서관 출판예정도서목록(CIP)은 서지정보유통지원시스템 홈페이지(http://seoji.nl.go.kr)와 국가자료공동목록시스템(http://www.nl.go.kr/kolisnet)에서 이용하실 수 있습니다.
(CIP제어번호: CIP2018039890)

(주)북랩 성공출판의 파트너

북랩 홈페이지와 패밀리 사이트에서 다양한 출판 솔루션을 만나 보세요!

홈페이지 book.co.kr • **블로그** blog.naver.com/essaybook • **원고모집** book@book.co.kr

한자 up
어휘력 up
성적 Up

이우용 지음

**수능·논술·자소서
모두 어휘력이 기본!**

무조건 외우는 한자가 아니라
원리를 이해하며 배우는 한자,
한자의 원리를 알면
공부가 쉬워진다!

북랩 book Lab

사랑하는 _____ 님에게

소중한 마음을 모아 이 책을 드립니다

머리말

　저자가 공직생활 중 청소년 관련 공공기관에 근무하면서 많은 청소년과 상담을 하며 느낀 점이 있다면, 한자를 많이 알고 있는 아이들이 훨씬 어휘구사능력이 탁월하고 성적도 우수하다는 점이었다.

　우리말 어휘의 70%이상을 차지하는 한자는 학생들에게 교과내용의 이해를 돕는 촉매제 역할을 한다. '온난화', '경도', '위도'처럼 한자어로 된 개념과 용어를 배울 때 한자의 뜻을 알면 학생들은 훨씬 더 빠르고 쉽게 그 의미와 원리를 이해하고 터득하게 된다.

　그 동안의 한자교육은 대부분이 어휘가 한자어임을 알면서도 한자를 활용하여 이해하도록 하지 않고 무작정 암기하도록 강요하였던 것이 사실이다. 무한정 반복·반복하다보면 언젠가는 알 수 있을 것이라고 암기를 강요하며 학생들을 힘들게 하고, 이로 인하여 학습능률을 저하시켰던 점 또한 기성세대가 반성해야 할 점이 아닌가 싶다.

　한자원리를 얘기할 때 우선 연상되는 것이 상형문자이다. 처음에 뫼산(山)자나 나무목(木)자와 같은 기초한자를 배울 때 산이나 나무의 모습을 그리면서 쉽게 암기했던 기억이 누구나 있다. 이렇게 모든 한자를 익히면 정말 더 쉽게 다가올 텐데, 애석하게도 우리가 배우는 상형문자는 전체의 1%도 되지 않는다. 대부분의 한자는 두 개 이상의 글자를 결합하여 만든 회의문자(뜻+뜻)와 형성문자(뜻+음)이다.

이에 본 교재에서는 배정한자를 부수별로 나열하고 기억의 원리로 편집하여, 한자가 만들어진 이치를 깨닫게 함으로써 회의문자와 형성문자를 쉽게 터득함은 물론 어휘력 부족으로 학습에 흥미를 느끼지 못하고 효율적인 학습을 못하는 학생들에게 '가뭄의 단비'와 같은 교재가 되리라 믿어 의심치 않는다. 아울러 일생생활에서 마주치는 단어들의 깊은 뜻을 분명하게 알고 사용하면 학교수업뿐만 아니라 성인이 되어서도 풍부한 어휘력을 바탕으로 자신있는 사회생활의 디딤돌이 될 것이라 믿는다.

자원풀이가 핵심인 『한자 Up, 어휘력 Up, 성적 Up』은 중학교 교육과정에 들어가는 필수한자 900자를 5개 부문으로 나누어 체계적으로 구성하였고, 다양한 문헌을 종합적으로 검토하여 초등학생도 알기 쉽게 합리적으로 해설하였다. 1장에서는 한자의 3요소, 한자가 만들어진 원리 및 214개 부수를 상세하게 설명하였고, 2장에서는 중학교 한문 교육용 기초한자 900자를 자원풀이와 함께 자주 활용되는 단어로 구성하였다. 또한 3장에서는 유의자, 반의자 및 사자성어를 발췌하여 다양한 학습이 되도록 구성하였다.

앞으로 본 교재를 읽고 깨달음의 기쁨을 얻게 될 학생들과 부족한 원고를 출간해 주신 북랩 출판사 가족들과 이 기쁨을 함께하고 싶다.

저자 이우용

목 차

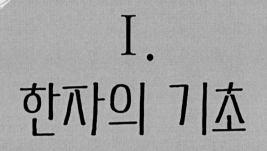

I.
한자의 기초

1. 한자의 3요소

한자는 표의문자의 하나로 사물이나 개념을 나타내는 글자이다. 모든 한자는 그 하나하나의 글자가 모양과 읽는 소리, 그리고 일정하게 나타내는 뜻을 지니고 있다. 즉 모양(形), 소리(音), 뜻(義)의 3요소를 갖추고 있는데 이를 한자의 3요소라 한다.

   1) '형(形)': 글자 모양
      – 해와 달 등의 모양을 그려서 일정한 모양이 된 글자
   2) '음(音)': 읽는 소리
      – 모양이 이루어진 한자를 읽는 것
   3) '의(義)': 뜻
      – 한 글자마다 갖고 있는 뜻

2. 한자가 만들어진 원리(육서)

한자가 만들어진 원리나 짜임새에 대한 이론을 육서라 한다.

   1) 상형(象形): 모양을 본떠서 만든 글자

日 (날 일)	둥근 해의 모양
月 (달 월)	초승달의 모양

   2) 지사(指事): 추상적인 생각을 점이나 선으로 만든 글자

一 (한 일)	나무막대 한 개를 가로로 놓은 모양
上 (윗 상)	일정한 기준선 위에 점을 찍은 모양

한자 Up 어휘력 Up 성적 Up

3) 회의(會意): 글자의 뜻끼리 모아 새롭게 만든 글자

明(밝을 명)	日(날 일) + 月(달 월): 해와 달이 합해져서 밝음
休(쉴 휴)	人(사람 인) + 木(나무 목): 사람이 나무 그늘 아래에서 쉬고 있음

4) 형성(形聲): 글자의 뜻과 소리를 모아서 만든 글자

聞(들을 문)	耳(귀 이) + 門(문 문)
忠(충성 충)	中(가운데 중) + 心(마음 심)

5) 전주(轉注): 글자가 다른 뜻을 가지고 쓰이는 글자

樂(풍류 악)	즐길 락, 좋아할 요
惡(악할 악)	미워할 오, 부끄러워할 오

6) 가차(假借): 뜻은 전혀 상관없이 소리만 빌려 쓰는 글자

아시아(Asia)	亞細亞(아세아)
인디아(India)	印度(인도)

3. 부수

자전에서 한자를 찾는 데 필요한 길잡이가 되는 글자로써, 소리글자인 한글의 자모나 영어의 알파벳에 해당한다. 1획부터 17획까지 총 214자가 있고, 글자의 놓이는 위치에 따라 8가지로 나눈다.

1) 변(邊): 글자의 왼쪽에 있는 것

- 人(사람 인) → 仁(어질 인)
- 言(말씀 언) → 訓(가르칠 훈)

2) 방(傍): 글자의 오른쪽에 있는 것

- 卩(병부 절) → 印(도장 인)
- 頁(머리 혈) → 順(순할 순)

3) 머리(頭): 글자의 위에 있는 것

- 艹(풀 초) → 花(꽃 화)
- 雨(비 우) → 雲(구름 운)

4) 발: 글자의 아래에 있는 것

- 心(마음 심) → 忠(충성 충)
- 儿(어진 사람 인) → 先(먼저 선)

한자 Up 어휘력 Up 성적 Up

5) 엄: 글자의 위와 왼쪽에 있는 것

- **广**(집 엄) → **店**(가게 점)
- **尸**(주검 시) → **尾**(꼬리 미)

6) 받침: 글자의 왼쪽과 아래에 있는 것

- **辶, 辶**(쉬엄쉬엄 갈 착) → **近**(가까울 근)
- **走**(달릴 주) → **起**(일어날 기)

7) 몸: 글자를 둘러싸고 있는 것

- **行**(다닐 행) → **街**(거리 가)
- **門**(문 문) → **間**(사이 간)

8) 제부수: 글자 전체가 글자인 것

- **人**(인), **大**(대), **心**(심), **日**(일), **木**(목), **水**(수)
- **石**(석), **肉**(육), **金**(금), **魚**(어), **黃**(황), **龍**(룡)

부수명칭

1	一 한 일	나무막대 한 개를 가로로 놓은 모습	**2**	入 들 입	두 개의 길이 한 길로 되는 모양
	丨 뚫을 곤	위에서 아래로 뚫다는 의미		八 여덟 팔	사물을 둘로 나눈 모양으로, 나눌 분(分)자와 소리가 비슷하여 숫자 8을 나타냄
	丶 불똥 주	떨어져 나간 불똥같은 물체의 모양		冂 멀 경	멀리 둘러싸고 있는 나라의 경계 또는 성곽을 나타냄
	丿 삐침 별	오른쪽에서 왼쪽으로 삐치면서 당기는 모양		冖 덮을 멱	보자기로 물건을 덮은 모양
	乙 새 을	새 앞가슴의 모양을 본떠 만든 글자		冫 얼음 빙	얼음이 얼 때 생기는 결 또는 고드름 모양
	亅 갈고리 궐	갈고리가 매달린 모양		几 안석 궤	사람이 기대어 앉는 상의 모양
2	二 두 이	나무막대 두 개를 가로로 놓은 모습		凵 입벌릴 감	물건을 담을 수 있도록 위가 터진 그릇 모양
	亠 돼지해머리 두	가로선 위에 꼭지점을 찍어 머리 부분이나 위를 나타냄		刀(刂) 칼 도	칼의 모양
	人(亻) 사람 인	팔을 약간 앞으로 내밀고 있는 사람의 옆모습		力 힘 력	팔에 힘을 주는 모습
	儿 어진사람 인	걸어가는 사람의 다리 모양		勹 쌀 포	사람이 몸을 구부리고 팔을 벌려 물건을 감싸고 있는 모양

한자 Up 어휘력 Up 성적 Up

2	匕 비수 **비**	밥을 뜨는 숟가락이나 고기를 자르는 비수의 모양		囗 에울 **위**	성벽 등으로 사방을 에워싼 모양
	匚 상자 **방**	통나무를 파서 만든 홈통 또는 네모난 상자 옆모양		土 흙 **토**	흙에서 새싹(屮)이 올라오는 모양
	匸 감출 **혜**	덮고(一) 숨긴다(ㄴ)는 의미		士 선비 **사**	하나(一)를 배우면 열(十)을 아는 슬기로운 사람으로 선비를 의미
	十 열 **십**	새끼줄의 모양을 본떠 만든 글자		夂 뒤져올 **치**	발을 가리키는 止를 거꾸로 한 글자
	卜 점 **복**	점치기 위해 거북의 등 껍데기를 태울 때 나타나는 선의 모양	**3**	夊 천천히걸을 **쇠**	두 다리를 끌면서 천천히 걸어가 는 모양
	卩(㔾) 병부 **절**	무릎을 꿇고 앉아있는 모양		夕 저녁 **석**	초저녁에 달이 희미하게 반쯤 보이는 모양
	厂 언덕 **엄**	산기슭에 바위가 옆으로 튀어 나 온 모양		大 큰 **대**	두 팔과 두 다리를 크게 벌리고 서있는 모양
	厶 사사로울 **사**	팔꿈치를 구부려 물건을 자기쪽으 로 감싸는 모양		女 계집 **녀**	손을 모으고 앉은 여인의 모습
	又 또 **우**	오른손의 모양을 본떠 만든 글자		子 아들 **자**	아이가 두 팔을 벌린 모양
3	口 입 **구**	사람의 입 벌린 모양		宀 집 **면**	움집의 위를 덮어씌운 모양

17

	寸 마디 촌	사람의 손목(寸)에서 맥박(ヽ)이 뛰는 곳까지의 길이를 의미		干 방패 간	방패의 모양
	小 작을 소	점(ヽ) 세 개로 물건의 작은 모양을 나타냄		幺 작을 요	가늘고 작은 실 모양
	尢(兀) 절름발이 왕	큰 대(大)자의 변형으로 한 다리는 곧고, 한 다리는 굽은 모양		广 집 엄	바위집 또는 돌집의 모양
	尸 주검 시	사람이 죽어서 누운 모양		廴 길게 걸을 인	발을 길게 끌며 멀리 걸어가는 모양
3	屮 싹날 철	나무에서 싹이 나온 모양	3	廾 받들 공	두 손으로 받들어 올리는 모양
	山 뫼 산	산의 모양		弋 주살 익	줄 달린 화살의 모양
	巛(川) 내 천	굽이굽이 흐르는 냇물의 모양		弓 활 궁	활의 모양
	工 장인 공	손잡이가 달린 공구의 모양		크(彑) 돼지머리 계	돼지머리의 뾰족한 모양
	己 몸 기	몸 상체를 구부리고 꿇어 앉아 있는 사람의 모습		彡 터럭 삼	머리카락 모양
	巾 수건 건	걸이에 걸려 있는 수건 모양		彳 조금 걸을 척	다닐 행(行)의 왼쪽 부분으로 걸어 간다는 의미

한자 Up 어휘력 Up 성적 Up

心(忄) 마음 심	심장의 모양		无(旡) 없을 무	얼굴을 뒤로 향하고 입을 크게 벌린 모양		
戈 창 과	날 부분이 갈라진 창의 모양		日 날 일	해의 모양		
戶 지게 호	외짝 문의 모양		曰 가로 왈	입(口)에서 소리(一)가 나오는 모습		
手(扌) 손 수	한 손을 펼친 모양		月 달 월	초승달의 모양		
支 가지/지탱할 지	손(又)으로 나뭇가지(十)를 잡고 있는 모습으로, 잡고 버틴다는 의미		木 나무 목	나무가 서 있는 모습		
攴(攵) 칠 복	손에 나뭇가지를 들고 치는 모양		欠 하품 흠	입 벌리고 하품하는 모양		
文 글월 문	사람 몸에 그린 문신 모양		止 그칠 지	발목 아래의 모양		
斗 말 두	곡식 따위의 양을 재는 긴 자루가 달린 국자의 모양		歹(歺) 죽을 사	뼈만 앙상하게 남은 모양		
斤 도끼 근	긴 자루가 달린 도끼 모양		殳 칠 수	몽둥이를 손에 들고 친다는 의미		
方 모 방	두 척의 배를 나란히 묶어 놓은 모양		毋 말 무	어미 모(母)와 같은 모양으로 하지 말라는 의미		

(좌측 세로: 4, 우측 세로: 4)

19

비	설명	편	설명
比 **견줄 비**	두 사람이 나란히 서 있는 모양	片 **조각 편**	통나무를 쪼개 토막 난 오른쪽 모양
毛 **털 모**	동물의 털이 나 있는 모습	牙 **어금니 아**	위아래의 어금니가 맞물린 모양
氏 **성씨 씨**	나무 뿌리를 본떠 만든 글자로 뿌리에서 나온 사람들을 의미	牛(牜) **소 우**	뿔이 있는 소의 모양
气 **기운 기**	수증기 모양	犬(犭) **개 견**	앞발을 들고 짖어대는 개의 옆 모양
水(氵) **물 수**	흐르는 물의 모양	玄 **검을 현**	작은(幺) 것이 무언가에 가려(亠) 검게 보임
火(灬) **불 화**	활활 타오르는 불꽃 모양	玉(王) **구슬 옥**	구슬 세 개(三)를 끈으로 꿴(丨) 모양으로 임금 왕(王)과 구별하기 위하여 점(丶)을 추가
爪(爫) **손톱 조**	물건을 잡고 있는 손과 손톱의 모양	瓜 **오이 과**	넝쿨에 달린 오이의 모양
父 **아비 부**	회초리(丨)를 손(又)에 들고 자식을 훈계하는 아버지의 모습	瓦 **기와 와**	기와의 모양
爻 **점괘 효**	점을 칠 때 쓰는 나뭇가지를 엇갈리게 놔둔 모양	甘 **달 감**	입(口)안에 맛있는 음식(一)이 있음을 의미
爿 **조각널 장**	통나무를 쪼개 토막 난 왼쪽 모양	生 **날 생**	땅(土)을 뚫고 싹(屮)이 나오는 모양

한자 Up 어휘력 Up 성적 Up

	用 쓸 용	큰 통에 쓸모있는 나뭇가지를 넣어둔 모습			矢 화살 시	화살의 모양
	田 밭 전	구획된 밭의 모양			石 돌 석	언덕(厂) 아래에 있는 큰 돌(口)의 모습
	疋 발 소	발목에서 발끝까지의 모양			示(礻) 보일 시	신에게 희생물을 바치는 제단의 모습
	疒 병들 녁	사람이 병상에 팔을 늘어뜨리고 기댄 모양		5	内 짐승발자국 유	짐승의 발자국 모양
5	癶 걸을 발	두 발을 벌리고 걸어가는 모양			禾 벼 화	벼 줄기에서 이삭이 패어 드리워 진 모양
	白 흰 백	햇빛이 위를 향해 비추는 모습			穴 구멍 혈	사람이 살 수 있도록 만든 굴의 입구 모양
	皮 가죽 피	칼(丨)을 들고 손(又)으로 짐승의 가죽(厂)을 벗겨내는 모양			立 설 립	두 팔을 벌린 사람이 땅(一)을 딛 고 서 있는 모습
	皿 그릇 명	위가 넓고 받침이 있는 쟁반 모양			竹 대나무 죽	대나무 가지와 잎을 본떠 만든 글자
	目 눈 목	사람의 눈 모양		6	米 쌀 미	많은 쌀알들이 흩어져 있는 모습
	矛 창 모	세모진 창의 모양			糸 실 사	실을 감은 실타래 모양

Ⅰ. 한자의 기초

缶 장군 **부**	배가 불룩하고 입구가 좁은 질그릇 모양		**臣** 신하 **신**	임금 앞에서 눈을 크게 뜬 신하의 모습	
网(罒) 그물 **망**	그물을 쳐 놓은 모양		**自** 스스로 **자**	코의 모양	
羊 양 **양**	양의 모양		**至** 이를 **지**	화살이 땅위에 거꾸로 꽂힌 모양	
羽 깃 **우**	새의 날개 모양		**臼** 절구 **구**	절구 안에 곡식이 든 모양	
老(耂) 늙을 **로**	머리카락이 긴 노인이 지팡이를 잡고 있는 모양		**舌** 혀 **설**	입(口)에서 내민 혀의 모양	
而 말이을 **이**	얼굴과 이어지는 수염의 모양		**舛** 어그러질 **천**	오른발과 왼발이 각각 다른 방향으로 벌어져 있는 모양	
耒 쟁기 **뢰**	밭을 일구는 쟁기의 모양		**舟** 배 **주**	통나무를 파서 만든 나룻배의 모양	
耳 귀 **이**	귀의 모양		**艮** 그칠 **간**	눈(目)과 반대로 선 사람(匕)을 합친 글자로, 눈알을 반대로 굴리는 것은 신체적으로 한계가 있다는 의미	
聿 붓 **율**	한 손(⺕)으로 작은 나무 막대기(丨)를 잡고 글을 쓰거나 그림을 그리는 모양		**色** 빛 **색**	사람(巴)과 사람(人)이 대면하고 있을 때의 얼굴색을 의미	
肉(月) 고기 **육**	고기와 그 근육의 모양		**艸(艹)** 풀 **초**	풀이 돋아 나오는 모양	

6

한자 Up 어휘력 Up 성적 Up

6	虍 범 호	호랑이 가죽의 모양		豆 콩 두	밑받침이 있는 제사 그릇의 모양	**7**
	虫 벌레 충	벌레의 모양		豕 돼지 시	돼지의 모양	
	血 피 혈	제사를 지낼 때 희생된 동물의 피를 그릇에 담아둔 모습		豸 발 없는 벌레 치	맹수가 덤벼들려는 모양	
	行 다닐 행	사람들이 다니는 사거리의 모양		貝 조개 패	열려있는 조개껍데기의 모양	
	衣(衤) 옷 의	윗도리의 모양		赤 붉을 적	큰 불(火)이 나서 땅(土)이 붉게 보이는 모습	
	襾(西) 덮을 아	뚜껑으로 덮는 모양		走 달릴 주	팔을 힘차게 휘저으며(大) 달려가는(止) 사람의 모습	
7	見 볼 견	사람(儿)이 눈(目)으로 본다는 의미		足 발 족	무릎(口)과 발목 아래(止)의 모양	
	角 뿔 각	소나 양의 뿔 모양		身 몸 신	임신해서 배가 나온 여자의 모습	
	言 말씀 언	입(口)에서 입김이 나오는 모습		車 수레 거/차	수레의 모양	
	谷 골 곡	물이 좌우로 흐르는 골짜기의 모양		辛 매울 신	죄인이나 노예의 얼굴에 문신을 새기던 침의 모양	

23

7	辰 별 진	전갈자리 별 모양	**8**	隶 미칠 이	꼬리를 붙잡고 뒤쫓아 간다는 의미
	辵(辶) 쉬엄쉬엄 갈 착	조금 걷다가 멈추며 간다는 의미		隹 새 추	꽁지가 짧은 새의 모양
	邑(阝) 고을 읍	일정한 구역(口) 안에 사람들(巴)이 모여 산다는 의미		雨 비 우	구름에서 빗방울이 뚝뚝 떨어지는 모습
	酉 술 유	술을 빚어 담은 술병의 모양		靑 푸를 청	붉은(丹) 돌 틈에서 피어나는(生) 새싹은 더욱 푸르러 보인다는 의미
	采(釆) 나눌 변	발자국 모양으로 짐승을 알아낸다는 의미		非 아닐 비	새의 양 날개가 서로 반대 방향으로 퍼진 모습
	里 마을 리	밭과 토지가 있는 마을을 의미		面 낯 면	머리(一)와 코(自), 뺨이 있는 얼굴의 모양
8	金 쇠 금	흙(土) 속에 덮여있는(△) 광물(두 개의 점)의 하나인 금을 의미	**9**	革 가죽 혁	완전 벗긴 짐승의 가죽 모양
	長(镸) 길 장	머리카락이 긴 노인의 모양		韋 가죽 위	손질한 가죽의 모양
	門 문 문	좌우 두 개의 문짝이 붙은 문 모양		韭 부추 구	땅위에 자라나는 부추 모양
	阜(阝) 언덕 부	흙이 겹겹이 쌓인 언덕의 모양		音 소리 음	입(口)과 입에 물고 있는 나팔의 모습

9	頁 머리 혈	사람의 머리 모양	**10**	鬥 싸울 투	두 사람이 손으로 싸우는 모습
	風 바람 풍	배의 돛(凡)과 벌레(虫)는 바람의 영향을 많이 받는다는 의미		鬯 술 창	항아리 안에 기장을 넣고 발효한 술을 국자로 뜨는 모습
	飛 날 비	새가 양 날개를 펴고 하늘을 나는 모양		鬲 솥 력	세 개의 다리가 굽은 큰 솥 모양
	食(飠) 밥 식	그릇(皀)에 음식물을 가득 담고 뚜껑(△)을 덮은 모양		鬼 귀신 귀	무시무시하게 큰 머리를 한 사람의 형상으로 죽은 사람의 혼을 의미
	首 머리 수	머리카락과 코(自)가 있는 얼굴의 모습		魚 물고기 어	물고기의 모양
	香 향기 향	쌀(禾)을 입(曰)에 넣고 오래 씹으면 향기가 난다는 의미		鳥 새 조	새의 모양
10	馬 말 마	곧게 서 있는 말의 모습	**11**	鹵 소금밭 로	망태기에 담긴 소금 모양
	骨 뼈 골	살이 조금 붙어 있는 뼈의 모양		鹿 사슴 록	사슴의 모양
	高 높을 고	높은 누각이나 성문의 모양		麥 보리 맥	보리의 이삭과 뿌리의 모양
	髟 터럭 발	긴 머리카락이 늘어짐을 나타냄		麻 삼 마	지붕 아래 늘어놓은 삼의 모양

25

12	黃 누를 **황**	고대 중국의 귀족들이 허리에 누런빛의 옥을 차고 있는 모습	13	鼠 쥐 **서**	쥐의 모양
	黍 기장 **서**	물을 넣어 술을 만드는 데에 가장 좋은 볏과의 기장을 의미	14	鼻 코 **비**	코의 모양(自)에 공기를 흡입해 준다는 의미로 줄 비(畀)자를 추가하여 새로 만든 글자
	黑 검을 **흑**	불을 피워 창이 검게 그을린다는 의미		齊 가지런할 **제**	벼나 보리의 이삭들이 가지런히 패어있는 모양
	黹 바느질 **치**	실을 꿴 바늘로 수놓는 모양	15	齒 이 **치**	사람의 윗니와 아랫니가 잇몸에 박힌(止) 모양
13	黽 맹꽁이 **맹**	맹꽁이의 모양	16	龍 용 **룡**	머리를 세우고 몸을 꿈틀거리며 올라가는 용의 모습
	鼎 솥 **정**	발이 세 개인 솥의 모양		龜 거북 **귀**	거북이가 등 밑으로 머리, 꼬리를 내놓고 네발로 기어가는 모양
	鼓 북 **고**	나무 채로 치는(支) 악기(壴)인 북을 의미	17	龠 피리 **약**	대나무 관을 여러 개 묶어서 만든 고대 악기의 모양

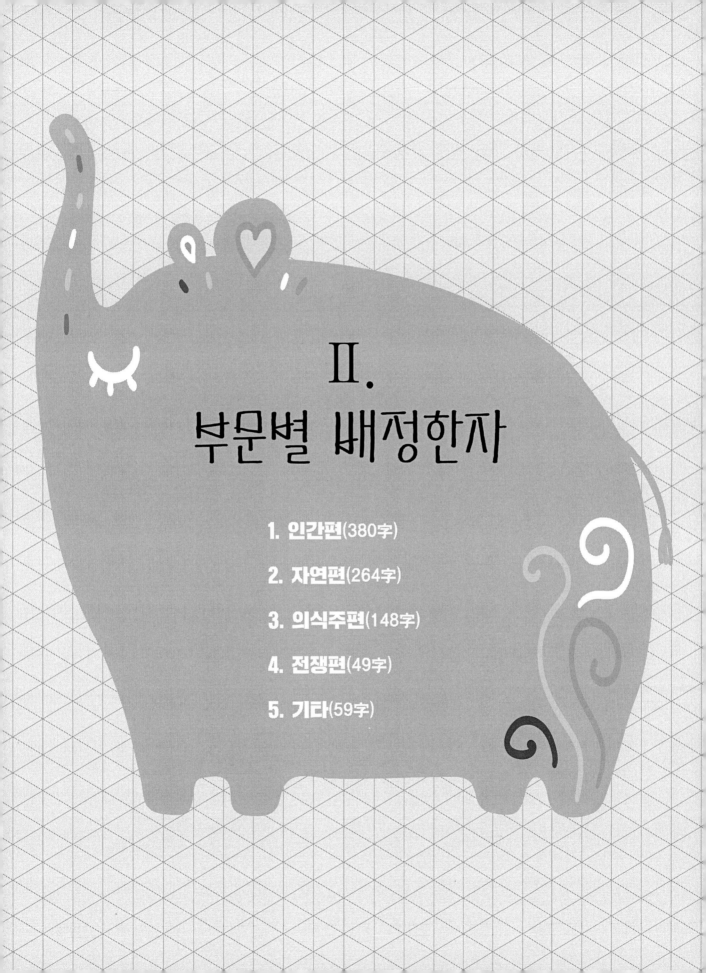

Ⅱ.
부문별 배정한자

1. 인간편 (380字)

1-1. 人(사람 인), 儿(어진 사람 인), 匕(비수 비), 比(견줄 비), 卩(병부 절), 大(큰 대), 尢(절름발이 왕), 女(계집 녀), 子(아들 자), 尸(주검 시), 毋(말 무), 老(늙을 로), 立(설 립), 長(길 장), 色(빛 색)

1-2. 口(입 구), 曰(가로 왈), 欠(하품 흠), 甘(달 감), 凵(입 벌릴 감), 舌(혀 설), 言(말씀 언), 音(소리 음), 齒(이 치)

1-3. 面(낯 면), 耳(귀 이), 自(스스로 자), 鼻(코 비), 目(눈 목), 臣(신하 신), 見(볼 견), 頁(머리 혈), 首(머리 수), 艮(그칠 간)

1-4. 手/扌(손 수), 又(또 우), 皮(가죽 피), 支(가지 지), 寸(마디 촌), 爪(손톱 조), 臼(절구 구), 攴/攵(칠 복), 殳(칠 수), 父(아비 부)

1-5. 足(발 족), 止(그칠 지), 走(달릴 주), 夊(천천히 걸을 쇠), 舛(어그러질 천), 行(다닐 행), 彳(조금 걸을 척), 廴(길게 걸을 인), 辵/辶(쉬엄쉬엄 갈 착), 癶(걸을 발)

1-6. 心/忄(마음 심), 肉/月(고기 육), 己(몸 기), 身(몸 신), 骨(뼈 골), 毛(털 모), 彡(터럭 삼), 而(말 이을 이), 疒(병들 녁), 歹(죽을 사)

1-①. 人(사람 인), 儿(어진 사람 인), 匕(비수 비), 比(견줄 비), 卩(병부 절), 大(큰 대), 尢(절름 발이 왕), 女(계집 녀), 子(아들 자), 尸(주검 시), 毋(말 무), 老(늙을 로), 立(설 립), 長(길 장), 色(빛 색)

001. 팔을 약간 앞으로 내밀고 있는 사람의 옆모습을 본떠 만든 글자	
人	• 巨人(거인): 몸이 아주 큰 사람. 어떤 분야에서 뛰어난 업적을 쌓은 사람(巨: 클 거) • 人性(인성): 사람 본연의 성품(性: 성품 성) • 人工(인공): 자연물에 사람이 인위적인 요소를 가하는 일(工: 장인 공) <div align="right">[8급 / 2획]</div>
사람 **인**	丿 人

002. 보리 이삭의 모양을 본떠 만든 글자로, 보리는 춘추시대에 외국에서 들어온 식물이라서 래(來)자가 '오다'라는 뜻으로 쓰임	
來	• 往來(왕래): 가고 오고 함(往: 갈 왕) • 來年(내년): 오는 해(年: 해 년) • 來訪(내방): 만나기 위하여 찾아옴(訪: 찾을 방) <div align="right">[7급 / 8획]</div>
올 **래**	一 一 厂 厃 厼 來 來 來

* '오다'라는 뜻으로 쓰임에 따라 의미를 확실히 하기 위해 뿌리 모습을 추가하여 보리 맥(麥)자를 만듦

003. 두(二) 사람(亻)이 모여 친하고 애정 있게 지낸다는 의미	
仁	• 仁德(인덕): 어질고 큰 덕(德: 덕 덕) • 仁慈(인자): 마음이 어질고 자애로움(慈: 사랑 자) • 仁者無敵(인자무적): 어진 사람은 적이 없다는 말(者: 놈 자, 無: 없을 무, 敵: 대적할 적) <div align="right">[4급 / 4획]</div>
어질 **인**	丿 亻 仁 仁

004. 사람(亻)이 직접 하기보다는 대신 주살(弋)을 이용하여 동물을 잡는다는 의미	
代	• 代行(대행): 어떤 일을 대신 함(行: 다닐 행) • 代辯(대변): 개인이나 단체를 대신하여 그의 의견이나 태도를 표함(辯: 말잘할 변) • 代名詞(대명사): 이름을 대신 나타내는 말(名: 이름 명, 詞: 말씀 사) <div align="right">[6급 / 5획]</div>
대신할/ 세대 **대**	丿 亻 亻 代 代

* 주살은 화살을 쏜 후 다시 수거하기 쉽도록 줄을 매어 놓은 화살을 의미

005. 사람(亻)이 선비(士)처럼 벼슬하여 백성을 섬긴다는 의미

仕	• **奉仕**(봉사): 남의 뜻을 받들어서 섬김(奉: 받들 봉)
	• **仕官**(사관): 관리가 되어 봉사함(官: 벼슬 관)
	• **仕退**(사퇴): 벼슬아치가 일과를 마치고 물러 나옴(退: 물러날 퇴)
	[5급 / 5획]
벼슬/섬길 **사**	丿 亻 仁 什 仕

006. 사람(亻)이 산(山)에서 도를 닦는다는 의미

仙	• **神仙**(신선): 도를 닦아서 인간 세상을 떠나 자연과 벗하여 늙지 않고 오래 산다는 상상의 사람(神: 귀신 신)
	• **仙女**(선녀): 선경에 산다는 여자 신선(女: 계집 녀)
	• **仙境**(선경): 신선이 사는 곳. 속세를 떠난 청정한 곳(境: 경계 경)
	[5급 / 5획]
신선 **선**	丿 亻 亻 仙 仙

007. 사람(亻)은 뱀(它=也)과 다르다는 의미

他	• **他鄉**(타향): 자기 고향이 아닌 고장(鄉: 시골 향)
	• **自他**(자타): 자기와 남(自: 스스로 자)
	• **他殺**(타살): 남에게 죽임을 당함(殺: 죽일 살)
	[5급 / 5획]
다를/남 **타**	丿 亻 亻 仳 他

008. 사람(亻)이 창(戈)을 들고 적을 친다는 의미

伐	• **伐草**(벌초): 산소의 잡초를 베는 일(草: 풀 초)
	• **伐木**(벌목): 나무를 벰(木: 나무 목)
	• **討伐**(토벌): 군사를 보내어 반란의 무리를 쳐서 없앰(討: 칠 토)
	[4급 / 6획]
칠 **벌**	丿 亻 仁 代 伐 伐

009. 사람(亻)의 발 아래 개(犬)가 엎드려 있는 모습

伏	• **降伏**(항복): 싸움에 져서 굴복함(降: 항복할 항)
	• **伏乞**(복걸): 엎드려 빎(乞: 빌 걸)
	• **伏兵**(복병): 기습을 하기 위해 숨겨둔 군사(兵: 군사 병)
	[4급 / 6획]
엎드릴 **복**	丿 亻 仁 仕 伏 伏

010. 무릎을 꿇고 앉아있는 사람(卩)이 서 있는 사람(亻)을 올려보고 있는 모습(卬)을 의미	
仰	• **推仰**(추앙): 높이 받들어 우러러 봄(推: 받들 추) • **信仰**(신앙): 신이나 초자연적인 절대자를 믿고 받드는 일(信: 믿을 신) • **仰望**(앙망): 자기의 요구나 희망이 실현되기를 우러러 바람(望: 바랄 망) [3급 / 6획]
우러를 **앙**	丿 亻 亻 仁 仰 仰

* 오를 앙(卬)자는 나중에 원래의 뜻을 확실히 하기 위해 사람 인(亻)을 더하여 우러를 앙(仰)자가 생겨남

011. 사람(亻)이 나무(木) 그늘 아래에서 쉬고 있는 모습	
休	• **休暇**(휴가): 직장·학교 등에서 일정 기간 동안 쉬는 일(暇: 한가할 가) • **休息**(휴식): 일하는 중에 잠깐 쉼(息: 숨쉴 식) • **休火山**(휴화산): 분화하던 화산이 분화를 멈춘 상태로 있는 현상(火: 불 화, 山: 뫼 산) [7급 / 6획]
쉴 **휴**	丿 亻 亻 什 休 休

012. 아침(旦)에 일어나는 사람(亻)은 지평선 위에 해가 드러나듯이 단지 알몸뿐이라는 의미	
但	• **但書**(단서): 본문에 덧붙여 조건이나 예외 등을 적은 글(書: 글 서) • **但只**(단지): 다만. 오직(只: 다만 지) • **非但**(비단): 부정하는 말 앞에서 다만, 오직의 뜻으로 쓰이는 말(非: 아닐 비) [3급 / 7획]
다만 **단**	丿 亻 亻 佃 但 但 但

013. 사람(亻)이 아닌(弗) 신의 경지에 도달한 존재로, 깨달은 자(Buddha)를 음역한 부처를 의미	
佛	• **佛敎**(불교): 기원전 5세기 초에 인도의 석가모니가 창시한 종교(敎: 가르칠 교) • **佛經**(불경): 불교의 가르침을 적은 경문(經: 글 경) • **佛法**(불법): 부처의 가르침(法: 법 법) [4급 / 7획]
부처 **불**	丿 亻 亻 伊 佛 佛 佛

* 아닐 불(弗)자는 하나의 활(弓)로 동시에 두 개(ㅣㅣ)의 화살은 쏘지 아니한다는 의미로 사용되며, 글자 모습이 미국의 화폐 달러($)와 비슷하여 현재는 달러 불(弗)자로도 사용

014. 사람(亻)이 벼슬에 따라 서(立) 있는 모습	
位	• **位置**(위치): 일정한 곳에 자리를 차지함(置: 둘 치) • **位階**(위계): 지위나 계층 따위의 등급(階: 계단 계) • **方位**(방위): 동서남북을 기준으로 정한 방향(方: 방향 방) [5급 / 7획]
자리 **위**	丿 亻 亻 亻 位 位 位

015. 사람(亻)이 잠깐(乍)도 쉬지 않고 물건을 만든다는 의미

作

- **作名**(작명): 이름을 지음(名: 이름 명)
- **作業**(작업): 일정한 목적과 계획을 세워 일을 함(業: 일 업)
- **造作**(조작): 어떤 일을 사실인 듯이 꾸며 만듦(造: 지을 조)

[6급 / 7획]

지을 작	ノ 亻 亻 仁 仁 作 作

* 잠깐 사(乍)자는 사람(人)이 하나(丨)와 둘(二)을 세는 것은 잠깐이라는 의미로 사용

016. 신분이 낮은 사람(亻)이 자세를 낮추는(氐) 모습

低

- **低音**(저음): 낮은 소리(音: 소리 음)
- **低空**(저공): 지면과 가까운 공중(空: 빌 공)
- **高低**(고저): 높낮이(高: 높을 고)

[4급 / 7획]

낮을 저	ノ 亻 亻 仁 仟 低 低

* 낮을 저(氐)자는 나무의 밑에 있는 뿌리 씨(氏)자에 밑을 강조하기 위하여 다시 한번 아래에 표시(一)를 더한 문자이며, 뿌리 씨(氏)자는 나무의 뿌리를 본떠 만든 글자

017. 사람(亻)이 일정한 곳에 주로 머무르며(主) 산다는 의미

住

- **住民**(주민): 일정한 지역에 살고 있는 사람(民: 백성 민)
- **住所**(주소): 살고 있는 곳(所: 곳 소)
- **住宅**(주택): 사람이 사는 집(宅: 집 택)

[7급 / 7획]

살 주	ノ 亻 亻 亻 仕 住 住

018. 어떤 사람(亻)이 나의 의견이 옳다고(可) 생각할지 의문을 품는다는 의미

何

- **何時**(하시): 어느 때. 언제(時: 때 시)
- **何如間**(하여간): 어찌하든지 간에. 어쨋든지(如: 같을 여, 間: 사이 간)
- **何必**(하필): 어찌하여. 왜(必: 반드시 필)

[3급 / 7획]

어찌 하	ノ 亻 亻 仁 何 何 何

019. 사람(亻)이 옥으로 만든 홀(圭)을 들고 있는 모습으로 '아름다움'을 의미

佳

- **佳約**(가약): 아름다운 약속. 부부가 되기로 한 약속(約: 맺을 약)
- **佳人**(가인): 아름다운 여인(人: 사람 인)
- **佳作**(가작): 잘된 작품. 당선 다음가는 작품(作: 지을 작)

[3급 / 8획]

아름다울 가	ノ 亻 亻 仁 住 住 佳 佳

---

020. 사람(亻)들을 일정한 법칙에 따라 간격을 벌여(列) 서게 한다는 의미

例	• **例示**(예시): 예를 들어 보여줌(示: 보일 시)
	• **例文**(예문): 보기로 든 글(文: 글월 문)
	• **例題**(예제): 이해와 연습을 돕기 위하여 보기로 드는 문제(題: 제목 제)
	[6급 / 8획]
법식/보기 **례**	丿 亻 亻 亻 例 例 例 例

* 벌일 렬(列)자는 죽은(歹) 짐승이나 가축에서 뼈와 살을 칼(刂)로 갈라서 벌여 놓는 모습

---

021. 윗사람(亻)이 아랫 관리(吏)에게 일을 시키는 모습으로 부린다는 의미

使	• **使命**(사명): 주어진 명령(命: 목숨 명)
	• **使臣**(사신): 임금의 명을 받아 외국에 나가 국가의 일을 논하는 신하(臣: 신하 신)
	• **使用**(사용): 물건을 쓰거나 사람을 부림(用: 쓸 용)
	[6급 / 8획]
부릴 **사**	丿 亻 亻 亻 佢 佢 使 使

* 관리 리(吏)자는 한결(一)같은 마음으로 중심(中)을 잡고, 손(又)에 붓을 들고 나랏일을 처리한다는 뜻으로 '벼슬아치, 관리'를 의미

---

022. 사람(亻)은 추위 등을 견디기 위하여 옷(衣)에 의지하여 산다는 의미

依	• **依支**(의지): 다른 것에 몸을 기댐(支: 지탱할 지)
	• **依存**(의존): 의지하고 있음(存: 있을 존)
	• **依據**(의거): 어떤 사실이나 원리에 근거함(據: 의거할 거)
	[4급 / 8획]
의지할 **의**	丿 亻 亻 衣 衣 依 依 依

---

023. 사람(亻)이 아이(呆)를 소중히 안고 있는 모습

保	• **保管**(보관): 남의 물건을 맡아서 간직하여 관리함(管: 관리할 관)
	• **保全**(보전): 온전하게 잘 지킴(全: 온전할 전)
	• **保護**(보호): 위험이나 곤란 따위가 미치지 않도록 보살펴 돌봄(護: 지킬 호)
	[4급 / 9획]
지킬 **보**	丿 亻 亻 亻 保 保 保 保 保

* 아이의 모습을 본떠 만든 지킬 呆(보)자는 현재는 어리석을 매로 활용됨(癡呆: 치매)

---

024. 사람(亻)들이 한정된 골짜기(谷)에 모여 살면 집단적 습관이 생기므로 '풍속'을 의미

俗	• **俗談**(속담): 옛부터 전하여 오는 격언(談: 말씀 담)
	• **俗世**(속세): 속인이 사는 세상. 인간 세상(世: 세상 세)
	• **風俗**(풍속): 옛부터 그 지방에 전해오는 의식주 및 그 밖의 모든 생활에 관한 습관(風: 풍속 풍)
	[4급 / 9획]
풍속/ 저속할 **속**	丿 亻 亻 俗 俗 俗 俗 俗 俗

025. 사람(亻)의 말(言)은 믿음이 있어야 한다는 의미	
信	• **信用**(신용): 믿고 씀. 평판이 좋고 믿음성이 있음(用: 쓸 용) • **信徒**(신도): 어떤 일정한 종교를 믿는 사람(徒: 무리 도) • **信仰**(신앙): 신이나 초자연적인 절대자를 믿고 받드는 일(仰: 우러를 앙) <div align="right">[6급 / 9획]</div>
믿을 **신**	丿 亻 亻 亻 亻 信 信 信 信

026. 사람(亻)이 불편한 것을 고쳐서(更) 편하게 만든다는 의미와 함께, 배설하고 나면 편안해지므로 똥 오줌을 의미	
便	• **便利**(편리): 편하고 이로움(利: 이로울 리) • **簡便**(간편): 간단하고 편리함(簡: 간략할 간) • **便所**(변소): 화장실(所: 곳 소) <div align="right">[7급 / 9획]</div>
편할 **편** / 똥 **변**	丿 亻 亻 亻 佰 佰 佰 便 便

* 고칠 경(更)자는 밝게(丙) 살도록 여러 번 손으로 쳐서(攴) 고친다는 의미로, 다시 갱(更)자로도 사용

027. 하나의 독립성이 굳은(固) 개개인의 사람(亻)을 의미	
個	• **個別**(개별): 하나씩 따로 떨어진 것(別: 나눌 별) • **個人**(개인): 국가나 사회·단체 등을 구성하는 낱낱의 사람(人: 사람 인) • **個性**(개성): 다른 사람이나 개체와 구별되는 고유의 특성(性: 성품 성) <div align="right">[4급 / 10획]</div>
낱 **개**	丿 亻 亻 们 們 個 個 個 個 個

028. 사람(亻)들이 한데 모여(侖) 살아갈 때 지켜야 할 도리를 의미	
倫	• **倫理**(윤리): 사람이 지켜야 할 도리(理: 도리 리) • **人倫**(인륜): 사람으로서 마땅히 지켜야 할 도리(人: 사람 인) • **天倫**(천륜): 부모와 자식, 형제와 자매 사이에서 마땅히 지켜야 할 도리(天: 하늘 천) <div align="right">[3급 / 10획]</div>
인륜 **륜**	丿 亻 亻 佧 佧 伶 伶 倫 倫 倫

* 모일 륜(侖)자는 지붕(△) 아래에 책(冊)들을 모아 놓은 모습을 본떠 만든 글자

029. 사람(亻)이 냇물(川)에서 털(彡)같은 것을 손에 들고(攵) 몸을 닦고 있는 모습	
修	• **修鍊**(수련): 몸과 마음을 갈고 단련함(鍊: 단련할 련) • **修身**(수신): 몸을 닦아 행실을 바르게 함(身: 몸 신) • **修正**(수정): 바로 잡아 고침(正: 바를 정) <div align="right">[4급 / 10획]</div>
닦을 **수**	丿 亻 亻 佟 佟 佟 修 修 修

030. 사람(亻)들이 옛날(昔)에는 나라의 주인인 임금의 땅을 빌려 농사를 지었음을 의미	
借	• **借名**(차명): 남의 이름을 빌려서 씀(名: 이름 명) • **借用**(차용): 돈이나 물건을 빌려 씀(用: 쓸 용) • **假借**(가차): 임시로 빌림(假: 임시 가) [3급 / 10획]
빌릴 **차**	丿 亻 亻 亻 什 借 借 借 借 借

031. 사람(亻)이 물건을 임시로 빌리는(叚) 것을 의미	
假	• **假想**(가상): 가정하여 생각함(想: 생각할 상) • **假裝**(가장): 거짓으로 꾸밈(裝: 꾸밀 장) • **假建物**(가건물): 임시로 지은 건물(建: 세울 건, 物: 물건 물) [4급 / 11획]
거짓/임시 **가**	丿 亻 亻 亻 仔 伊 作 作 假 假 假

* 빌릴 가(叚)자는 집(尸)을 두 번(二)이나 장인(工)의 손(又)을 빌려 고친다는 의미

032. 가죽(韋)옷을 입은 사람(亻)이 전쟁에 앞장선다는 뜻으로 위대하다는 의미	
偉	• **偉大**(위대): 뛰어나고 훌륭함(大: 큰 대) • **偉業**(위업): 위대한 사업이나 업적(業: 일 업) • **偉人**(위인): 뛰어나고 훌륭한 사람(人: 사람 인) [5급 / 11획]
클 **위**	丿 亻 亻 亻 伟 伟 偉 偉 偉 偉 偉

033. 사람(亻)이 정자(亭)에 들어가서 쉬는 모습	
停	• **停留**(정류): 자동차 따위가 가다 잠시 머무름(留: 머무를 류) • **停止**(정지): 가던 길을 멈춤(止: 그칠 지) • **停會**(정회): 회의를 일시 정지함(會: 모일 회) [5급 / 11획]
머무를 **정**	丿 亻 亻 亻 伫 伫 停 停 停 停 停

034. 사람(亻)은 함께(共) 써야(用)할 때를 위하여 물자를 갖추어 놓아야 한다는 의미	
備	• **備置**(비치): 마련하여 갖추어 둠(置: 둘 치) • **備品**(비품): 관공서나 회사 등에서 갖추어 두고 쓰는 물품(品: 물건 품) • **準備**(준비): 미리 마련하여 갖춤(準: 준할 준) [4급 / 12획]
갖출 **비**	丿 亻 亻 亻 俨 俨 俨 備 備 備 備 備

035. 아침(旦)에 올린 깃발(勿)이 적(人)에게 짓밟혀 사람들(亻)이 마음에 상처를 받는다는 의미	
傷	• 傷心(상심): 마음을 상함(心: 마음 심) • 傷處(상처): 다친 자리(處: 곳 처) • 傷害(상해): 남의 몸에 상처를 입힘(害: 해할 해) [4급 / 13획]
상할 **상**	丿 亻 亻 亻 亻 亻 亻 傴 傴 傴 傴 傷 傷 傷

036. 옛날 사람(亻)은 스승의 가르침을 오로지(專) 배운 대로 전달을 한다는 의미	
傳	• 傳來(전래): 옛부터 전하여 내려옴(來: 올 래) • 傳染(전염): 병균이 옮아 병이 됨(染: 물들일 염) • 傳授(전수): 기술이나 지식 등을 전하여 줌(授: 줄 수) [5급 / 13획]
전할 **전**	丿 亻 亻 亻 俥 俥 俥 俥 傳 傳 傳 傳 傳

* 오로지 專(전)자는 손(寸)으로 물레(車)를 돌리고 있는 모습을 본떠 만든 글자로, 물레는 한쪽으로만 돈다는 뜻으로 '오로지'를 의미(물레: 솜에서 실을 만드는 수공업적인 도구)

037. 사람(亻)이 뜻(意)대로 할 수 없는 큰 수를 의미	
價	• 價値(가치): 값어치(値: 값 치) • 評價(평가): 물건 값을 헤아려 매김. 사물의 가치나 수준 등을 평함(評: 평할 평) • 定價(정가): 상품에 일정한 값을 매김(定: 정할 정) [5급 / 15획]
값 **가**	丿 亻 亻 亻 價 價 價 價 價 價 價 價 價 價 價

038. 사람(亻)이 뜻(意)대로 할 수 없는 큰 수를 의미	
億	• 億萬(억만): 셀 수 없을 만큼 아주 많은 수를 비유(萬: 일만 만) • 十億(십억): 억의 열 배(十: 열 십) • 數億(수억): 억의 여러 배가 되는 수(數: 셈 수) [5급 / 15획]
억 **억**	丿 亻 亻 亻 億 億 億 億 倍 倍 億 億 億 億 億

039. 어떤 것을 지붕으로 덮어 싸는 모습으로, 시간이 오랫동안 쌓이고 쌓여 지금에 이르렀다는 의미	
今	• 今方(금방): 이제 방금(方: 모 방) • 今後(금후): 지금으로부터 뒤(後: 뒤 후) • 今始初聞(금시초문): 이제야 비로소 처음으로 들음(始: 비로소 시, 初: 처음 초, 聞: 들을 문) [6급 / 4획]
이제 **금**	丿 人 스 今

040. 지붕(△) 아래에서 무릎을 꿇고 앉아(卩) 있는 사람에게 명령하는 모습

- **令狀**(영장): 명령을 적은 문서(狀: 문서 장)
- **命令**(명령): 윗사람이 아랫사람에게 무엇을 하게 함(命: 목숨 명)
- **發令**(발령): 직책이나 직위에 관련된 명령을 내림(發: 쏠 발)

[5급 / 5획]

명령할 령	ノ 𠆢 ム 今 令

041. 쟁기를 본 뜬 글자로, 밭을 갈 때 쟁기를 가지고 쓰다는 의미

- **以後**(이후): 기준이 되는 때를 포함해서 그 뒤(後: 뒤 후)
- **以熱治熱**(이열치열): 열로써 열을 다스림(熱: 더울 열, 治: 다스릴 치)
- **以心傳心**(이심전심): 마음에서 마음으로 전함(心: 마음 심, 傳: 전할 전)

[5급 / 5획]

써 이	丨 丨 丨 以 以

042. 사람(人)이 혼자(一)서 가지가 많은 나무(木)에 앉아 있는 모습으로 일인칭대명사인 '나'를 뜻하며, '남다, 여분'이라는 의미로도 사용

- **余等**(여등): 우리들(等: 무리 등)

[3급 / 7획]

나 여	ノ 𠆢 ム 스 今 余 余

043. 머리(二)를 강조한 사람(儿)의 모습을 본떠 만든 글자로, 사람의 몸에서 머리가 으뜸이라는 의미

元

- **元首**(원수): 국가를 대표하는 사람(首: 머리 수)
- **元祖**(원조): 어떤 일을 처음 시작한 사람(祖: 할아버지 조)
- **元年**(원년): 임금이 즉위한 해. 어떤 일이 시작된 해(年: 해 년)

[5급 / 4획]

으뜸 원	一 二 テ 元

044. 제사를 지내면서 입(口)을 벌리고 하늘에 고하는 사람(儿)이 맏이라는 의미

- **兄弟**(형제): 형과 아우(弟: 아우 제)
- **兄夫**(형부): 언니의 남편(夫: 지아비 부)
- **學父兄**(학부형): 학생의 보호자(學: 배울 학, 父: 아비 부)

[8급 / 5획]

맏 형	丶 口 口 尸 兄

045. 사람(儿)이 불(火)을 들고 있는 모습으로 '빛'을 의미	
光	• 光景(광경): 눈에 보이는 경치나 장면(景: 경치 경) • 光年(광년): 빛이 1년 걸려 가는 거리(年: 해 년) • 光復(광복): 잃었던 나라와 주권을 되찾음(復: 돌아올 복) <div align="right">[6급 / 6획]</div>
빛 **광**	丨 丬 丬 丬 兯 光

046. 길에 이미 지나간 다른 사람(儿)의 발자국(止)이 나 있는 모습으로 먼저라는 의미	
先	• 先輩(선배): 학문이나 나이가 자기보다 위인 사람(輩: 무리 배) • 先占(선점): 남보다 앞서서 차지함(占: 차지할 점) • 先進(선진): 문물이나 제도가 현저히 앞섬(進: 나아갈 진) <div align="right">[8급 / 6획]</div>
먼저 **선**	丿 丿 丬 生 步 先

047. 거북의 등을 태워서 점을 칠 때 나타나는 무늬의 모양을 본떠 만든 글자로 '조짐'을 의미	
兆	• 兆朕(조짐): 어떤 일이 생길 기미가 보이는 현상(朕: 조짐 짐) • 吉兆(길조): 좋은 일이 있을 낌새(吉: 길할 길) • 億兆(억조): 셀 수 없을 만큼 아주 많은 수를 비유(億: 억 억) <div align="right">[3급 / 6획]</div>
조짐 **조**	丿 丿 丬 兆 兆 兆

048. 어린아이(㐬)를 어진 사람(儿)으로 키우는 데 충실해야 한다는 뜻으로 가득 채우다는 의미	
充	• 充滿(충만): 가득 참(滿: 찰 만) • 充電(충전): 축전지에 전기에너지를 축전하는 일(電: 번개 전) • 補充(보충): 부족한 것을 보태어 채움(補: 도울 보) <div align="right">[5급 / 6획]</div>
채울 **충**	丿 亠 古 古 夯 充

* 아기 나올 돌(㐬)자는 아들 자(子)를 180도 뒤집어 놓은 모습으로, 어머니 뱃속에서 나올 때의 아기의 모습을 본떠 만든 글자

049. 덫에 걸린 토끼(兎)가 꼬리(丶)만 잘리고 죽음을 면한다는 의미	
免	• 免稅(면세): 세금을 면하여 줌(稅: 세금 세) • 免除(면제): 책임이나 의무를 지우지 아니함(除: 덜 제) • 免疫(면역): 전염성 질병에 대한 저항력(疫: 전염병 역) <div align="right">[3급 / 7획]</div>
면할 **면**	丿 勹 勹 勹 臽 免 免

050. 머리 양쪽을 뿔처럼 묶고 다니는 어린아이의 머리(臼)와 사람(儿)을 합쳐 놓은 모습으로 '아이'를 의미	
兒	• **兒童**(아동): 어린이(童: 아이 동) • **女兒**(여아): 여자아이(女: 계집 녀) • **育兒**(육아): 어린아이를 기름(育: 기를 육) [5급 / 8획]
아이 **아**	′ ′ ′ ′ 丿 千 臼 臼 臾 兒

051. 사람(亻)의 모양이 바뀌어 다른 모습의 사람(匕)이 된다는 의미	
化	• **化石**(화석): 지질시대에 살던 동식물의 유해가 지층 속에서 암석이 되어 남아 있는 돌(石: 돌 석) • **變化**(변화): 사물의 형상, 성질 등이 달라짐(變: 변할 변) • **開化**(개화): 새로운 사상과 풍속 등을 받아들여 발전함(開: 열 개) [5급 / 4획]
될 **화**	丿 亻 亻 化

052. 두 사람이 서로 등지고 있는 모습으로 '등, 달아나다'를 의미	
北	• **北端**(북단): 북쪽 끝(端: 끝 단) • **北向**(북향): 북쪽으로 향함(向: 향할 향) • **敗北**(패배): 싸움이나 겨루기에서 짐(敗: 패할 패) [8급 / 5획]
북녘 **북** / 달아날 **배**	- 十 北 北 北

* 사람은 따뜻한 남쪽을 향하고 북쪽을 등지기 때문에 북쪽이라는 의미로 더 많이 사용되자, 원래의 뜻을 확실히 하기 위해 고기 육(月)자를 더하여 등 배(背)자가 생겨남

053. 두 사람이 나란히 서 있는 모양을 본떠 만든 글자	
比	• **比較**(비교): 둘 이상의 사물을 견주어 봄(較: 견줄 교) • **比率**(비율): 둘 이상의 수나 양 따위를 비교하여 그 관계가 서로 몇 배가 되는지를 수치로 나타낸 것(率: 비율 률) • **比例**(비례): 어떤 수나 양의 변화에 따라 다른 수나 양이 변화하는 것(例: 법식 례) [5급 / 4획]
견줄 **비**	- 上 上 比

054. 좌우 모양이 같은 물건을 서로 바꾼다는 의미였으나, 토끼의 긴 귀 모양과 같다고 해서 '토끼'를 의미	
卯	• **卯時**(묘시): 오전 5시에서 7시까지(時: 때 시) • **丁卯胡亂**(정묘호란): 1627년 정묘년에 발생한 조선과 후금 사이의 전쟁(丁: 넷째 천간 정, 胡: 오랑캐 호, 亂: 어지러울 란) [3급 / 5획]
토끼 **묘**	′ ℩ 乡 卯 卯

055. 벼랑(厂) 끝에 위태롭게 서 있는 사람(人)을 아래에서 걱정스럽게 쳐다보는(已) 모습

危	• 危急(위급): 매우 위태롭고 급한 모양(急: 급할 급) • 危重(위중): 어떤 사태가 매우 위태롭고 중함(重: 무거울 중) • 危險(위험): 해로움이나 손실이 생길 우려가 있음(險: 험할 험) [4급 / 6획]
위태할 위	ノ ク ヶ 产 危 危

056. 손(크)으로 무릎을 꿇고 있는 사람(卩)을 누르고 있는 모습으로 '도장'을 의미

印	• 印朱(인주): 도장을 찍는 데 쓰는 붉은빛의 재료(朱: 붉을 주) • 封印(봉인): 밀봉한 자리에 도장을 찍음(封: 봉할 봉) • 刻印(각인): 마음이나 기억 속에 뚜렷하게 새겨짐(刻: 새길 각) [4급 / 6획]
도장 인	´ ᛁ F E 印 印

057. 물고기의 알주머니를 본떠 만든 글자

卵	• 鷄卵(계란): 닭이 낳은 알(鷄: 닭 계) • 産卵(산란): 알을 낳음(産: 낳을 산) • 累卵之危(누란지위): 매우 위태로움(累: 포갤 루, 之: 갈 지, 危: 위태할 위) [4급 / 7획]
알 란	´ ᛁ ᛆ 𠃐 卵 卵 卵

058. 두 손(廾)으로 밥(米)을 둥글게 빚는 모양과 무릎을 꿇고 앉아 있는 사람(已)을 합친 글자로, 사람의 무릎 구부린 모습에서 '구부리다, 말다'를 의미

卷	• 上卷(상권): 두 권이나 세 권으로 된 책의 첫째 권(上: 윗 상) • 席卷(석권): 자리를 말 듯이 무서운 기세로 영토를 휩쓸거나 세력 범위를 넓힘(席: 자리 석) • 壓卷(압권): 여러 책이나 작품 가운데 제일 잘된 책이나 작품(壓: 누를 압) [4급 / 8획]
책 권	` ` ` ` ⺍ ⺌ 半 米 券 卷

* 고대 중국에서는 문서나 책을 대나무 죽간으로 만들어 두루마리처럼 말아서 사용하였으므로 책이라는 의미도 추가적으로 생겨남

059. 맛있는 흰밥(白)을 앞에 두고 꿇어 앉아(卩) 숟가락(匕)으로 즉시 먹으려고 하는 모습

卽	• 卽刻(즉각): 당장에 곧. 즉시(刻: 시각 각) • 卽效(즉효): 즉시 나타나는 효과(效: 본받을 효) • 卽興(즉흥): 그 자리에서 바로 일어나는 감흥이나 기분(興: 일으킬 흥) [3급 / 9획]
곧 즉	´ ᛁ ᛀ 白 白 白 皀 皀 卽

060. 두 팔과 두 다리를 크게 벌리고 서있는 모양을 본떠 만든 글자	
	• **大小**(대소): 사물의 크고 작음(小: 작을 소) • **大勝**(대승): 싸움이나 경기에서 크게 이김(勝: 이길 승) • **小貪大失**(소탐대실): 작은 것을 탐하다가 큰 것을 잃음(貪: 탐낼 탐, 失: 잃을 실) <div style="text-align:right">[8급 / 3획]</div>
큰 대	一 ナ 大

061. 비녀(一)를 한 사람(大) 모습으로 '성인 남자'를 의미	
	• **夫婦**(부부): 남편과 아내(婦: 아내 부) • **大丈夫**(대장부): 건장하고 씩씩한 사내(大: 큰 대, 丈: 어른 장) • **農夫**(농부): 농사짓는 일을 직업으로 하는 사람(農: 농사 농) <div style="text-align:right">[7급 / 4획]</div>
지아비 부	一 二 丰 夫

062. 사람(大)의 머리 위로 펼쳐진 하늘(一)을 나타낸 글자	
	• **天地**(천지): 하늘과 땅(地: 땅 지) • **天然**(천연): 사람의 힘을 가하지 않은 상태(然: 그러할 연) • **天倫**(천륜): 부모와 자식, 형제와 자매 사이에서 마땅히 지켜야 할 도리(倫: 인륜 륜) <div style="text-align:right">[7급 / 4획]</div>
하늘 천	一 二 チ 天

063. 크다는 의미의 大자에 점(丶)을 찍어 더 크다는 것을 강조한 글자	
	• **太半**(태반): 반수 이상(半: 절반 반) • **太平**(태평): 마음에 아무 근심 걱정이 없음(平: 평평할 평) • **太初**(태초): 하늘과 땅이 생겨난 맨 처음(初: 처음 초) <div style="text-align:right">[6급 / 4획]</div>
클 태	一 ナ 大 太

064. 사람의 손(手)에서 물건이 떨어지는(丶) 모습을 본떠 만든 글자	
	• **失手**(실수): 조심하지 아니하여 잘못함(手: 손 수) • **失明**(실명): 시력을 잃음(明: 밝을 명) • **失敗**(실패): 일을 잘못하여 뜻대로 되지 않거나 그르침(敗: 패할 패) <div style="text-align:right">[6급 / 5획]</div>
잃을 실	ノ ヒ 二 失 失

065. 손(扌)으로 무언가(丰)를 받들고(廾) 있는 모습을 본떠 만든 글자

奉

- **奉仕**(봉사): 남의 뜻을 받들어서 섬김(仕: 섬길 사)
- **奉養**(봉양): 웃어른을 받들어 모심(養: 기를 양)
- **信奉**(신봉): 사상이나 학설, 교리 따위를 옳다고 믿고 받듦(信: 믿을 신)

[5급 / 8획]

받들 **봉**	一 二 三 丰 夫 表 奉 奉

066. 절름발이(尢)에 혹(丶)까지 있어 더욱 허물이 된다는 의미

尤

- **尤甚**(우심): 정도가 더욱 심함(甚: 심할 심)

[3급 / 4획]

더욱 **우**	一 ナ 尢 尤

067. 더욱(尤) 높은(京) 곳이나 자리로 나아간다는 의미

就

- **就學**(취학): 교육을 받기 위하여 학교에 들어감(學: 배울 학)
- **成就**(성취): 목적한 바를 이룸(成: 이룰 성)
- **日就月將**(일취월장): 나날이 다달이 자라거나 발전함(將: 나아갈 장)

[4급 / 12획]

나아갈 **취**	丶 亠 亠 古 古 亨 亨 京 京 京 就 就 就

068. 여자가 다소곳하게 앉아 있는 모습을 본떠 만든 글자

女

- **女兒**(여아): 여자아이(兒: 아이 아)
- **女優**(여우): 여자 배우(優: 뛰어날 우)
- **淑女**(숙녀): 교양·예의·품격을 갖춘 점잖은 여자(淑: 맑을 숙)

[8급 / 3획]

계집 **녀**	く 女 女

069. 주인의 말(口)에 계집종(女)이 잘 따른다는 의미로, 그 결과가 주인의 뜻과 같다는 의미

如

- **如前**(여전): 전과 같음(前: 앞 전)
- **如反掌**(여반장): 손바닥을 뒤집는 것 같다. 아주 쉬움(反: 돌이킬 반, 掌: 손바닥 장)
- **缺如**(결여): 마땅히 있어야 할 것이 빠져서 없거나 모자람(缺: 이지러질 결)

[4급 / 6획]

같을 **여**	く 女 女 如 如 如

070. 여자(女)가 아이(子)를 안고 있는 모습이 좋고 아름답다는 의미

好	• **好感**(호감): 좋게 느끼는 감정(感: 느낄 감) • **好衣好食**(호의호식): 부유한 생활을 함(衣: 옷 의, 食: 밥 식) • **良好**(양호): 매우 좋음(良: 좋을 량) [4급 / 6획]
좋을 **호**	㇄　ㄑ　女　女ˊ　好　好

071. 젊은(少) 여자(女)의 마음이 예쁘고 신묘하다는 의미

妙	• **妙技**(묘기): 묘하고 훌륭한 기술(技: 재주 기) • **妙味**(묘미): 묘한 재미나 흥취(味: 맛 미) • **妙藥**(묘약): 신통하게 잘 치유되는 약(藥: 약 약) [4급 / 7획]
묘할 **묘**	㇄　ㄑ　女　女丨　女刂　妙丷　妙

* 적을 소(少)자는 작은 물체의 일부가 떨어져(ノ) 나가 적어짐을 의미

072. 여자(女) 형제 중에서 시장(市)에 갈 정도로 큰 누이로서 '손윗누이'를 의미

姉	• **姉妹**(자매): 여자 형제(妹: 아랫누이 매) • **姉兄**(자형): 손윗누이의 남편. 매형(兄: 맏 형) [4급 / 8획]
윗누이 **자**	㇄　ㄑ　女　女ˊ　女ˊ　女宀　姉冂　姉

073. 아직(未) 철이 들지 않은 어린 여자(女) 형제로 '누이동생'을 의미

妹	• **姉妹**(자매): 여자 형제(姉: 윗누이 자) • **妹弟**(매제): 누이동생의 남편(弟: 아우 제) [4급 / 8획]
아랫누이 **매**	㇄　ㄑ　女　女ˊ　女二　妹丨　妹未　妹

074. 같은 어머니(女)에게 태어난(生) 사람은 성씨가 같다는 의미

姓	• **姓名**(성명): 성과 이름(名: 이름 명) • **同姓**(동성): 같은 성씨(同: 같을 동) • **百姓**(백성): 일반 국민을 예스럽게 이르는 말(百: 일백 백) [7급 / 8획]
성씨 **성**	㇄　ㄑ　女　女ˊ　女ˊ　姓ˊ　姓丨　姓

* 성씨 성(姓)자는 모계사회에서 유래한 글자이고, 뿌리의 모양을 본떠 만든 뿌리/성씨 씨(氏)자는 부계사회에서 유래한 글자로써 현재는 둘을 합쳐서 姓氏(성씨)라고 함

075. 엄마(女)의 뱃속에서 태아(胎)가 만들어지고 생명이 시작된다는 의미	
始	• 始作(시작): 어떤 일이나 행동의 처음 단계를 이루거나 그렇게 하게 함(作: 지을 작) • 始終一貫(시종일관): 일 따위를 처음부터 끝까지 한결같이 함(終: 마칠 종, 貫: 꿸 관) • 開始(개시): 행동이나 일 따위를 시작함(開: 열 개) <div align="right">[6급 / 8획]</div>
비로소 시	く 女 女 女 始 始 始 始

076. 많이(十) 손(크) 써주는 여자(女)로 '아내'를 의미	
妻	• 妻家(처가): 아내의 본집(家: 집 가) • 妻弟(처제): 아내의 여동생(弟: 아우 제) • 賢母良妻(현모양처): 어진 어머니이면서 착한 아내(賢: 어질 현, 母: 어미 모, 良: 좋을 량) <div align="right">[3급 / 8획]</div>
아내 처	一 ヲ ヲ ヲ 事 妻 妻 妻

077. 도끼날이 붙은 창(戌)으로 여자(女)를 위협하고 있는 모습	
威	• 威嚴(위엄): 위세 있고 엄숙한 모양(嚴: 엄할 엄) • 威勢(위세): 사람을 두렵게 하여 복종하게 하는 힘(勢: 기세 세) • 威脅(위협): 힘으로 으르고 협박함(脅: 위협할 협) <div align="right">[4급 / 9획]</div>
위엄 위	一 厂 厂 厈 厊 威 威 威 威

* 개 술(戌)자는 창(戈)의 왼쪽에 넓은 도끼날이 붙은 모습을 본떠 만든 글자로, 십이지지 중에서 열한 번째인 개를 뜻하게 됨

078. 여자(女)가 시집와서 빗자루(帚)로 청소하는 모습을 본떠 만든 글자로 '며느리'를 의미	
	• 姑婦(고부): 시어머니와 며느리(姑: 시어머니 고) • 新婦(신부): 곧 결혼할 여자나 갓 결혼한 여자(新: 새로울 신) • 夫婦(부부): 남편과 아내(夫: 지아비 부) <div align="right">[4급 / 11획]</div>
며느리 부	く 女 女 女 女 女 女 婦 婦 婦 婦

079. 여자(女)와 저문(昏) 저녁에 결혼하는 모습을 본떠 만든 글자	
	• 婚姻(혼인): 남녀가 부부가 되는 일(姻: 혼인 인) • 結婚(결혼): 남녀가 부부관계를 맺음(結: 맺을 결) • 請婚(청혼): 결혼하기를 청함(請: 청할 청) <div align="right">[4급 / 11획]</div>
혼인 혼	く 女 女 女 妡 妡 娇 婚 婚 婚

* 저물 혼(昏)자는 나무뿌리(氏) 아래로 해(日)가 들어가는 모습을 본떠 만든 글자

080. 아들이 두 팔을 벌린 모습을 본떠 만든 글자로, 십이지지 중에서 첫 번째인 '쥐'를 의미		
子	• **子女**(자녀): 아들과 딸(女: 계집 녀) • **子子孫孫**(자자손손): 자손의 여러 대(孫: 손자 손) • **子正**(자정): 자시의 한가운데. 밤12시(正: 바를 정) <div align="right">[7급 / 3획]</div>	
아들 자	ㄱ 了 子	

081. 집(宀)과 아들(子)을 합쳐 놓은 모습으로, 아들이 태어나 집안 식구가 늘 듯 글자도 계속해서 늘어난 다는 의미		
字	• **字音**(자음): 글자의 음(音: 소리 음) • **字典**(자전): 한자를 모아 그 소리·뜻·생성과정 등을 풀이한 책(典: 책 전) • **文字**(문자): 말의 음과 뜻을 표시하는 시각적인 기호(文: 글월 문) <div align="right">[7급 / 6획]</div>	
글자 자	﹅ ﹅ 宀 宁 宁 字	

082. 종자(子)가 땅을 뚫고 나와 있는(在) 모습으로 존재하다는 의미		
存	• **存在**(존재): 현실에 실제로 있음(在: 있을 재) • **存亡**(존망): 존속과 멸망 또는 생존과 사망(亡: 망할 망) • **共存**(공존): 서로 도와서 함께 존재함(共: 함께 공) <div align="right">[4급 / 6획]</div>	
있을 존	一 ナ 才 存 存 存	

083. 나이 드신 부모님(耂)을 자식(子)이 업고 있는 모습으로 '효도'를 의미		
孝	• **孝道**(효도): 부모를 정성껏 잘 섬기는 일(道: 도리 도) • **孝誠**(효성): 마음을 다하여 부모를 섬기는 정성(誠: 정성 성) • **孝心**(효심): 효성스러운 마음(心: 마음 심) <div align="right">[7급 / 7획]</div>	
효도 효	一 十 土 耂 耂 孝 孝	

084. 벼(禾)의 열매(子)가 익어가는 것을 보고 계절을 짐작한다는 의미		
季	• **季節**(계절): 일 년을 봄·여름·가을·겨울의 넷으로 나눈 그 한동안(節: 마디 절) • **夏季**(하계): 여름의 시기(夏: 여름 하) • **四季**(사계): 봄·여름·가을·겨울의 네 계절(四: 넉 사) <div align="right">[4급 / 8획]</div>	
계절 계	﹅ 二 千 禾 禾 季 季 季	

085. 자식(子)에서 자식으로 계속 이어진다(系)는 뜻으로 '손자'를 의미

孫	• **孫女**(손녀): 자녀의 딸(女: 계집 녀) • **子子孫孫**(자자손손): 자손의 여러 대(子: 아들 자) • **後孫**(후손): 자신의 세대에서 여러 세대가 지난 뒤의 자손(後: 뒤 후) <div align="right">[6급 / 10획]</div>
손자 손	⁓ 了 了 孑 孑 孑 孫 孫 孫 孫

* 이을 계(系)자는 실 사(糸)자에 한 획을 그어 만든 지사문자로써 실을 잇는다는 의미

086. 아이(子)가 집(宀→冖)에서 두 손(臼)으로 막대기(爻)를 잡고 숫자를 배우는 모습

學	• **學校**(학교): 교사가 계속적으로 학생에게 교육을 실시하는 기관(校: 학교 교) • **學習**(학습): 배우고 익힘(習: 익힐 습) • **學問**(학문): 모르는 것은 배우고 의심스러운 것은 물어 익힘(問: 물을 문) <div align="right">[8급 / 16획]</div>
배울 학	⁓ ⼂ ⼃ ⼄ ⼅ ⼆ 月 月 臼 臼 臼 臼 學 學 學 學

087. 몸(尸)의 일부인 손목에서 팔꿈치(乙→乚)까지의 길이를 의미

尺	• **尺度**(척도): 자로 재는 길이의 표준. 판단이나 평가의 기준(度: 정도 도) • **三尺童子**(삼척동자): 철없는 어린아이(童: 아이 동, 子: 아들 자) • **吾鼻三尺**(오비삼척): 내 코가 석자라는 뜻으로, 자기 사정이 급하여 남을 돌볼 겨를이 없음을 이르는 말(吾: 나 오, 鼻: 코 비) <div align="right">[3급 / 4획]</div>
자 척	⼀ ⼁ 尸 尺

088. 몸(尸)의 뒤꽁무니에 붙어 있는 털(毛)의 모습으로 동물의 '꼬리'를 의미

尾	• **尾行**(미행): 남의 뒤를 몰래 밟음(行: 다닐 행) • **後尾**(후미): 뒤쪽의 끝. 대열의 맨 뒤(後: 뒤 후) • **龍頭蛇尾**(용두사미): 처음은 좋으나 끝이 좋지 않음을 비유(龍: 용 룡, 頭: 머리 두, 蛇: 뱀 사) <div align="right">[3급 / 7획]</div>
꼬리 미	⼀ ⼁ 尸 尸 屋 屋 尾

089. 사람(尸)이 한곳에 오랫동안(古) 머물며 살고 있다는 의미

居	• **居住**(거주): 일정한 곳에 머물러 삶(住: 살 주) • **居處**(거처): 일정하게 자리를 잡고 사는 일, 또는 그런 장소(處: 곳 처) • **同居**(동거): 한집이나 한방에서 같이 삶(同: 같을 동) <div align="right">[4급 / 8획]</div>
살 거	⼀ ⼁ 尸 尸 屋 屋 居 居

---

090. 몸(尸)이 이르러(至) 쉴 수 있는 곳이 집이라는 의미

屋	• **屋上**(옥상): 지붕의 위. 특히 현대식 건물에서 마당처럼 편평하게 만든 지붕 위(上: 윗 상) • **家屋**(가옥): 사람이 사는 집(家: 집 가) • **洋屋**(양옥): 서양식으로 지은 집(洋: 큰바다 양) <div align="right">[5급 / 9획]</div>
집 옥	ﾌ ﾌ ｺ 尸 尸 尸 层 层 屋 屋

* 이를 지(至)자는 화살이 땅위에 거꾸로 꽂힌 모양을 본떠 만든 글자

---

091. 사람(尸)이 비단옷(衣)을 펼쳐 보이는 모습

展	• **展示**(전시): 여러 가지 물품을 한곳에 벌여 놓고 사람들에게 보임(示: 보일 시) • **展望**(전망): 멀리 바라다 보이는 경치. 앞날을 헤아려 내다봄(望: 바랄 망) • **發展**(발전): 더 낫고 좋은 상태로 나아감(發: 쏠 발) <div align="right">[5급 / 10획]</div>
펼 전	ﾌ ﾌ ｺ 尸 尸 尸 屏 屉 屉 展 展

---

092. 아이에게 젖을 먹이는 어머니의 모습을 본떠 만든 글자

母	• **母女**(모녀): 어머니와 딸(女: 계집 녀) • **母性愛**(모성애): 자식에 대한 본능적인 어머니의 사랑(性: 성품 성, 愛: 사랑 애) • **父母**(부모): 아버지와 어머니(父: 아비 부) <div align="right">[8급 / 5획]</div>
어미 모	乚 乛 口 母 母

---

093. 어린아이(人)가 어머니(母)의 젖을 매번 먹는다는 의미

每	• **每日**(매일): 각각의 개별적인 나날. 하루하루(日: 날 일) • **每年**(매년): 매해. 해마다(年: 해 년) • **每事**(매사): 하나하나의 모든 일(事: 일 사) <div align="right">[7급 / 7획]</div>
매양 매	ﾉ ﾉ 乞 匂 匂 每 每

---

094. 머리카락이 긴 노인이 지팡이를 잡고 있는 모양을 본떠 만든 글자

老	• **敬老**(경로): 노인을 공경함(敬: 공경할 경) • **偕老**(해로): 부부가 한평생 같이 살며 함께 늙음(偕: 함께 해) • **男女老少**(남녀노소): 모든 사람(男: 사내 남, 女: 계집 녀, 少: 적을 소) <div align="right">[7급 / 6획]</div>
늙을 로	一 十 土 耂 耂 老

095. 노인(耂)은 매사를 크게(大→丂) 살피고 생각한다는 의미

- **考慮**(고려): 생각하고 헤아려 봄(慮: 생각할 려)
- **考察**(고찰): 어떤 것을 깊이 생각하고 연구함(察: 살필 찰)
- **思考**(사고): 생각하고 궁리함(思: 생각할 사)

[5급 / 6획]

생각할 고	一　十　土　耂　耂　考

096. 노인(耂)이 아랫사람에게 편하게 말하는(白) 모습으로 '사람, 놈'을 의미

- **讀者**(독자): 책, 신문, 잡지 따위의 글을 읽는 사람(讀: 읽을 독)
- **著者**(저자): 지은이(著: 지을 저)
- **記者**(기자): 신문, 잡지, 방송 등의 기사를 쓰거나 편집하는 사람(記: 기록할 기)

[6급 / 9획]

놈 자	一　十　土　耂　耂　耂　者　者　者

* 흰 백(白)자는 '깨끗하다, 분명하다, 아뢰다(自白: 자백)' 등의 의미로도 사용

097. 두 팔을 벌린 사람이 땅(一)을 딛고 서 있는 모습

- **立法**(입법): 법률을 제정함(法: 법 법)
- **立身揚名**(입신양명): 출세하여 이름을 세상에 널리 드날림(身: 몸 신, 揚: 날릴 양, 名: 이름 명)
- **獨立**(독립): 남에게 의지하지 않고 따로 섬(獨: 홀로 독)

[7급 / 5획]

설 립	丶　亠　六　立　立

098. 소리(音)를 한 묶음씩(十) 끊어 기록한다는 의미

- **文章**(문장): 어떤 생각이나 느낌을 줄거리를 세워 글자로 기록해 나타낸 것(文: 글월 문)
- **初章**(초장): 삼장 형식인 시조에서 첫 행을 이르는 말(初: 처음 초)
- **印章**(인장): 도장(印: 도장 인)

[6급 / 11획]

글 장	丶　亠　立　立　立　产　音　音　音　章　章

099. 마을(里) 입구에 서서(立) 놀고 있는 아이들의 모습

- **童顔**(동안): 나이 든 사람이 지니고 있는 어린아이 같은 얼굴(顔: 얼굴 안)
- **童謠**(동요): 어린이를 위하여 동심을 바탕으로 지은 노래(謠: 노래 요)
- **兒童**(아동): 어린이(兒: 아이 아)

[6급 / 12획]

아이 동	丶　亠　立　立　立　产　音　音　音　童　童　童

100. 사람이 끝(耑)에 바르게 서(立) 있는 모습

- **端整**(단정): 깨끗이 정리되어 가지런함(整: 가지런할 정)
- **端雅**(단아): 단정하고 우아한 모양(雅: 맑을 아)
- **北端**(북단): 북쪽 끝(北: 북녘 북)

[4급 / 14획]

끝/바를 **단**	`　丶　亠　立　立　立'　立山　山　山　山　山　端　端　端

* 끝 단(耑)자는 지면과 연결된 뿌리(而)와 풀싹(屮→山)을 합쳐 놓은 모습으로, 풀끝을 의미

101. 두 사람(儿)이 서로 마주 서서(立) 말(口)로 다투는 모습

- **競爭**(경쟁): 같은 목적에 대하여 이기거나 앞서려고 서로 겨룸(爭: 다툴 쟁)
- **競技**(경기): 일정한 규칙 아래 기량과 기술을 겨룸(技: 재주 기)
- **競走**(경주): 사람, 동물, 차량 따위가 일정한 거리를 달려 빠르기를 겨룸(走: 달릴 주)

[5급 / 20획]

다툴 **경**	`　丶　亠　立　产　音　音　声　竟　竟'　竞'　竞'　竞'　競　競　競　競　競

102. 머리카락이 긴 노인의 모양을 본떠 만든 글자

- **長短**(장단): 길고 짧음. 좋은 점과 나쁜 점(短: 짧을 단)
- **長城**(장성): 길게 둘러쌓은 성(城: 성 성)
- **校長**(교장): 학교의 사무를 관장하고 교직원을 감독하는 으뜸 직위(校: 학교 교)

[8급 / 8획]

길 **장**	l　ㅏ　ㄷ　F　乍　토　투　長　長

* 길 장(長)자와 늙을 로(老)자의 상형문자는 매우 비슷하며, 차이점은 老자에만 지팡이가 있음

103. 사람(巴)위에 사람(人)이 있는 형상으로, 사람과 사람이 대면하고 있을 때의 얼굴색을 의미

- **色感**(색감): 색채나 빛깔에서 받는 느낌(感: 느낄 감)
- **色盲**(색맹): 색깔을 구별하지 못하는 시각 이상증(盲: 눈멀 맹)
- **顔色**(안색): 얼굴빛(顔: 얼굴 안)

[7급 / 6획]

빛 **색**	ノ　ク　ク　ウ　刍　色

1-②. 口(입 구), 曰(가로 왈), 欠(하품 흠), 甘(달 감), 凵(입 벌릴 감), 舌(혀 설), 言(말씀 언), 音 (소리 음), 齒(이 치)

104. 사람의 입을 벌린 모습을 본떠 만든 글자	
口	• 口味(구미): 입맛(味: 맛 미) • 人口(인구): 일정한 지역에 사는 사람의 수(人: 사람 인) • 出入口(출입구): 나갔다 들어왔다 하는 어귀나 문(出: 날 출, 入: 들 입) <div align="right">[7급 / 3획]</div>
입 구	ㅣ 冂 口

105. 입 구(口)와 고무래 정(丁)을 합친 글자로, 힘든 농사일에 노래를 부르면 쉽게 일을 할 수 있다는 긍정적인 의미	
可	• 可能(가능): 할 수 있음(能: 능할 능) • 可決(가결): 의안을 합당하다고 인정하여 결정함(決: 정할 결) • 可否(가부): 옳고 그름(否: 아닐 부) <div align="right">[5급 / 5획]</div>
옳을/가히 가	一 ㄚ 戸 可 可

106. 부모의 입(口)에서 자식의 입으로 십 대(十代)나 전해 내려와 매우 오래되었다는 의미	
古	• 古物(고물): 옛 물건. 낡은 물건(物: 물건 물) • 古典(고전): 오랫동안 많은 사람에게 널리 읽히고 모범이 될 만한 작품(典: 책 전) • 古墳(고분): 옛 무덤(墳: 무덤 분) <div align="right">[6급 / 5획]</div>
옛 고	一 十 十 古 古

107. 몇 단어씩 싸서(勹) 입(口)으로 읽기 좋게 나누어 놓은 글귀를 의미	
句	• 句讀點(구두점): 글을 마치거나 쉴 때 찍는 마침표와 쉼표(讀: 구절 두, 點: 점 점) • 句節(구절): 한 토막의 말이나 글. 구와 절(節: 마디 절) • 名句(명구): 뛰어나게 잘된 글귀(名: 이름 명) <div align="right">[4급 / 5획]</div>
글귀 구	′ 勹 勹 句 句

108. 좌우 치우침이 없이 중심(中)을 잡아 손(又)으로 역사를 기록해야 한다는 의미	
史	• 史記(사기): 역사적 사실을 기록한 책(記: 기록할 기) • 史劇(사극): 역사적 사실을 바탕으로 하여 만든 연극이나 희곡(劇: 연극 극) • 歷史(역사): 인류 사회의 변천과 흥망의 과정 또는 기록(歷: 지날 력) <div align="right">[5급 / 5획]</div>
역사 사	′ 冂 口 史 史

109. 식사(口)할 때 사용하는 손(屮)이 오른손이라는 의미	
右	• 右側(우측): 오른쪽(側: 곁 측) • 左右(좌우): 왼쪽과 오른쪽(左: 왼 좌) • 座右銘(좌우명): 늘 자리 옆에 갖추어 두고 가르침으로 삼는 말이나 문구(座: 자리 좌, 銘: 새길 명) <div align="right">[7급 / 5획]</div>
오른 **우**	ノ ナ 大 右 右

110. 입(口)에서 나온 말들이 흩어져서(八) 단지 여운이 남아있다는 의미	
只	• 只今(지금): 말하는 바로 이때(今: 이제 금) • 但只(단지): 다만, 오직(但: 다만 단) <div align="right">[3급 / 5획]</div>
다만 **지**	丨 口 口 尸 只

111. 앞에 온 사람의 말과 뒤에 온(夂) 사람의 말(口)이 각각 다르다는 의미	
各	• 各各(각각): 사람이나 물건의 하나하나. 따로따로 • 各自(각자): 각각의 자신(自: 스스로 자) • 各種(각종): 여러 종류(種: 종류 종) <div align="right">[6급 / 6획]</div>
각각 **각**	ノ ク 久 冬 各 各

112. 옛날에는 선비(士)의 말(口)이 귀하고 좋은 것으로 여겨 '길하다'를 의미	
吉	• 吉凶(길흉): 운이 좋고 나쁨(凶: 흉할 흉) • 吉兆(길조): 좋은 일이 있을 낌새(兆: 조짐 조) • 不吉(불길): 운수 따위가 좋지 아니함(不: 아니 불) <div align="right">[5급 / 6획]</div>
길할 **길**	一 十 士 吉 吉 吉

* 선비 사(士)자는 하나(一)를 배우면 열(十)을 아는 슬기로운 사람으로 선비를 의미

113. 성(冂) 안에서는 하나(一)의 같은 말(口)을 사용한다는 의미	
同	• 同一(동일): 서로 똑같음 • 同窓(동창): 같은 학교에서 함께 공부한 사이(窓: 창문 창) • 大同小異(대동소이): 큰 차이 없이 거의 같음(大: 큰 대, 小: 작을 소, 異: 다를 이) <div align="right">[7급 / 6획]</div>
같을 **동**	丨 冂 冂 同 同 同

114. 저녁(夕)이 되어 잘 보이지 않아 입(口)으로 상대방의 이름을 부른다는 의미	
名	• **名曲**(명곡): 이름난 악곡. 뛰어나게 잘된 악곡(曲: 악곡 곡) • **姓名**(성명): 성과 이름(姓: 성씨 성) • **別名**(별명): 사람의 외모나 성격 따위의 특징을 가지고 남들이 지어 부르는 이름(別: 다를 별) [7급 / 6획]
이름 **명**	ノ ク タ 夕 名 名

115. 그릇(口)에 뚜껑(△)을 덮어 서로 합한 모습	
合	• **合同**(합동): 둘 이상의 조직이나 개인이 모여 행동이나 일을 함께함(同: 같을 동) • **合計**(합계): 수나 양을 합하여 셈함(計: 셀 계) • **和合**(화합): 화목하게 어울림(和: 화목할 화) [6급 / 6획]
합할 **합**	ノ 人 스 今 合 合

116. 집 면(宀)과 입 구(口)를 합친 글자로, 들어오거나 나가는 방향을 의미	
向	• **方向**(방향): 향하는 쪽(方: 방향 방) • **向上**(향상): 실력, 수준, 기술 따위가 나아짐(上: 윗 상) • **北向**(북향): 북쪽으로 향함(北: 북녘 북) [6급 / 6획]
향할 **향**	ノ ｆ 冂 向 向 向

117. 소(牛)를 제물로 바치고 신에게 입(口)으로 알린다는 의미	
告	• **告白**(고백): 사실대로 숨김없이 말함(白: 아뢸 백) • **報告**(보고): 일에 관한 내용이나 결과를 말이나 글로 알림(報: 알릴 보) • **警告**(경고): 조심하거나 삼가도록 미리 주의를 줌(警: 경계할 경) [5급 / 7획]
알릴 **고**	ノ 丷 屮 生 牛 告 告

118. 나라를 다스리기(尹) 위해 입(口)으로 명령하는 사람을 의미	
君	• **君臣**(군신): 임금과 신하(臣: 신하 신) • **君主**(군주): 임금(主: 주인 주) • **君子**(군자): 행실이 점잖고 어질며 덕과 학식이 높은 사람(子: 아들 자) [4급 / 7획]
임금 **군**	ㄱ ㅋ ㅋ 尹 尹 君 君

* 다스릴 윤(尹)자는 손(크)으로 지휘봉(丿)을 잡고 다스린다는 의미

119. 아니(不)라고 입(口)으로 말한다는 의미

否

- **否決**(부결): 의논한 안건을 받아들이지 아니하기로 결정함(決: 정할 결)
- **安否**(안부): 편안하게 잘 지내고 있는지 그렇지 아니한지에 대한 소식(安: 편안할 안)
- **可否**(가부): 옳고 그름(可: 옳을 가)

[4급 / 7획]

| 아닐 부 | 一　フ　ァ　不　丕　否　否 |

120. 다섯 손가락(五), 즉 한 손으로 자신을 가리키며 말하는(口) 모습

吾

- **吾等**(오등): 우리들(等: 무리 등)
- **吾鼻三尺**(오비삼척): 내 코가 석자라는 뜻으로, 자기 사정이 급하여 남을 돌볼 겨를이 없음을 이르는 말(鼻: 코 비, 尺: 자 척)

[3급 / 7획]

| 나 오 | 一　丆　五　五　丟　吾　吾 |

121. 입(口)으로 소리를 길게(今) 내며 시조 따위를 읊는다는 의미

吟

- **吟味**(음미): 사물 또는 개념의 속 내용을 새겨서 느끼거나 생각함(味: 맛 미)
- **呻吟**(신음): 병이나 고통으로 앓는 소리를 냄(呻: 끙끙거릴 신)
- **吟風弄月**(음풍농월): 바람을 쐬며 읊조리고 달을 보며 즐긴다는 뜻으로, 한가하게 자연에 묻혀 사는 생활을 이르는 말(風: 바람 풍, 弄: 즐길 농, 月: 달 월)　[3급 / 7획]

| 읊을 음 | |

* 이제 금(今) 자는 어떤 것을 지붕으로 덮어 싸는 모습으로, 시간이 오랫동안 쌓이고 쌓여 지금에 이르렀다는 의미

122. 하품(欠)을 하듯이 입(口)을 크게 벌리고 부는 모습

吹

- **吹打**(취타): 관악기를 불고 타악기를 침(打: 칠 타)
- **吹入**(취입): 노래를 음반에 녹음함(入: 들 입)
- **鼓吹**(고취): 힘을 내도록 격려하고 용기를 북돋움(鼓: 북 고)

[3급 / 7획]

| 불 취 | |

123. 입(口)으로 명령(令)하고 있는 모습으로, 명령은 목숨을 걸고 지켜야 한다는 의미

命

- **生命**(생명): 목숨. 생물로서 살아 있게 하는 힘(生: 날 생)
- **救命**(구명): 사람의 목숨을 구함(救: 구원할 구)
- **命令**(명령): 윗사람이 아랫사람에게 무엇을 하게 함(令: 명령할 령)

[7급 / 8획]

| 목숨 명 | |

* 입으로 하는 명령은 '命'자를, 문서로 내리는 명령은 '令'자를 사용

124. 입(口)으로 익지 않은(未) 과일을 맛본다는 의미	
味	• **味覺**(미각): 맛을 느끼는 감각(覺: 깨달을 각) • **口味**(구미): 입맛(口: 입 구) • **妙味**(묘미): 묘한 재미나 흥취(妙: 묘할 묘) <div align="right">[4급 / 8획]</div>
맛 미	ノ 口 口 口 口 口 吽 味 味

125. 입(口)으로 길게 부른다(乎)는 의미	
呼	• **呼名**(호명): 이름을 부름(名: 이름 명) • **呼吸**(호흡): 숨을 내쉼과 들이쉼(吸: 마실 흡) • **呼出**(호출): 전화 따위의 신호로 상대방을 부르는 일(出: 날 출) <div align="right">[4급 / 8획]</div>
부를 호	ノ 口 口 口 口 口 吽 呼

126. 수확한 곡식(禾)을 함께 나누어 먹는(口) 모습으로 화목하다는 의미	
和	• **和合**(화합): 화목하게 어울림(合: 합할 합) • **和睦**(화목): 서로 뜻이 맞고 정다움(睦: 화목할 목) • **平和**(평화): 평온하고 화목함(平: 평평할 평) <div align="right">[6급 / 8획]</div>
화목할 화	ノ 二 千 千 禾 禾 和 和

127. 옷깃(衣)으로 입(口)을 가리고 슬프게 우는 모습	
哀	• **哀悼**(애도): 사람의 죽음을 슬퍼함(悼: 슬퍼할 도) • **哀惜**(애석): 슬프고 아까움(惜: 애석할 석) • **哀歡**(애환): 슬픔과 기쁨(歡: 기쁠 환) <div align="right">[3급 / 9획]</div>
슬플 애	` 一 亠 亠 亠 卢 卢 亨 哀

128. 입(口)과 초목의 싹(才)을 창칼(戈) 따위로 찍어 끊는다는 뜻을 합친 글자로, 말(口)을 끊을 때 붙이는 '어조사'를 의미	
哉	• **快哉**(쾌재): 마음먹은 대로 일이 잘되어 만족스럽게 여김(快: 즐거울 쾌) • **哀哉**(애재): 슬프구나(哀: 슬플 애) • **嗚呼痛哉**(오호통재): 아, 슬프고 원통하구나(嗚: 슬플 오, 呼: 부를 호, 痛: 아플 통) <div align="right">[3급 / 9획]</div>
어조사 재	一 十 土 土 吉 吉 盐 哉 哉

* 어조사: 뜻 없이 다른 말의 뜻만 확실하게 되도록 도와주는 말(於:어, 矣:의, 于:우, 乎:호, 也:야)

129. 여러 물건을 쌓아 놓은 모습을 본떠 만든 글자										
品	•品質(품질): 물품의 성질과 바탕(質: 바탕 질) •品切(품절): 물건이 다 팔리고 없음(切: 끊을 절) •備品(비품): 관공서나 회사 등에서 갖추어 두고 쓰는 물품(備: 갖출 비) [5급 / 9획]									
물건 품	丿	口	口	口	品	品	品	品	品	

130. 문(門) 앞에서 궁금한 것을 물어본다(口)는 의미											
問	•問安(문안): 웃어른께 안부를 여쭘(安: 편안할 안) •問病(문병): 앓는 사람을 찾아가 위로함(病: 병 병) •學問(학문): 모르는 것은 배우고, 의심스러운 것은 물어 익힘(學: 배울 학) [7급 / 11획]										
물을 문	丨	卩	卩	門	門	門	門	門	問	問	問

131. 볕이 잘 드는 높은 땅에 세워진 전각을 본떠 만든 글자로, 주나라에 망해 정치에서 배제된 상나라 사람들이 장사를 업으로 삼은 데서 유래된 글자											
商	•商店(상점): 물건 파는 가게(店: 가게 점) •商街(상가): 상점들이 죽 늘어서 있는 거리(街: 거리 가) •商標(상표): 상품에 부치는 문자·도형·기호 따위의 일정한 표지(標: 표시할 표) [5급 / 11획]										
장사 상	丶	亠	卉	产	产	产	产	产	商	商	商

132. 새(隹)는 입(口)으로 오직 같은 소리를 낸다는 의미											
唯	•唯一(유일): 오직 하나밖에 없음 •唯我獨尊(유아독존): 세상에서 자기 혼자만이 잘났다고 뽐내는 태도(我: 나 아, 獨: 홀로 독, 尊: 높일 존) [3급 / 11획]										
오직 유	丿	口	口	叭	吖	吽	吽	啡	啡	唯	唯

133. 입(口)을 벌려 크고 힘차게(昌) 노래를 부른다는 의미											
唱	•歌唱力(가창력): 노래를 부르는 능력(歌: 노래 가, 力: 힘 력) •愛唱曲(애창곡): 즐겨 부르는 노래(愛: 사랑 애, 曲: 악곡 곡) •合唱(합창): 여러 사람이 목소리를 맞추어서 노래를 부름(合: 합할 합) [5급 / 11획]										
부를 창	丿	口	口	叭	叨	昁	唱	唱	唱	唱	唱

134. 앞이 두 가닥 지게(口口) 하나(一)로 묶인(甲) 창의 모습으로 '홑'을 의미

單

- **單純**(단순): 복잡하지 않고 간단함(純: 순수할 순)
- **單獨**(단독): 단 한 사람(獨: 홀로 독)
- **單刀直入**(단도직입): 칼 한 자루를 들고 곧장 들어간다는 뜻으로, 여러 말을 늘어놓지 아니하고 요점을 바로 말함(刀: 칼 도, 直: 곧을 직, 入: 들 입) [4급 / 12획]

홑 단 | `丶 丷 口 甲 口 叩 品 單 單 單 單 單 單`

135. 상중에 있는 사람이 두건(亠)과 상옷(衣)를 입고 슬피 우는(口) 모습

喪

- **喪失**(상실): 어떤 것이 아주 없어지거나 사라짐(失: 잃을 실)
- **喪家**(상가): 사람이 죽어 장례를 치르는 집(家: 집 가)
- **問喪**(문상): 남의 죽음에 대하여 슬퍼하는 뜻을 드러내어 상주를 위문함(問: 물을 문) [3급 / 12획]

잃을 상 | `一 亠 亠 吂 吂 吂 㐬 㐬 喪 喪 喪 喪`

136. 양(羊)처럼 풀(艹)만 입(口)으로 먹는 동물은 순하고 착하다는 의미

善

- **善惡**(선악): 착함과 악함(惡: 악할 악)
- **善行**(선행): 착하고 어진 행실(行: 다닐 행)
- **改善**(개선): 좋게 고침(改: 고칠 개) [5급 / 12획]

착할 선 | `丶 丷 丷 꾿 꾿 羊 羊 羊 善 善 善 善`

137. 북(壴)을 치면서 입(口)으로 노래를 부르니 기쁘다는 의미

喜

- **喜悲**(희비): 기쁨과 슬픔(悲: 슬플 비)
- **喜怒哀樂**(희로애락): 기쁨과 노여움과 슬픔과 즐거움을 아울러 이르는 말(怒: 성낼 노, 哀: 슬플 애, 樂: 즐길 락)
- **歡喜**(환희): 매우 기뻐함(歡: 기쁠 환) [4급 / 12획]

기쁠 희 | `一 十 士 吉 吉 吉 吉 吉 壴 壴 喜 喜`

138. 비탈진 언덕(厂)을 용감히(敢) 오르도록 엄하게 호령(口)하는 모습

嚴

- **嚴冬**(엄동): 몹시 추운 겨울(冬: 겨울 동)
- **嚴守**(엄수): 명령이나 약속 따위를 꼭 지킴(守: 지킬 수)
- **威嚴**(위엄): 위세 있고 엄숙한 모양(威: 위엄 위) [4급 / 20획]

엄할 엄 | `丶 口 口 口 口 吅 吅 严 严 严 严 严 严 严 嚴 嚴 嚴 嚴 嚴 嚴`

57

---

139. 입(口)에서 소리(一)가 나오는 모습으로 말하다는 의미

曰	• 子曰 學而時習之 不亦說乎(자왈 학이시습지 불역열호): 공자가 말하기를, 배우고 때때로 익히면 또한 기쁘지 아니한가 • 曰可曰否(왈가왈부): 어떤 일에 대해 옳거니 옳지 아니하거니 하고 말함(可: 옳을 가, 否: 아닐 부) [3급 / 4획]
가로 **왈**	ㅣ ㄇ 曰 曰

---

140. 대나무를 구부려 만든 그릇이나 바구니의 모습을 본떠 만든 글자

曲	• 曲線(곡선): 부드럽게 굽은 선(線: 줄 선) • 歪曲(왜곡): 사실과 다르게 해석하거나 그릇되게 함(歪: 비뚤 왜) • 名曲(명곡): 이름난 악곡. 뛰어나게 잘된 악곡(名: 이름 명) [5급 / 6획]
굽을/악곡 **곡**	ㅣ ㄇ 曲 曲 曲 曲

---

141. 밝게(丙) 살도록 여러 번 손으로 쳐서(攴) 고친다는 의미

更	• 更新(경신): 이미 있던 것을 고쳐 새롭게 함(新: 새로울 신) • 更新(갱신): 법률관계의 존속기간이 끝났을 때 그 기간을 연장하는 일 • 變更(변경): 다르게 바꾸어 새롭게 고침(變: 변할 변) [4급 / 7획]
고칠 **경** / 다시 **갱**	一 ㄏ 百 百 百 更 更

---

142. 말하는(曰) 것을 붓(聿)으로 받아 적는 모습으로 '글'을 의미

書	• 圖書(도서): 그림, 글씨, 책 따위를 통틀어 이르는 말(圖: 그림 도) • 讀書(독서): 책을 읽음(讀: 읽을 독) • 但書(단서): 본문에 덧붙여 조건이나 예외 등을 적은 글(但: 다만 단) [6급 / 10획]
글 **서**	ㄱ ㅋ ㅋ 聿 聿 畫 書 書 書 書

* 붓 율(聿)자는 한 손(크)으로 작은 나무 막대기(ㅣ)를 잡고 글을 쓰거나 그림을 그리는 모양을 본떠 만든 글자

---

143. 음식을 찌는 시루와 시루에서 올라오는 김(八)의 모습을 본떠 만든 글자로, 시루에 떡을 찌는 일은 일찍부터 되풀이되어 온 일이라는 의미

曾	• 曾孫子(증손자): 손자의 아들(孫: 손자 손, 子: 아들 자) • 未曾有(미증유): 지금까지 한 번도 있어 본 적이 없음(未: 아닐 미, 有: 있을 유) [3급 / 12획]
일찍 **증**	` ` ` 丷 丷 兴 兴 酋 曾 曾 曾 曾

144. 위험을 무릅쓰고(冒) 적의 귀를 잘라오는(取) 것이 위험 중에 가장 큰 위험이라는 의미

- **最高**(최고): 가장 높음(高: 높을 고)
- **最善**(최선): 가장 좋음(善: 착할 선)
- **最強**(최강): 가장 강함(強: 강할 강)

[5급 / 12획]

가장 **최**	一 冂 冃 日 旦 厚 昌 昌 昌 最 最 最

* 무릅쓸 모(冒)자는 눈을 덮개(冂)로 씌운 모습으로 위험을 무릅쓰다는 의미(冒險: 모험)

---

145. 음식을 찌는 시루와 뚜껑(△)의 모양을 본떠 만든 글자로, 시루와 뚜껑의 상하가 잘 모여 합해진다는 의미

- **會談**(회담): 어떤 문제에 대해 관련된 사람들이 한자리에 모여 토의함(談: 말씀 담)
- **會議**(회의): 어떤 주제를 놓고 여럿이 모여 의논함(議: 의논할 의)
- **停會**(정회): 회의를 일시 정지함(停: 머무를 정)

[6급 / 13획]

모일 **회**	丿 人 亼 亼 亼 亼 侖 侖 侖 侖 會 會 會

---

146. 사람이 피곤하여 하품(欠)을 하며 다음(二)으로 일을 미룬다는 의미

- **次男**(차남): 둘째 아들(男: 사내 남)
- **次期**(차기): 다음 시기(期: 시기 기)
- **目次**(목차): 목록이나 제목, 조항 따위의 차례(目: 눈 목)

[4급 / 6획]

버금 **차**	冫 冫 冫 次 次 次

---

147. 뱃속이 마른 골짜기(谷)처럼 비어 입을 벌리고(欠) 먹으려 하는 모습으로, 무언가 하고자 한다는 의미

- **欲求**(욕구): 무엇을 얻거나 무슨 일을 하고자 바라는 일(求: 구할 구)
- **欲情**(욕정): 충동적으로 일어나는 욕심(情: 뜻 정)

[3급 / 11획]

하고자 할 **욕**	丿 宀 父 父 宀 谷 谷 谷 谷 欲 欲

---

148. 하품하듯 입을 크게 벌려(欠) 노래(哥)를 한다는 의미

- **歌唱力**(가창력): 노래를 부르는 능력(唱: 부를 창, 力: 힘 력)
- **歌手**(가수): 노래 부르는 것이 직업인 사람(手: 손 수)
- **歌謠**(가요): 널리 대중이 즐겨 부르는 노래(謠: 노래 요)

[7급 / 14획]

노래 **가**	一 一 一 哥 哥 哥 哥 哥 哥 哥 歌 歌 歌 歌

* 옳을 가(可)자는 입 구(口)와 고무래 정(丁)을 합친 글자로, 힘든 농사일에 노래를 부르면 쉽게 일을 할 수 있다는 긍정적인 의미

149. 황새(萑)가 먹이를 찾아냈을 때 소리 내며 크게 입을 벌려(欠) 기뻐한다는 의미

歡	• 歡喜(환희): 매우 기뻐함(喜: 기쁠 희) • 歡迎(환영): 오는 사람을 기쁜 마음으로 반갑게 맞음(迎: 맞이할 영) • 哀歡(애환): 슬픔과 기쁨(哀: 슬플 애) [4급 / 22획]
기쁠 **환**	ノ ト ナ ナ 芦 芦 芦 苗 苗 苗 苗 苗 莭 荁 萑 萑 萑 雚 雚 歡 歡

* 황새 관(萑)자는 새(隹) 머리 부분에 두리번거리는 눈(口口)과 머리 위의 깃털(艹) 모습을 본떠 만든 글자

150. 입(口)안에 맛있는 음식(一)이 있음을 의미

甘	• 甘味(감미): 단맛(味: 맛 미) • 甘受(감수): 책망이나 괴로움 따위를 달갑게 받아들임(受: 받을 수) • 甘言利說(감언이설): 귀가 솔깃하도록 남의 비위를 맞추거나 이로운 조건을 내세워 꾀는 　　　　　　　　　말(言: 말씀 언, 利: 이로울 리, 說: 말씀 설)　　[4급 / 5획]
달 **감**	一 十 廿 甘 甘

151. 맛있는(甘) 음식을 먹는 것과 남녀가 짝(匹)을 찾는 것은 심히 즐겁다는 의미

甚	• 極甚(극심): 매우 심함(極: 다할 극) • 莫甚(막심): 더할 나위 없이 심함(莫: 없을 막) • 甚至於(심지어): 심하다 못해 나중에는(至: 이를 지, 於: 어조사 어) [3급 / 9획]
심할 **심**	一 十 廿 甘 甘 其 其 其 甚

152. 움푹 패이고(凵) 베인(乂) 모습은 흉하다는 의미

	• 凶惡(흉악): 성질이 악하고 모짊(惡: 악할 악) • 凶器(흉기): 사람을 죽이거나 해치는 데 쓰는 도구(器: 그릇 기) • 凶年(흉년): 농작물이 예년에 비하여 잘되지 아니하여 굶주리게 된 해(年: 해 년) [5급 / 4획]
흉할 **흉**	ノ メ 凶 凶

153. 식물의 싹(屮)이 땅위로 솟아나는 모양을 본떠 만든 글자

出	• 出發(출발): 목적지를 향하여 나아감(發: 쏠 발) • 出入口(출입구): 나갔다 들어왔다 하는 어귀나 문(入: 들 입, 口: 입 구) • 脫出(탈출): 어떤 상황이나 구속 따위에서 빠져나옴(脫: 벗을 탈) [7급 / 5획]
날 **출**	丨 屮 屮 出 出

154. 입(口)에서 내민 혀의 모양을 본떠 만든 글자	
舌	• 舌戰(설전): 말로 옳고 그름을 가리는 다툼(戰: 싸움 전) • 口舌數(구설수): 남과 시비하거나 남에게서 헐뜯는 말을 듣게 될 운수(數: 셈 수) • 毒舌(독설): 남을 해치거나 비방하는 모질고 악독스러운 말(毒: 독 독) 　　　　　　　　　　　　　　　　　　　　　　　　　　[4급 / 6획]
혀 설	ノ 二 千 千 舌 舌

155. 집의 지붕(△), 기둥(干), 주춧돌(口) 모양을 본떠 만든 글자	
舍	• 舍監(사감): 기숙사에서 기숙생들의 생활을 지도하고 감독하는 사람(監: 볼 감) • 寄宿舍(기숙사): 학교나 공장 따위에 딸려 있어 학생이나 직원들이 함께 자고 먹고 사는 　　　　　　 집(寄: 붙어살 기, 宿: 잘 숙) • 幕舍(막사): 판자나 천막 등 임시로 간단하게 지은 집(幕: 장막 막)　　[4급 / 8획]
집 사	ノ ハ 人 스 스 수 수 舍 舍

156. 입(口)에서 입김이 나오는 모습으로 '말하다'를 의미	
言	• 言語(언어): 느낌, 생각 등을 나타내거나 전달하는 데에 쓰는 음성, 문자 따위의 수단(語: 　　　　　　 말씀 어) • 言約(언약): 말로 약속함(約: 맺을 약) • 甘言利說(감언이설): 귀가 솔깃하도록 남의 비위를 맞추거나 이로운 조건을 내세워 꾀는 　　　　　　 말(甘: 달 감, 利: 이로울 리, 說: 말씀 설)　　　　　[6급 / 7획]
말씀 언	` 亠 亠 言 言 言 言

157. 말(言)로써 십(十)까지 숫자를 헤아릴 수 있다는 의미	
計	• 計算(계산): 수를 헤아림. 어떤 일을 예상하거나 고려함(算: 셈할 산) • 計劃(계획): 앞으로 할 일의 절차, 방법, 규모 따위를 미리 헤아려 안을 세우는 일(劃: 그을 획) • 合計(합계): 수나 양을 합하여 셈함(合: 합할 합) 　　　　　　　　　　　　　　　　　　　　　　　　　　[6급 / 9획]
셀 계	` 亠 亠 言 言 言 言 計

158. 몸을 구부리고 꿇어 앉아서(己) 말(言)하는 것을 적는 모습	
記	• 記錄(기록): 주로 후일에 남길 목적으로 어떤 사실을 적음. 운동 경기 등의 성적(錄: 기록 　　　　　　 할 록) • 記者(기자): 신문, 잡지, 방송 등의 기사를 쓰거나 편집하는 사람(者: 놈 자) • 史記(사기): 역사적 사실을 기록한 책(史: 역사 사)　　　　　　[7급 / 10획]
기록할 기	` 亠 亠 言 言 言 言 記 記 記

159. 냇물(川)이 위에서 아래로 흐르듯이 윗사람의 말(言)을 잘 따르도록 가르친다는 의미
訓	• **訓練**(훈련): 가르쳐서 익히게 함(練: 익힐 런) • **訓長**(훈장): 글방의 스승(長: 길 장) • **家訓**(가훈): 집안의 어른이 자손들에게 일러 주는 가르침(家: 집 가) <div align="right">[6급 / 10획]</div>
가르칠 훈	` ㅗ ㅗ ㅗ 言 言 言 訂 訓 訓

160. 방향(方)을 물어보면서(言) 찾아간다는 의미
訪	• **訪問**(방문): 사람이나 장소를 찾아가서 봄(問: 물을 문) • **巡訪**(순방): 나라나 도시 따위를 차례로 돌아가며 방문함(巡: 돌 순) • **來訪**(내방): 만나기 위하여 찾아옴(來: 올 래) <div align="right">[4급 / 11획]</div>
찾을 방	` ㅗ ㅗ ㅗ 言 言 言 訂 訪 訪 訪

161. 말로써(言) 상대를 칠(殳) 수 있도록 자기 주장을 세우고 갖춘다는 의미
設	• **設計**(설계): 계획을 세움(計: 셀 계) • **設置**(설치): 어떤 목적에 유용하게 사용하기 위하여 기관·설비 등을 만들어서 둠(置: 둘 치) • **建設**(건설): 건물이나 시설물 따위를 새로 만들어 세움(建: 세울 건) <div align="right">[4급 / 11획]</div>
갖출 설	` ㅗ ㅗ ㅗ 言 言 言 訂 訝 設 設

162. 절굿공이(午)를 내려치는 것처럼 여러 번 말하여(言) 허락을 받는다는 의미
許	• **許可**(허가): 행동이나 일을 하도록 허용함(可: 옳을 가) • **許容**(허용): 허락하여 너그럽게 받아들임(容: 받아들일 용) • **免許**(면허): 특정한 일을 할 수 있는 공식적인 자격을 관청이 허가하는 일(免: 면할 면) <div align="right">[5급 / 11획]</div>
허락할 허	` ㅗ ㅗ ㅗ 言 言 言 許 許 許 許

163. 관청(寺)의 기율처럼 운율에 맞춰 말(言)이나 글로 표현하는 '시'를 의미
詩	• **詩人**(시인): 시를 전문적으로 짓는 사람(人: 사람 인) • **童詩**(동시): 어린이의 정서를 읊은 시(童: 아이 동) • **詩集**(시집): 여러 편의 시를 모아서 엮은 책(集: 모일 집) <div align="right">[4급 / 13획]</div>
시 시	` ㅗ ㅗ ㅗ 言 言 言 訂 訏 詩 詩 詩 詩

164. 법이나 규칙(式)에 맞는지 여부를 말(言)로 시험한다는 의미

試

- **試驗**(시험): 재능·실력·지식 따위의 수준이나 정도를 일정한 절차에 따라 알아봄(驗: 시험할 험)
- **試食**(시식): 음식의 맛이나 요리 솜씨를 보려고 시험 삼아 먹어 봄(食: 먹을 식)
- **入試**(입시): 입학생을 선발하기 위하여 지원자들에게 치르도록 하는 시험(入: 들 입)

[4급 / 13획]

시험할 시	` ㅗ ㅗ 言 言 言 言 訂 試 訐 試 試

* 법 식(式)자는 주살(弋)을 만들(工) 때에도 정해진 방식이나 법칙이 필요하다는 의미

165. 혀(舌)를 이용하여 마음에 생각하고 있는 것을 말한다(言)는 의미

話

- **話頭**(화두): 이야기의 말머리(頭: 머리 두)
- **對話**(대화): 마주 대하여 이야기를 주고받음(對: 대할 대)
- **口傳童話**(구전동화): 입에서 입으로 전하여 오는 동화(傳: 전할 전, 童: 아이 동)

[7급 / 13획]

말씀 화	` ㅗ ㅗ 言 言 言 言 訐 訐 話 話

166. 사람들이 이해하여 기뻐하도록(兌) 말씀(言)한다는 의미

說

- **說明**(설명): 어떤 일이나 대상의 내용을 상대가 알기 쉽게 밝혀 말함(明: 밝을 명)
- **說得**(설득): 여러 가지로 설명하여 납득시킴(得: 얻을 득)
- **遊說**(유세): 자기 의견 또는 소속 정당의 주장을 선전하며 돌아다님(遊: 놀 유)

[5급 / 14획]

말씀 설 / 달랠 세	` ㅗ ㅗ 言 言 言 言 訐 訐 訹 說 說 說

* 기쁠 태(兌)자는 입(口)의 좌우에 주름(八)이 생기도록 웃고 있는 사람(儿)의 모습이며, 또한 여러 번 나누어(八) 생각하여 사람(兄)의 마음이 바뀐다는 의미(바꿀 태)로도 사용

167. 말한(言) 바를 꼭 이루도록(成) 온갖 노력과 정성을 다한다는 의미

誠

- **誠心誠意**(성심성의): 참되고 성실한 마음과 뜻(心: 마음 심, 意: 뜻 의)
- **至誠**(지성): 지극한 정성(至: 이를 지)
- **孝誠**(효성): 마음을 다하여 부모를 섬기는 정성(孝: 효도 효)

[4급 / 13획]

정성 성	` ㅗ ㅗ 言 言 言 訂 試 誠 誠 誠

168. 자기(吾)의 생각을 말(言)로 표현한다는 의미

語

- **語感**(어감): 말소리나 말투의 차이에 따른 느낌과 맛(感: 느낄 감)
- **語錄**(어록): 위인들이 한 말을 간추려 모은 기록(錄: 기록할 록)
- **言語**(언어): 느낌, 생각 등을 나타내거나 전달하는 데에 쓰는 음성, 문자 따위의 수단(言: 말씀 언)

[7급 / 14획]

말씀 어	` ㅗ ㅗ 言 言 言 言 訐 訐 語 語 語 語

169. 떠들썩하게(吳) 말을(言) 하며 추진하는 일은 그르치기 쉽다는 의미

誤	• **誤謬**(오류): 그릇되어 이치에 맞지 않는 일(謬: 그르칠 류) • **誤解**(오해): 그릇되게 해석하거나 뜻을 잘못 앎(解: 풀 해) • **誤答**(오답): 잘못된 대답(答: 대답할 답) [4급 / 14획]
그르칠 **오**	` 亠 亠 言 言 言 言 言 訳 訳 誤 誤 誤 誤

* 큰소리칠 오(吳)자는 두 팔을 벌리고 서 있는 사람(大)과 입(口)을 합친 글자로, 사람 머리 위에 입을 강조함으로써 큰 소리를 친다는 의미

170. 상대방의 말(言)을 끝까지 참고(忍) 들어서 그 내용을 알고 인정한다는 의미

認	• **認定**(인정): 확실히 그렇다고 여김(定: 정할 정) • **認證**(인증): 문서나 일 따위가 합법적인 절차로 이루어졌음을 공적 기관이 인정하여 증명함(證: 증명할 증) • **公認**(공인): 국가나 사회 또는 공공단체가 어느 행위나 물건에 대해 인정함(公: 공평할 공) [4급 / 14획]
알/인정할 **인**	` 亠 亠 言 言 言 言 訒 訒 訒 認 認 認

171. 사업의 결과(果)에 대해 말로(言) 묻고 조사하여 세금을 매긴다는 의미

課	• **課稅**(과세): 세금을 매김(稅: 세금 세) • **課業**(과업): 꼭 하여야 할 일이나 임무(業: 일 업) • **課題**(과제): 처리하거나 해결해야 할 문제(題: 제목 제) [5급 / 15획]
매길 **과**	` 亠 亠 言 言 言 言 訂 訂 訳 課 課 課 課

172. 화롯가(炎) 주위에 둘러앉아 정답게 얘기(言)를 나누는 모습

談	• **談笑**(담소): 웃고 즐기면서 이야기함(笑: 웃을 소) • **情談**(정담): 정답게 주고받는 이야기(情: 뜻 정) • **美談**(미담): 사람을 감동시킬 만큼 아름다운 내용을 가진 이야기(美: 아름다울 미) [5급 / 15획]
말씀 **담**	` 亠 亠 言 言 言 言 診 談 談 談 談 談

173. 사람들이 모여서(侖) 말로(言) 의논하는 모습

論	• **論述**(논술): 자기의 의견을 논리적으로 서술함(述: 지을 술) • **論議**(논의): 어떤 문제에 대하여 서로 의견을 내어 토의함(議: 의논할 의) • **討論**(토론): 어떤 문제에 대해 여러 사람이 각각 의견을 말하며 논의함(討: 칠 토) [4급 / 15획]
논할 **론**	` 亠 亠 言 言 言 訒 訟 診 論 論 論 論

* 모일 륜(侖)자는 지붕(△) 아래에 책(冊)들을 모아 놓은 모습을 본떠 만든 글자

한자 Up 어휘력 Up 성적 Up

174. 말(言)을 새(隹)처럼 지저귀면 누구도 알아들을 수 없다는 의미

誰

- **誰何**(수하): 어두워서 상대편의 정체를 식별하기 어려울 때 경계하는 자세로, 상대편의 정체나 아군끼리 약속한 암호를 확인함(何: 어찌 하)

[3급 / 15획]

| 누구 **수** | ` | ㆍ | ㆍ | 言 | 言 | 言 | 言 | 訁 | 計 | 計 | 計 | 誰 | 誰 | 誰 |

175. 여러 사람의 말(言)을 두루(周) 듣고 고르게 잘 어울리도록 한다는 의미

調

- **調和**(조화): 서로 잘 어울림(和: 화목할 화)
- **調査**(조사): 사물의 내용을 명확히 알기 위하여 자세히 살펴보거나 찾아봄(査: 조사할 사)
- **調味料**(조미료): 음식의 맛을 알맞게 맞추는 데 쓰는 재료(味: 맛 미, 料: 재료 료)

[5급 / 15획]

| 고를 **조** | ` | ㆍ | ㆍ | 言 | 言 | 言 | 言 | 訁 | 訂 | 訊 | 調 | 調 | 調 | 調 |

176. 젊은(靑) 사람이 웃어른께 부탁의 말씀(言)을 청한다는 의미

請

- **請婚**(청혼): 결혼하기를 청함(婚: 혼인 혼)
- **要請**(요청): 필요한 일을 해달라고 부탁함(要: 구할 요)
- **申請**(신청): 어떤 일이나 물건을 단체나 기관에 신고하여 청구함(申: 펼 신)

[4급 / 15획]

| 청할 **청** | ` | ㆍ | ㆍ | 言 | 言 | 言 | 言 | 言 | 計 | 請 | 請 | 請 | 請 | 請 |

177. 많은 사람들(者)이 모여서 얘기(言)를 나누는 모습으로 '모두'를 의미

諸

- **諸君**(제군): 여러분(君: 그대 군)
- **諸般**(제반): 어떤 것과 관련된 모든 것(般: 일반 반)

[3급 / 16획]

| 모두 **제** | ` | ㆍ | ㆍ | 言 | 言 | 言 | 言 | 言 | 計 | 計 | 諸 | 諸 | 諸 | 諸 | 諸 |

178. 우물 틀(井)처럼 거듭(再) 쌓듯이 여러 번 반복하여 말(言)을 익힌다는 의미

講

- **講義**(강의): 학문이나 기술 등의 내용을 체계적으로 설명하여 가르침(義: 옳을 의)
- **講師**(강사): 학교나 학원 등에서 위촉을 받아 강의를 하는 사람(師: 스승 사)
- **講堂**(강당): 강의나 의식 따위를 할 때에 쓰는 건물이나 큰 방(堂: 집 당)

[4급 / 17획]

| 익힐 **강** | ` | ㆍ | ㆍ | 言 | 言 | 言 | 言 | 言 | 計 | 誹 | 誹 | 講 | 講 | 講 | 講 | 講 |

179. 화살을 쏘아(射) 적중하듯 시의적절하게 사례나 사과의 말(言)을 해야 한다는 의미	
謝	• **謝禮**(사례): 언행이나 선물 따위로 상대에게 고마운 뜻을 나타냄(禮: 예도 례) • **謝過**(사과): 자기의 잘못을 인정하고 용서를 빎(過: 허물 과) • **感謝**(감사): 고맙게 여김(感: 느낄 감) <div align="right">[4급 / 17획]</div>
사례할 **사**	` 亠 亠 言 言 言 言 言 言 訁 訂 訝 訝 諍 諍 謝 謝 謝

180. 지식이 되는 말(言)을 머리에 새겨(戠) 넣는다는 의미	
識	• **識見**(식견): 학식과 견문(見: 볼 견) • **知識**(지식): 배우거나 실천하여 알게 된 명확한 인식이나 이해(知: 알 지) • **認識**(인식): 사물을 분별하고 판단하여 앎(認: 알 인) <div align="right">[5급 / 19획]</div>
알 **식**	` 亠 亠 言 言 言 言 言 訁 訁 訐 諳 諳 諳 諳 諳 諳 識 識

* 새길 시(戠)자는 날카로운 창(戈)을 가지고 소리(音)를 글로 새기는 모습을 본떠 만든 글자

181. 잘 보이는 높은 곳에 올라가서(登) 사실을 말하는(言) 모습으로 '증명함'을 의미	
證	• **證明**(증명): 진실 여부에 대해 증거를 들어서 밝힘(明: 밝을 명) • **證人**(증인): 어떤 사실을 증명하는 사람(人: 사람 인) • **認證**(인증): 문서나 일 따위가 합법적인 절차로 이루어졌음을 공적 기관이 인정하여 증명함(認: 알 인) <div align="right">[4급 / 19획]</div>
증명할 **증**	` 亠 亠 言 言 言 言 言 訁 訁 訐 證 證 證 證 證 證 證 證

182. 옳은(義) 결론을 얻기 위하여 서로 얘기(言)하며 의논하는 모습	
議	• **議決**(의결): 의논하여 결정함(決: 정할 결) • **會議**(회의): 어떤 주제를 놓고 여럿이 모여 의논함(會: 모일 회) • **論議**(논의): 어떤 문제에 대하여 서로 의견을 내어 토의함(論: 논할 론) <div align="right">[4급 / 20획]</div>
의논할 **의**	` 亠 亠 言 言 言 言 言 言 訁 諍 諍 諍 諍 諍 議 議 議 議

183. 크게 소리 내어(言) 물건을 파는(賣) 사람처럼 책도 소리를 내어 읽어야 한다는 의미	
讀	• **讀書**(독서): 책을 읽음(書: 글 서) • **速讀**(속독): 책 따위를 빠른 속도로 읽음(速: 빠를 속) • **牛耳讀經**(우이독경): 쇠귀에 경 읽기라는 뜻으로, 아무리 가르치고 일러 주어도 알아듣지 못함을 이르는 말(牛: 소 우, 耳: 귀 이, 經: 글 경) <div align="right">[6급 / 22획]</div>
읽을 **독**	` 亠 亠 言 言 言 言 諆 諆 諳 諳 諳 諳 諳 讀 讀 讀 讀 讀 讀 讀

184. 실(絲)이 길게 이어지듯, 끊임없이 말로(言) 타이르고 채찍질(攵)해서 옳게 변하도록 해야 한다는 의미	
變	• 變心(변심): 마음이 변함(心: 마음 심) • 變更(변경): 다르게 바꾸어 새롭게 고침(更: 고칠 경) • 變化(변화): 사물의 형상, 성질 등이 달라짐(化: 될 화) [5급 / 23획]
변할 변	` 丶 亠 亖 言 言 言 綜 結 結 結 結 綜 絲 絲 絲 絲 綜 綜 變 變

185. 상대방의 도움(襄)을 말(言)로 조심스럽게 거절한다는 의미	
讓	• 讓步(양보): 길이나 자리, 물건 따위를 사양하여 남에게 미루어 줌(步: 걸음 보) • 讓渡(양도): 재산이나 물건을 남에게 넘겨줌(渡: 건널 도) • 辭讓(사양): 겸손하여 받지 않거나 응하지 않음. 남에게 양보함(辭: 말 사) [3급 / 24획]
사양할 양	` 丶 亠 亖 言 言 言 言 誹 誹 誹 誹 誹 誹 誹 讓 讓 讓 讓 讓 讓

186. 입(口)과 입에 물고 있는 나팔의 모습을 본떠 만든 글자로 소리를 낸다는 의미	
音	• 音樂(음악): 목소리나 악기를 통하여 사상 또는 감정을 나타내는 예술(樂: 음악 악) • 音聲(음성): 사람의 목소리나 말소리(聲: 소리 성) • 低音(저음): 낮은 소리(低: 낮을 저) [6급 / 9획]
소리 음	` 丶 亠 亠 立 立 产 音 音 音

187. 사람의 윗니와 아랫니가 잇몸에 박힌(止) 모양을 본떠 만든 글자	
齒	• 齒牙(치아): 이를 점잖게 이르는 말(牙: 어금니 아) • 齒痛(치통): 이가 쑤시거나 몹시 아픈 증상(痛: 아플 통) • 齒藥(치약): 이를 닦는 데에 쓰는 약(藥: 약 약) [4급 / 15획]
이 치	` 丨 上 止 止 此 此 此 齒 齒 齒 齒 齒 齒 齒

1-③. 面(낯 면), 耳(귀 이), 自(스스로 자), 鼻(코 비), 目(눈 목), 臣(신하 신), 見(볼 견), 頁(머리 혈), 首(머리 수), 艮(그칠 간)

---

188. 머리(一)와 코(自), 뺨이 있는 얼굴의 윤곽을 본떠 만든 글자	
面	• **面接**(면접): 서로 대면하여 만나 봄(接: 닿을 접) • **顔面**(안면): 얼굴. 서로 얼굴을 알 만한 친분(顔: 얼굴 안) • **假面**(가면): 나무·종이 등으로 만든 얼굴의 형상. 탈(假: 거짓 가) [7급 / 9획]
낯 면	一 ̄ ̄ ̄ ̄ 帀 而 而 面 面

---

189. 귀 모양을 본떠 만든 글자	
耳	• **耳目口鼻**(이목구비): 귀·눈·입·코 또는 얼굴의 생김새(目: 눈 목, 口: 입 구, 鼻: 코 비) • **耳鼻咽喉科**(이비인후과): 귀, 코, 목구멍, 기관, 식도의 병을 전문적으로 치료하는 의학 분야(咽: 목구멍 인, 喉: 목구멍 후, 科: 과목 과) [5급 / 6획]
귀 이	一 T T F F 王 耳

---

190. 들으면(耳) 잘 통하고 사리에 능통하며 덕이 드러나는(呈) 지덕을 겸비한 사람을 의미	
聖	• **聖人**(성인): 지혜와 덕이 매우 뛰어나 길이 우러러 본받을 만한 사람(人: 사람 인) • **聖誕**(성탄): 성인이나 임금의 탄생(誕: 태어날 탄) • **太平聖代**(태평성대): 어진 임금이 잘 다스리어 태평한 세상이나 시대(太: 클 태, 平: 평평할 평, 代: 세대 대) [4급 / 13획]
성인 성	一 T T F F 王 耳 耵 耵 聖 聖 聖 聖

---

191. 문(門) 앞에서 귀(耳)를 대고 듣는다는 의미	
聞	• **新聞**(신문): 새로운 소식이나 견문(新: 새로울 신) • **所聞**(소문): 사람들 입에 오르내려 전하여 들리는 말(所: 바 소) • **聽聞會**(청문회): 어떤 문제에 대해 내용을 듣고, 그에 대해 물어보는 모임(聽: 들을 청, 會: 모일 회) [6급 / 14획]
들을 문	l l' l' l' l' l' 門 門 門 門 門 門 聞 聞

---

192. 중대의 고대 악기인 석경(石磬)을 쳐서(殳) 귀(耳)로 소리를 듣는다는 의미	
聲	• **音聲**(음성): 사람의 목소리나 말소리(音: 소리 음) • **歡呼聲**(환호성): 기뻐서 크게 부르짖는 소리(歡: 기쁠 환, 呼: 부를 호) • **異口同聲**(이구동성): 여러 사람의 말이 한결같음(異: 다를 이, 口: 입 구, 同: 같을 동) [4급 / 17획]
소리 성	一 十 ± ± 声 声 声 声 殸 殸 殸 殸 聲 聲 聲 聲

193. 귀(耳)를 드러내어(罒) 덕(悳) 있는 좋은 얘기를 듣는다는 의미	
聽	• **聽覺**(청각): 소리를 느끼는 감각(覺: 깨달을 각) • **聽衆**(청중): 강연, 설교, 음악 따위를 듣기 위하여 모인 사람들(衆: 무리 중) • **聽聞會**(청문회): 어떤 문제에 대해 내용을 듣고, 그에 대해 물어보는 모임(聞: 들을 문, 會: 모일 회) [4급 / 22획]
들을 **청**	ˉ ⌐ ┌ ┌ ┬ 耳 耳 耳 耳 耳 耶 耶 耶 耶 耶 聽 聽 聽 聽 聽 聽 聽

194. 코의 모양을 본떠 만든 글자로, 코를 가리키며 자신을 나타낸 모습에서 '자신, 스스로'를 의미	
自	• **自他**(자타): 자기와 남(他: 남 타) • **自身**(자신): 자기. 자기의 몸(身: 몸 신) • **各自**(각자): 각각의 자신(各: 각각 각) [7급 / 6획]
스스로 **자**	ˊ ˊ ⼍ 自 自 自

195. 자(自)자가 '자신, 스스로'라는 뜻으로 쓰이자, 공기를 흡입해 준다는 의미로 줄 비(畀)자를 추가하여 새로 만든 글자	
鼻	• **鼻炎**(비염): 콧속 점막의 염증(炎: 불꽃 염) • **鼻音**(비음): 코가 막힌 듯이 내는 소리(音: 소리 음) • **鼻笑**(비소): 코웃음(笑: 웃을 소) [5급 / 14획]
코 **비**	ˊ ˊ ⼍ 自 自 自 自 鼻 鼻 鼻 畠 畠 鼻 鼻

* 줄 비(畀)자는 받침대(丌)를 통하여(由) 무엇을 준다는 의미

196. 사람의 눈을 본떠 만든 글자	
目	• **目的**(목적): 일을 이루려고 하는 목표나 나아가는 방향(的: 과녁 적) • **注目**(주목): 관심을 가지고 주의 깊게 살핌(注: 물댈 주) • **耳目口鼻**(이목구비): 귀·눈·입·코 또는 얼굴의 생김새(耳: 귀 이, 口: 입 구, 鼻: 코 비) [6급 / 5획]
눈 **목**	l ⼌ 月 月 目

197. 많은(十) 눈(目)으로 보니 숨은 곳(ㄴ)에서도 곧고 바르게 행동한다는 의미	
直	• **直接**(직접): 중간에 제삼자나 매개물이 없이 바로 연결되는 관계(接: 닿을 접) • **直線**(직선): 꺾이거나 굽은 데가 없는 곧은 선(線: 줄 선) • **正直**(정직): 마음에 거짓이나 꾸밈이 없이 바르고 곧음(正: 바를 정) [7급 / 8획]
곧을 **직**	ˉ 十 ⼗ 古 吉 苴 直 直

198. 눈(目) 위에 손(手)을 올려놓고 멀리 살펴본다는 의미

看	• **看護**(간호): 환자나 노약자를 보살피고 돌봄(護: 지킬 호)
	• **看過**(간과): 큰 관심 없이 대강 보아 넘김(過: 지날 과)
	• **走馬看山**(주마간산): 자세히 살피지 아니하고 대충대충 보고 지나감을 이르는 말(走: 달릴 주, 馬: 말 마, 山: 뫼 산) [4급 / 9획]
볼 간	ノ 二 三 チ 手 手 看 看 看

199. 나무(木)를 눈(目)으로 관찰하며 살펴보는 모습으로, 서로 마주 본다는 의미

相	• **相互**(상호): 상대가 되는 이쪽과 저쪽 모두(互: 서로 호)
	• **相異**(상이): 서로 다름(異: 다를 이)
	• **相對**(상대): 서로 마주 대함(對: 대할 대) [5급 / 9획]
서로 **상**	一 十 才 木 朴 和 相 相 相

200. 적은(少) 것까지 눈(目)을 크게 뜨고 살펴본다는 의미

省	• **省墓**(성묘): 조상의 산소를 찾아가서 돌봄(墓: 무덤 묘)
	• **反省**(반성): 자신의 언행에 대해 잘못이나 부족함이 없는지 돌이켜 봄(反: 돌이킬 반)
	• **省略**(생략): 전체에서 일부를 줄이거나 뺌(略: 간략할 략) [6급 / 9획]
살필 **성** / 덜 **생**	ノ ノ 小 小 少 省 省 省 省

201. 백성(民)들이 눈(目)을 감고 편하게 잠잔다는 의미

眠	• **睡眠**(수면): 잠을 자는 일(睡: 잠잘 수)
	• **不眠**(불면): 잠을 자지 못함(不: 아니 불)
	• **冬眠**(동면): 겨울이 되면 동물이 활동을 중단하고 땅속이나 물속에서 겨울을 보내는 일(冬: 겨울 동) [3급 / 10획]
잠잘 **면**	丨 冂 月 月 目 盯 盯 眠 眠 眠

202. 비수(匕)와 솥(鼎)을 합친 글자로, 신에게 바치는 음식은 참되고 정성이 담겨야 한다는 의미

眞	• **眞實**(진실): 거짓이 없고 참됨(實: 열매 실)
	• **眞僞**(진위): 참과 거짓(僞: 거짓 위)
	• **寫眞**(사진): 광학적 방법으로 감광 재료 면에 박아 낸 물체의 영상(寫: 베낄 사) [4급 / 10획]
참 **진**	一 匕 匕 乍 乍 旨 直 眞 眞 眞

203. 눈(目)동자를 멈추고(艮) 앞을 바라본다는 의미

眼

눈 안

- **眼鏡**(안경): 불완전한 시력을 조정하거나 바람, 먼지, 강한 빛 따위를 막아 눈을 보호하기 위하여 눈에 쓰는 물건(鏡: 거울 경)
- **着眼**(착안): 어떤 일을 눈여겨보아 그 일을 성취할 기틀을 잡음(着: 붙을 착)
- **眼下無人**(안하무인): 방자하고 교만하여 다른 사람을 업신여김을 이르는 말(下: 아래 하, 無: 없을 무, 人: 사람 인)

[4급 / 11획]

丨 冂 冂 月 目 目ᄀ 目ᄏ 目ᄏ 町 眼 眼

204. 양(羊)은 의좋게 서로 바라보며(目) 떼를 이루어 붙어 다닌다는 의미

着

붙을 착

- **着用**(착용): 옷이나 액세서리 따위를 입거나 신거나 쓰거나 참(用: 쓸 용)
- **着席**(착석): 자리에 앉음(席: 자리 석)
- **到着**(도착): 목적지에 다다름(到: 이를 도)

[5급 / 12획]

丶 丷 丷 ᅶ ᅷ 羊 羊 差 着 着 着

205. 임금 앞에서 눈을 크게 뜬 신하의 모습을 본떠 만든 글자

臣

신하 신

- **忠臣**(충신): 나라와 임금을 위하여 충성을 다하는 신하(忠: 충성 충)
- **君臣**(군신): 임금과 신하(君: 임금 군)
- **使臣**(사신): 임금의 명을 받아 외국에 나가 국가의 일을 논하는 신하(使: 부릴 사)

[5급 / 6획]

一 𠃍 𠃋 𦣻 臣 臣

206. 사람(人)이 눈(臣)을 아래쪽으로 돌린 채 비스듬히 누워있는 모습

臥

누울 와

- **臥病**(와병): 병으로 자리에 누움(病: 병 병)
- **臥薪嘗膽**(와신상담): 불편한 섶에 몸을 눕히고 쓸개를 맛본다는 뜻으로, 원수를 갚거나 마음 먹은 일을 이루기 위하여 온갖 어려움을 참고 견딤(薪: 섶나무 신, 嘗: 맛볼 상, 膽: 쓸개 담)

[3급 / 8획]

一 𠃍 𠃋 𦣻 臣 臣 臥 臥

207. 사람(儿)이 눈(目)으로 본다는 의미

見

볼 견

- **見聞**(견문): 보거나 듣거나 하여 깨달아 얻은 지식(聞: 들을 문)
- **見學**(견학): 실지로 현장에 가서 보고 배워 학식을 넓힘(學: 배울 학)
- **目不忍見**(목불인견): 눈앞에 벌어진 상황 따위를 눈 뜨고는 차마 볼 수 없음(目: 눈 목, 不: 아니 불, 忍: 참을 인)

[5급 / 7획]

丨 冂 冂 月 目 貝 見

71

208. 제사(示)를 잘 지내기 위하여 주의 깊게 살펴본다(見)는 의미

視

- **視覺**(시각): 눈을 통해 빛의 자극을 받아들이는 감각 작용(覺: 깨달을 각)
- **視力**(시력): 물체의 존재나 형상을 인식하는 눈의 능력(力: 힘 력)
- **監視**(감시): 어떤 대상을 통제하기 위해 주의하여 지켜봄(監: 볼 감)

[4급 / 12획]

볼 **시**

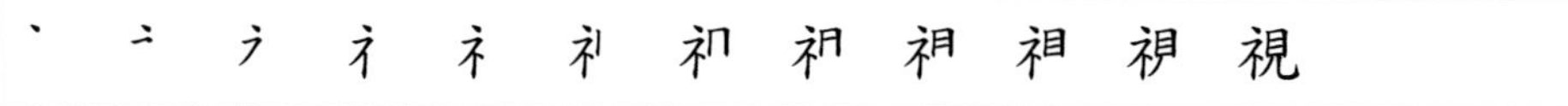

209. 서 있는(立) 나무(木)들을 친히 살펴본다(見)는 의미

親

- **親舊**(친구): 가깝게 오래 사귄 사람(舊: 옛 구)
- **親戚**(친척): 친족과 외척을 아울러 이르는 말(戚: 친척 척)
- **親密**(친밀): 지내는 사이가 매우 친하고 가까움(密: 빽빽할 밀)

[6급 / 16획]

친할 **친**

210. 황새(雚)가 먹을 것을 찾기 위하여 자세히 본다(見)는 의미

觀

- **觀光**(관광): 다른 지방이나 나라의 경치·명소 따위를 구경함(光: 빛 광)
- **觀察**(관찰): 사물이나 현상을 주의하여 자세히 살펴봄(察: 살필 찰)
- **觀衆**(관중): 공연이나 운동 경기 따위를 구경하기 위해 모인 사람들(衆: 무리 중)

[5급 / 25획]

볼 **관**

* 황새 관(雚)자는 새(隹) 머리 부분에 두리번거리는 눈(口口)과 머리 위의 깃털(艹) 모습을 본떠 만든 글자

211. 사람의 머리(頁)와 못대가리(丁)를 합친 글자로 머리 꼭대기인 '정수리'를 의미

頂

- **頂上**(정상): 맨 위 꼭대기(上: 윗 상)
- **絶頂**(절정): 사물의 진행이나 발전이 최고의 경지에 달한 상태(絶: 끊을 절)
- **頂門一鍼**(정문일침): 정수리에 침을 놓는다는 뜻으로, 따끔한 충고나 교훈을 이르는 말(門: 문 문, 鍼: 침 침)

[3급 / 11획]

정수리 **정**

212. 터럭(彡)은 머리(頁)를 보호하기 위하여 반드시 필요하다는 의미

須

- **必須**(필수): 꼭 있어야 하거나 하여야 함(必: 반드시 필)
- **須彌山**(수미산): 불교의 우주관에서, 우주의 중심에 있다는 거대한 산(彌: 미륵 미)

[3급 / 12획]

반드시 **수**

213. 물(川)이 위(頁)에서 아래로 흐르는 것이 지극히 순한 이치라는 의미

順

- **順序**(순서): 정해진 기준에 따라 여럿을 선후로 구분하여 나열한 것(序: 차례 서)
- **順從**(순종): 순순히 따름(從: 따를 종)
- **歸順**(귀순): 적이었던 자가 반항심을 버리고 스스로 돌아서서 복종하거나 순종함(歸: 돌아갈 귀)

[5급 / 12획]

순할 **순**   丿 丿 川 川 川 川 川 順 順 順 順 順

214. 우두머리(頁)가 명령(令)을 내리고 아랫사람들을 거느린다는 의미

領

- **領土**(영토): 한 나라의 통치권이 미치는 지역(土: 흙 토)
- **占領**(점령): 무력이나 조직된 힘을 동원하여 일정한 지역을 차지함(占: 차지할 점)
- **大統領**(대통령): 모든 행정을 다스리고 국가를 대표하는 원수(統: 거느릴 통)

[5급 / 14획]

거느릴 **령**   丿 人 人 人 今 令 令 令 矜 領 領 領 領 領

215. 머리(頁)의 모양이 제사 때 쓰는 제기(豆)의 모양과 비슷하다는 의미

頭

- **頭角**(두각): 뛰어난 학식이나 재능을 비유적으로 이르는 말(角: 뿔 각)
- **話頭**(화두): 이야기의 말머리(話: 말씀 화)
- **龍頭蛇尾**(용두사미): 처음은 좋으나 끝이 좋지 않음을 비유적으로 이름(龍: 용 룡, 蛇: 뱀 사, 尾: 꼬리 미)

[6급 / 16획]

머리 **두**   一 厂 戸 戸 戸 豆 豆 豆 豆 頭 頭 頭 頭 頭 頭 頭

216. 선비(彦)의 훤칠한 이마(頁) 부분을 강조한 '얼굴'을 의미

顔

- **顔面**(안면): 얼굴. 서로 얼굴을 알 만한 친분(面: 낯 면)
- **顔色**(안색): 얼굴빛(色: 빛 색)
- **童顔**(동안): 나이 든 사람이 지니고 있는 어린아이 같은 얼굴(童: 아이 동)

[3급 / 18획]

얼굴 **안**   丶 亠 立 产 产 彦 彦 彦 彦 彦 顔 顔 顔 顔 顔 顔

217. 내용을 올바르게(是) 한 번에 알 수 있는 글의 머리(頁)인 제목을 의미

題

- **題目**(제목): 글·강연·공연·작품 등에서 그것을 대표하거나 내용을 보이기 위하여 붙이는 이름(目: 눈 목)
- **主題**(주제): 대화나 연구 등에서 중심이 되는 제목 또는 문제(主: 주인 주)
- **例題**(예제): 이해와 연습을 돕기 위하여 보기로 드는 문제(例: 보기 례)

[6급 / 18획]

제목 **제**   丶 冂 日 日 旦 무 무 是 是 是 題 題 題 題 題 題 題

	218. 머리(頁)는 생각의 근원(原)으로, 생각한 일이 잘되기를 바란다는 의미
願	• **願書**(원서): 지원하거나 청원하는 내용을 적은 서류(書: 글 서) • **所願**(소원): 어떤 일이 이루어지기를 바람(所: 바 소) • **念願**(염원): 마음에 간절히 생각하고 기원함(念: 생각할 념) [5급 / 19획]
원할 **원**	⌐ ⌐ ⌐ ⌐ ⌐ ⌐ ⌐ 原 原 原 原 原 願 願 願 願 願 願 願

	219. 머리카락과 코(自)가 있는 얼굴의 모습을 본떠 만든 글자
首	• **首都**(수도): 한 나라의 중앙 정부가 있는 도시(都: 도읍 도) • **首席**(수석): 등급이나 직위 따위에서 맨 윗자리(席: 자리 석) • **元首**(원수): 국가를 대표하는 사람(元: 으뜸 원) [5급 / 9획]
머리 **수**	⌐ ⌐ ⌐ ⌐ 首 首 首 首 首

	220. 좋은 곡식을 골라내기 위한 풍구라는 농기계의 모양을 본떠 만든 글자
良	• **良好**(양호): 매우 좋음(好: 좋을 호) • **良質**(양질): 좋은 바탕이나 품질(質: 바탕 질) • **改良**(개량): 나쁜 점을 고쳐 더 좋게 함(改: 고칠 개) [5급 / 7획]
어질/좋을 **량**	⌐ ⌐ ⌐ 艮 艮 艮 良

1-④. 手/扌(손 수), 又(또 우), 皮(가죽 피), 支(가지 지), 寸(마디 촌), 爪(손톱 조), 臼(절구 구),
攴/攵(칠 복), 殳(칠 수), 父(아비 부)

221. 한 손을 펼친 모양을 본떠 만든 글자	
手	• **手足**(수족): 손발. 자기의 손이나 발처럼 마음대로 부리는 사람을 비유(足: 발 족) • **歌手**(가수): 노래 부르는 것을 직업으로 삼는 사람(歌: 노래 가) • **失手**(실수): 조심하지 아니하여 잘못함(失: 잃을 실) <div align="right">[7급 / 4획]</div>
손 수	ノ 二 三 手

222. 왕으로부터 두 손(手)으로 병부(卩)를 받드는(廾) 모습으로 왕명을 잇는다는 의미	
承	• **承繼**(승계): 뒤를 이어받음(繼: 이을 계) • **承諾**(승낙): 상대가 청하는 바를 들어줌(諾: 허락할 낙) • **傳承**(전승): 문화·풍속·제도 따위를 이어받아 계승함(傳: 전할 전) <div align="right">[4급 / 8획]</div>
이을 승	了 了 了 手 承 承 承

223. 손(手)과 손(手)을 하나(一)로 모아 절하는 모습	
拜	• **歲拜**(세배): 새해 첫날에 웃어른께 인사로 하는 절(歲: 해 세) • **崇拜**(숭배): 우러러 공경함(崇: 높을 숭) • **拜上**(배상): 절하며 올림. 흔히 한문 투의 편지 끝에 쓰는 말(上: 윗 상) <div align="right">[4급 / 9획]</div>
절 배	ノ 二 三 手 手 手 手 手 拜

224. 여러 사람들이 함께(與) 손(手)을 모아 물건을 들어 올린다는 의미	
擧	• **擧手**(거수): 손을 위로 들어 올림(手: 손 수) • **擧行**(거행): 의식이나 행사 따위를 치름(行: 다닐 행) • **選擧**(선거): 일정한 조직이나 집단이 대표자나 임원을 뽑는 일(選: 가릴 선) <div align="right">[5급 / 18획]</div>
들 거	´ ʃ ʃ ʃ ʃ ʃ ʃ ʃ 舁 舁 舁 與 與 與 與 擧 擧 擧

* 더불어 여(與)자는 두 사람이 함께 손(臼)으로 새끼줄(与)을 꼬는 모양과 받드는(廾) 모습을 합쳐 놓은 글자로 '더불어,
함께'를 의미

225. 초목(l)의 새싹(ノ)이 땅(一)을 뚫고 자라나는 모양을 본떠 만든 글자로, 땅을 바탕으로 재주 있게 잘 자란다는 의미	
才	• **才能**(재능): 어떤 일을 하는 데 필요한 재주와 능력(能: 능할 능) • **秀才**(수재): 머리가 좋고 재주가 뛰어난 사람(秀: 빼어날 수) • **天才**(천재): 선천적으로 타고난 재주가 뛰어난 사람(天: 하늘 천) <div align="right">[6급 / 3획]</div>
재주 재	一 十 才

---

226. 손(扌)으로 못(丁)을 치는 모양을 본떠 만든 글자

打	• **打擊**(타격): 때려 침(擊: 칠 격) • **強打**(강타): 세게 침(強: 강할 강) • **吹打**(취타): 관악기를 불고 타악기를 침(吹: 불 취) <div align="right">[5급 / 5획]</div>
칠 **타**	一 十 扌 扩 打

---

227. 나뭇가지처럼 갈라진(支) 여러 손가락(扌)으로 인하여 손재주가 있다는 의미

技	• **技術**(기술): 사물을 잘 다룰 수 있는 방법이나 능력. 과학 이론을 실제로 적용하여 사물을 인간 생활에 유용하도록 가공하는 수단(術: 재주 술) • **競技**(경기): 일정한 규칙 아래 기량과 기술을 겨룸(競: 다툴 경) • **妙技**(묘기): 묘하고 훌륭한 기술(妙: 묘할 묘) <div align="right">[5급 / 7획]</div>
재주 **기**	一 十 扌 扩 扑 扶 技

---

228. 장부(夫)가 손(扌)을 내밀어 일을 도와준다는 의미

扶	• **扶養**(부양): 혼자 살아갈 능력이 없는 사람의 생활을 돌봄(養: 기를 양) • **相扶相助**(상부상조): 서로서로 도움(相: 서로 상, 助: 도울 조) <div align="right">[3급 / 7획]</div>
도울 **부**	一 十 扌 扩 扶 扶 扶

---

229. 손(扌)으로 창(殳)을 던진다는 의미

投	• **投手**(투수): 상대편 타자가 칠 공을 포수를 향하여 던지는 야구 선수(手: 손 수) • **投稿**(투고): 요청을 받지 않은 사람이 신문사·잡지사 등에 원고를 보냄(稿: 원고 고) • **投入**(투입): 던져 넣음(入: 들 입) <div align="right">[4급 / 7획]</div>
던질 **투**	一 十 扌 扩 扔 投 投

* 칠 수(殳)자는 손(又)에 나무 몽둥이(几)를 든 모양을 본떠 만든 글자로 치다는 뜻과 함께, 몽둥이는 금속날이 없어서 날 없는 창을 의미하기도 함

---

230. 손짓(扌)으로 사람을 부른다는(召) 의미

招	• **招待**(초대): 사람을 불러 대접함(待: 대접할 대) • **招請**(초청): 사람을 청하여 부름(請: 청할 청) • **招人鐘**(초인종): 사람을 부르는 신호로 울리는 종(人: 사람 인, 鐘: 종 종) <div align="right">[4급 / 8획]</div>
부를 **초**	一 十 扌 扪 扣 扨 招 招

231. 손(扌)으로 감싸 안는다는(包) 의미

抱	• 抱擁(포옹): 다른 사람을 품에 껴안음(擁: 안을 옹)
	• 抱負(포부): 마음속에 지니고 있는 미래에 대한 계획이나 희망(負: 질 부)
	• 懷抱(회포): 마음속에 품은 생각이나 정(懷: 품을 회)
	[3급 / 8획]
안을 포	ー 扌 扌 扌 扚 扚 扚 抱

* 쌀 포(包)자는 뱃속의 아이(巳)가 싸여(勹) 있는 모양을 본떠 만든 글자

232. 양손(扌)을 모아서(合) 줍는다는 의미

拾	• 拾得(습득): 주인 잃은 물건을 주워서 얻음(得: 얻을 득)
	• 收拾(수습): 흩어진 재산이나 물건을 주워 거둠(收: 거둘 수)
	• 拾萬(십만): 10만을 갖은자로 표기(萬: 일만 만)
	[3급 / 9획]
주울 **습** / 열 **십**	ー 扌 扌 扚 扚 扚 扗 拾 拾

* 열 손가락을 모아서 줍는다는 의미로 열 십(十)의 갖은자로도 사용

233. 절 사(寺)자는 손(寸)으로 무언가(土)를 들고 있는 모양을 본떠 만든 글자로, 가지다는 의미를 확실히 하기 위하여 손 수(扌)자를 추가

持	• 持續(지속): 어떤 일이나 상태가 오래 계속됨(續: 이을 속)
	• 持病(지병): 오랫동안 낫지 않아 고치기 힘든 병(病: 병 병)
	• 持久力(지구력): 오랫동안 버티며 견디는 힘(久: 오랠 구, 力: 힘 력)
	[4급 / 9획]
가질 지	ー 扌 扌 扩 扩 拃 拃 持 持

234. 손(扌)으로 음식을 맛(旨)볼 때 쓰는 손가락을 의미

指	• 指示(지시): 가리켜 보임. 일러서 시킴(示: 보일 시)
	• 指導(지도): 어떤 목적이나 방향으로 남을 가르쳐 이끎(導: 이끌 도)
	• 指壓(지압): 손끝으로 누르거나 두드림(壓: 누를 압)
	[4급 / 9획]
손가락 지	ー 扌 扌 扩 抃 指 指 指 指

* 맛 지(旨)자는 숟가락(匕)으로 음식을 맛보는(甘) 모습을 본떠 만든 글자

235. 손(扌)으로 물건을 내밀어 받게(受) 한다는 의미

授	• 授受(수수): 물품을 주고 받음(受: 받을 수)
	• 授與(수여): 상장, 훈장, 증서 따위를 줌(與: 줄 여)
	• 敎授(교수): 전문적인 학문이나 기예를 가르침(敎: 가르칠 교)
	[4급 / 11획]
줄 수	ー 扌 扌 扩 扩 护 护 护 捋 授 授

236. 하녀(女)가 옆에 서서(立) 손님을 주인에게 안내(扌)하는 모습으로 '이어주다, 닿다'를 의미
接	• **接續**(접속): 서로 맞대어 이음(續: 이을 속) • **直接**(직접): 중간에 제삼자나 매개물이 없이 바로 연결되는 관계(直: 곧을 직) • **面接**(면접): 서로 대면하여 만나 봄(面: 낯 면) [4급 / 11획]
닿을 **접**	一 丁 扌 扌 扩 扩 扩 护 护 接 接

237. 손(扌)으로 나물을 캔다(采)는 의미
採	• **採集**(채집): 널리 찾아서 캐거나 잡아 모으는 일(集: 모일 집) • **採用**(채용): 사람을 골라서 씀(用: 쓸 용) • **採擇**(채택): 작품, 의견, 제도 따위를 골라서 다루거나 뽑아 씀(擇: 가릴 택) [4급 / 11획]
캘 **채**	一 丁 扌 扌 扩 扩 扩 拧 採 採 採

* 캘 채(采)자는 손(爫)으로 나뭇잎을 따거나 뿌리를 캐는 모습을 본떠 만든 글자

238. 새(隹)가 날갯짓을 하며 적을 밀어내듯 손(扌)으로 민다는 의미
推	• **推進**(추진): 물체를 밀어 앞으로 내보냄(進: 나아갈 진) • **推薦**(추천): 어떤 조건에 적합한 대상을 책임지고 소개함(薦: 추천할 천) • **推仰**(추앙): 높이 받들어 우러러봄(仰: 우러를 앙) [4급 / 11획]
밀 **추**	一 丁 扌 扩 扩 扩 拦 拦 推 推 推

239. 덮여(冖) 있는 사람(儿)과 나무(木)를 손(扌)으로 더듬어 찾는다는 의미
探	• **探究**(탐구): 진리, 학문 따위를 파고들어 깊이 연구함(究: 연구할 구) • **探査**(탐사): 알려지지 않은 사물이나 사실 따위를 샅샅이 더듬어 조사함(査: 조사할 사) • **探險**(탐험): 위험을 무릅쓰고 어떤 곳을 찾아가서 살펴보고 조사함(險: 험할 험) [4급 / 11획]
찾을 **탐**	一 丁 扌 扌 扩 扩 抨 抨 挥 探 探

240. 아침(旦)에 손(扌)으로 높이 올려 단 깃발(勿)이 먼 곳에서도 보일 정도로 휘날린다는 의미
揚	• **揚揚**(게양): 기 따위를 높이 걺(揚: 걸 게) • **止揚**(지양): 더 높은 단계로 오르기 위하여 어떠한 것을 하지 아니함(止: 그칠 지) • **立身揚名**(입신양명): 출세하여 이름을 세상에 널리 드날림(立: 설 립, 身: 몸 신, 名: 이름 명) [3급 / 12획]
날릴 **양**	一 丁 扌 扌 扩 押 押 押 揚 揚 揚

241. 오른손의 모양을 본떠 만든 글자로, 오른손을 자주 사용하기 때문에 '또, 다시'의 의미	
又	• 日新又日新(일신우일신): 날이 갈수록 새로워짐(日: 날 일, 新: 새로울 신) • 又生一秦(우생일진): 진나라라는 강적이 있는데 또 하나의 적을 만든다는 뜻으로, 새로운 적을 더 만드는 것을 이르는 말(生: 날 생, 秦: 진나라 진) [3급 / 2획]
또 우	フ 又

242. 사람(人)의 손(又)이 앞선 사람에게 닿을 듯이 미치다는 의미	
及	• 言及(언급): 어떤 문제에 대하여 말함(言: 말씀 언) • 過猶不及(과유불급): 정도를 지나침은 미치지 못함과 같다는 뜻으로, 중용(中庸)이 중요함을 이르는 말(過: 지날 과, 猶: 오히려 유, 不: 아니 불) [3급 / 4획]
미칠 급	ノ ア 乃 及

243. 손(又)으로 기어서 절벽(厂)을 되돌아 올라간다는 의미	
反	• 反省(반성): 자신의 언행에 대해 잘못이나 부족함이 없는지 돌이켜 봄(省: 살필 성) • 反復(반복): 같은 일을 되풀이함(復: 돌아올 복) • 如反掌(여반장): 손바닥을 뒤집는 것과 같이 아주 쉬움(如: 같을 여, 掌: 손바닥 장) [6급 / 4획]
돌이킬 반	一 厂 厉 反

244. 손(屮)과 손(又)을 맞잡는 모양으로 친한 친구를 의미	
友	• 友情(우정): 친구 사이의 정(情: 뜻 정) • 友愛(우애): 형제간 또는 친구 간의 사랑이나 정(愛: 사랑 애) • 友邦(우방): 서로 우호적인 관계를 맺고 있는 나라(邦: 나라 방) [5급 / 4획]
벗 우	一 ナ 方 友

245. 손(爫)으로 내미는 무언가(冖)를 아래에서 손(又)으로 받는다는 의미	
受	• 授受(수수): 물품을 주고받음(授: 줄 수) • 受賞(수상): 상을 받음(賞: 상줄 상) • 受難(수난): 견디기 힘든 어려운 일을 당함(難: 어려울 난) [4급 / 8획]
받을 수	´ ⺁ ⺁ ⺌ ⺍ 受 受 受

---

246. 땅위(上)로 나온 작은(小) 콩을 손(又)으로 줍는 모습으로, 현재는 아버지보다 어린 '작은 아버지'를 의미

叔	• **叔伯**(숙백): 아우와 형. 작은아버지와 큰아버지(伯: 맏 백)
	• **外叔**(외숙): 어머니의 남자 형제. 외삼촌(外: 바깥 외)
	• **叔姪**(숙질): 삼촌과 조카(姪: 조카 질)
	[4급 / 8획]

| 아재비 **숙** | 丨 卜 上 才 才 未 叔 叔 |

* 숙(叔)자가 '아재비'라는 뜻으로 쓰이자, 의미를 확실히 하기 위하여 풀 초(艹)를 추가하여 콩 숙(菽)자를 만듦

---

247. 전쟁에서 적을 죽인 표시로 적의 귀(耳)를 손(又)으로 취하는 모습

取	• **取得**(취득): 자기 것으로 만들어 가짐(得: 얻을 득)
	• **取捨**(취사): 취할 것은 취하고 버릴 것은 버림(捨: 버릴 사)
	• **爭取**(쟁취): 서로 겨루어 싸워서 얻음(爭: 다툴 쟁)
	[4급 / 8획]

| 취할 **취** | 一 丆 F F E 耳 取 取 |

---

248. 칼(丨)을 들고 손(又)으로 짐승의 가죽(厂)을 벗겨내는 모양을 본떠 만든 글자

皮	• **皮膚**(피부): 동물 몸의 겉을 싸고 있는 외피. 살갗(膚: 살갗 부)
	• **毛皮**(모피): 털이 그대로 붙어 있는 짐승의 가죽(毛: 털 모)
	• **鐵面皮**(철면피): 쇠로 만든 낯가죽이라는 뜻으로, 염치가 없고 뻔뻔스러운 사람을 낮잡아
	이르는 말(鐵: 쇠 철, 面: 낯 면) [3급 / 5획]

| 가죽 **피** | 丿 厂 广 皮 皮 |

---

249. 손(又)으로 나뭇가지(十)를 잡고 있는 모습으로, 잡고 버틴다는 의미

支	• **支撐**(지탱): 오래 버티거나 배겨 냄(撐: 버틸 탱)
	• **支店**(지점): 본점에서 갈라져 나온 점포(店: 가게 점)
	• **依支**(의지): 다른 것에 몸을 기댐(依: 의지할 의)
	[4급 / 4획]

| 가지/ 지탱할 **지** | 一 十 支 支 |

---

250. 사람의 손목(寸)에서 맥박(丶)이 뛰는 곳까지의 길이를 의미

寸	• **寸刻**(촌각): 매우 짧은 동안의 시간(刻: 새길 각)
	• **三寸**(삼촌): 아버지의 형제
	• **寸鐵殺人**(촌철살인): 한 치의 쇠붙이로도 살인한다는 뜻으로, 간단한 말로 남을 감동시키
	거나 남의 약점을 찌를 수 있음을 이르는 말(鐵: 쇠 철, 殺: 죽일 살) [8급 / 3획]

| 마디 **촌** | 一 十 寸 |

---

251. 손(寸)으로 무언가(土)를 들고 있는 모양을 본떠 만든 글자로, 손으로 들고 모시다는 뜻과 함께 높은 사람을 모시는 관청 또는 부처님을 모시는 절이라는 의미

寺	• 寺刹(사찰): 절(刹: 절 찰) • 寺院(사원): 절. 종교의 교당을 두루 이르는 말(院: 집 원) • 山寺(산사): 산속에 있는 절(山: 뫼 산) [4급 / 6획]
절 사	一 十 土 寺 寺 寺

252. 활을 몸(身)쪽으로 잡아 당겨(寸) 쏘는 모습

射	• 射擊(사격): 총, 대포, 활 따위를 쏨(擊: 칠 격) • 射手(사수): 대포나 총, 활 따위를 쏘는 사람(手: 손 수) • 發射(발사): 활·총포·로켓이나 광선·음파 따위를 쏘는 일(發: 쏠 발) [4급 / 10획]
쏠 사	′ ′ ′ 冇 冇 月 身 身 身 射 射

253. 전쟁을 앞두고 나무 탁자(爿)에 고기(月)를 손(寸)으로 올려놓고 승리를 기원하는 제사를 주관하는 사람을 의미

將	• 將帥(장수): 군사를 거느리는 우두머리(帥: 장수 수) • 將軍(장군): 군의 우두머리로 군을 지휘하고 통솔하는 무관(軍: 군사 군) • 日就月將(일취월장): 나날이 다달이 자라거나 발전함(就: 나아갈 취) [4급 / 11획]
장수 장	丨 爿 爿 爿 爿 㸯 㸯 㸰 㸱 將 將

254. 손(寸)으로 오래된 술(酋)을 공손히 올려 바치는 모습

尊	• 尊敬(존경): 남의 인격, 사상, 행위 따위를 높여 공경함(敬: 공경할 경) • 尊重(존중): 높이어 귀중하게 대함(重: 무거울 중) • 唯我獨尊(유아독존): 세상에서 자기 혼자만이 잘났다고 뽐내는 태도(唯: 오직 유, 我: 나 아, 獨: 홀로 독) [4급 / 12획]
높일 존	′ ′′ 丷 广 芦 芦 酋 酋 酋 酋 尊 尊

255. 종이나 북을 매달기 위해 마주 세운 대를 손(寸)으로 잡고 있는 모습으로 마주 대한다는 의미

對	• 對話(대화): 마주 대하여 이야기를 주고받음(話: 말씀 화) • 對答(대답): 묻는 말에 답함(答: 대답할 답) • 相對(상대): 서로 마주 대함(相: 서로 상) [6급 / 14획]
대할 대	丨 刂 刂 业 业 业 业 业 业 丵 丵 丵 對 對

256. 손(爫)과 손(크)에 갈고리(亅)를 들고 서로 다투는 모습	
爭	• 戰爭(전쟁): 국가와 국가, 또는 교전 단체 사이에 무력을 사용하여 싸움(戰: 싸움 전) • 爭取(쟁취): 서로 겨루어 싸워서 얻음(取: 취할 취) • 競爭(경쟁): 같은 목적에 대하여 이기거나 앞서려고 서로 겨룸(競: 다툴 경) <div align="right">[5급 / 8획]</div>
다툴 쟁	´ ´ ´ ´´ 乎 乎 爭 爭

257. 손(爫)과 코끼리(象)를 합친 글자로, 코끼리는 코를 손같이 자유자재로 사용할 수 있어 '하다'를 의미	
爲	• 爲民(위민): 백성을 위함(民: 백성 민) • 行爲(행위): 사람이 의지를 가지고 하는 짓(行: 다닐 행) • 當爲(당위): 마땅히 그렇게 하거나 되어야 하는 것(當: 마땅 당) <div align="right">[4급 / 12획]</div>
할 위	´ ´ ´´ ⺤ 厂 尸 尸 爲 爲 爲 爲 爲

258. 두 사람이 함께 손(臼)으로 새끼줄(与)을 꼬는 모양과 두 손으로 받드는(廾) 모습을 합쳐 놓은 글자로 '더불어, 함께'를 의미	
與	• 與民同樂(여민동락): 임금이 백성과 더불어 즐김(民: 백성 민, 同: 같을 동, 樂: 즐길 락) • 參與(참여): 어떤 일이나 모임에 참가하여 관계함(參: 참여할 참) • 授與(수여): 상장, 훈장, 증서 따위를 줌(授: 줄 수) <div align="right">[4급 / 14획]</div>
더불어/줄 여	´ ′ ⻊ ⻊ ⻊ ⻊ ⻊ 臽 臽 舁 舁 與 與 與

259. 여러 사람이 같이(同) 손(臼)으로 받들어서(廾) 일으킨다는 의미	
興	• 興亡(흥망): 잘되어 일어남과 못되어 없어짐(亡: 망할 망) • 興味(흥미): 흥을 느끼는 재미(味: 맛 미) • 卽興(즉흥): 그 자리에서 바로 일어나는 감흥이나 기분(卽: 곧 즉) <div align="right">[4급 / 16획]</div>
일으킬 흥	´ ′ ⻊ ⻊ 自 伺 伺 伺 興 興 興 興 興 興 興 興

260. 풀(艹)로 새(隹)들이 절구(臼) 같은 모양의 둥지를 엮은 것은 아주 오래된 일이라는 의미	
舊	• 舊面(구면): 알고 지낸 지 오래된 처지(面: 낯 면) • 親舊(친구): 가깝게 오래 사귄 사람(親: 친할 친) • 送舊迎新(송구영신): 묵은해를 보내고 새해를 맞음(送: 보낼 송, 迎: 맞이할 영, 新: 새로울 신) <div align="right">[5급 / 18획]</div>
옛 구	` ´ ⺯ ⺯ ⺯ 艹 芢 莑 萑 萑 崔 舊 舊 舊 舊 舊 舊 舊

261. 줄기에 얽힌(니) 열매를 쳐서(攵) 거두어들인다는 의미

收	• 收入(수입): 돈이나 물품 따위를 거두어들임(入: 들 입) • 收拾(수습): 흩어진 재산이나 물건을 주워 거둠(拾: 주울 습) • 收穫(수확): 익은 농작물을 거두어들임(穫: 거둘 확) [4급 / 6획]
거둘 **수**	丨　니　屮　屮　收　收

* 얽힐 구(니)자는 나중에 원래의 뜻을 확실히 하기 위해 실 사(糸)를 더하여 얽힐 규(糾)자가 생겨남

262. 자기(己)의 잘못을 쳐서(攵) 바로잡는다는 의미

改	• 改善(개선): 좋게 고침(善: 착할 선) • 改革(개혁): 제도나 기구 따위를 새롭게 뜯어고침(革: 가죽 혁) • 改良(개량): 나쁜 점을 고쳐 더 좋게 함(良: 좋을 량) [5급 / 7획]
고칠 **개**	丁　コ　己　己　改　改　改

263. 회초리로 쳐서(攵) 사방(方)으로 내쫓는다는 의미

放	• 放學(방학): 일정 기간 동안 수업을 쉬는 일(學: 배울 학) • 放心(방심): 마음을 다잡지 아니하고 풀어 놓아 버림(心: 마음 심) • 釋放(석방): 법에 의하여 구속하였던 사람을 풀어 자유롭게 하는 일(釋: 풀 석) [6급 / 8획]
놓을 **방**	丶　亠　亍　方　方　放　放　放

264. 옛(古)일을 하나씩 들추어서(攵) 그 연유를 물어본다는 의미

故	• 故鄕(고향): 자기가 태어나서 자란 곳(鄕: 시골 향) • 故人(고인): 죽은 사람(人: 사람 인) • 故事成語(고사성어): 옛날에 있었던 일에서 유래한 한자로 이루어진 말(事: 일 사, 成: 이룰 　　　　　　　성, 語: 말씀 어)　　　　　　　　　　　[4급 / 9획]
옛/연고 **고**	一　十　圤　古　古　뉴　故　故　故

265. 잘못된 것은 쳐서(攵) 바르게(正) 다스린다는 의미

政	• 政治(정치): 통치자나 정치가가 사회 구성원들의 다양한 이해관계를 조정하거나 통제하고 　　　　　국가의 정책과 목적을 실현하는 일(治: 다스릴 치) • 政府(정부): 입법부, 사법부와 구분되어 나라의 일반 행정을 맡아보는 국가기관(府: 관청 부) • 政策(정책): 정치적인 목적을 실현하거나 사회적인 문제를 해결하기 위하여 취하는 방침이 　　　　　나 수단(策: 꾀 책)　　　　　　　　　　[4급 / 9획]
정사 **정**	一　丁　下　正　正　政　政　政　政

266. 훌륭한 사람과 사귀어(交) 좋은 점을 본받을 수 있도록 회초리질(攵)한다는 의미

效

- **效果**(효과): 어떤 목적을 지닌 행위에 의해 나타나는 보람이나 좋은 결과(果: 열매 과)
- **效能**(효능): 좋은 결과나 보람을 나타내는 능력(能: 능할 능)
- **卽效**(즉효): 즉시 나타나는 효과(卽: 곧 즉)

[5급 / 10획]

| 본받을 **효** | ` | ー | ナ | ホ | 方 | 交 | 交ノ | 交ノ | 效 | 效 |

267. 아이(子)에게 좋은 일을 본받게(爻) 회초리로 쳐서(攵) 가르친다는 의미

教

- **教育**(교육): 지식과 기술 따위를 가르치며 인격을 길러 줌(育: 기를 육)
- **教師**(교사): 학교에서 일정한 자격을 가지고 학생을 가르치는 사람(師: 스승 사)
- **佛教**(불교): 기원전 5세기 초에 인도의 석가모니가 창시한 종교(佛: 부처 불)

[8급 / 11획]

| 가르칠 **교** | ノ | メ | ㅛ | 孝 | 差 | 考 | 孝 | 剝 | 教 | 教 | 教 |

268. 도움을 구하는(求) 사람에게 손을 내밀어(攵) 구원해 준다는 의미

救

- **救命**(구명): 사람의 목숨을 구함(命: 목숨 명)
- **救助**(구조): 재난 따위를 당해 어려운 처지에 빠진 사람을 구하여 줌(助: 도울 조)
- **救急車**(구급차): 위급한 환자나 부상자를 신속히 병원으로 실어 나르는 차(急: 급할 급)

[5급 / 11획]

| 구원할 **구** | 一 | 十 | 寸 | 寸 | 求 | 求 | 求 | 求ノ | 救ノ | 救ノ | 救 |

269. 제사 지낼 때 사용하던 신성한 솥(鼎→貝)을 손으로 깨는(攵) 모습으로, 적에게 패배했음을 의미

敗

- **敗因**(패인): 싸움에서 지거나 일에 실패한 원인(因: 인할 인)
- **敗北**(패배): 싸움이나 겨루기에서 짐(北: 달아날 배)
- **失敗**(실패): 일을 잘못하여 뜻대로 되지 않거나 그르침(失: 잃을 실)

[5급 / 11획]

| 패할 **패** | l | 冂 | 冂 | 月 | 目 | 貝 | 貝 | 貝 | 敗 | 敗 | 敗 |

270. 공격하여(攻) 적의 귀(耳)를 많이 잘라오는 사람이 용감하다는 의미

敢

- **敢行**(감행): 과감하게 실행함(行: 다닐 행)
- **果敢**(과감): 머뭇거림이나 주저함이 없이 과단성을 지녀 용감함(果: 열매 과)
- **勇敢**(용감): 두려움을 모르며 기운차고 씩씩함(勇: 날쌜 용)

[4급 / 12획]

| 굳셀 **감** | 一 | 亠 | 二 | 千 | 千 | 丟 | 丟 | 耳 | 耵 | 耵 | 敢 | 敢 |

271. 삼의 속대(月)에서 벗겨지는 껍질이 갈라지면서 흩어지는(枚) 모습	
散	• **散漫**(산만): 질서나 통일성이 없어 어수선함(漫: 흩어질 만) • **離散**(이산): 헤어져 흩어짐(離: 헤어질 리) • **分散**(분산): 갈라져 흩어짐(分: 나눌 분) <div align="right">[4급 / 12획]</div>
흩어질 **산**	一 十 卄 丱 丼 芇 芇 昔 散 散 散 散

* 흩어질 산(枚)자는 삼(麻)을 막대기로 쳐서(攴) 흩어진다는 의미

272. 진실한(苟) 마음을 갖기 위해 스스로를 채찍질(攵)하는 모습으로 '삼가다, 공경하다'는 의미	
敬	• **敬老**(경로): 노인을 공경함(老: 늙을 로) • **敬天愛人**(경천애인): 하늘을 숭배하고 인간을 사랑함(天: 하늘 천, 愛: 사랑 애) • **尊敬**(존경): 남의 인격, 사상, 행위 따위를 높여 공경함(尊: 높일 존) <div align="right">[5급 / 13획]</div>
공경할 **경**	丶 亠 艹 艹 芍 芍 苟 苟 苟 敬 敬 敬

273. 드문드문 흩어져 있는(婁) 물건을 하나하나 치면서(攵) 수를 세는 모습	
數	• **數學**(수학): 수량 및 공간의 성질에 관하여 연구하는 학문(學: 배울 학) • **數値**(수치): 계산하여 얻은 값(値: 값 치) • **數日**(수일): 이삼일 또는 사오일(日: 날 일) <div align="right">[7급 / 15획]</div>
셈 **수**	丶 冂 田 田 申 曱 吕 吕 婁 婁 婁 婁 數 數 數 數

274. 적의 근거지(商)를 무기를 들고 치는(攵) 모습으로 대적하다는 의미	
敵	• **敵軍**(적군): 적의 군대나 군사(軍: 군사 군) • **對敵**(대적): 적·세력·힘 등에 서로 맞서서 겨룸(對: 대할 대) • **仁者無敵**(인자무적): 어진 사람은 적이 없다는 말(仁: 어질 인, 者: 놈 자, 無: 없을 무) <div align="right">[4급 / 15획]</div>
대적할 **적**	丶 亠 六 卉 产 产 产 商 商 商 商 商 敵 敵 敵

275. 칼로 베고(乂) 나무(木)로 찍고 쳐서(殳) 죽이는 모습	
殺	• **殺生**(살생): 사람이나 짐승 따위의 생물을 죽임(生: 날 생) • **殺伐**(살벌): 행동이나 분위기가 거칠고 무시무시함(伐: 칠 벌) • **他殺**(타살): 남에게 죽임을 당함(他: 남 타) <div align="right">[4급 / 11획]</div>
죽일 **살**	丿 乂 乄 杀 杀 杀 杀 杀 殺 殺 殺

276. 회초리(│)를 손(又)에 들고 자식을 훈계하는 아버지의 모습
父	·**父母**(부모): 아버지와 어머니(母: 어미 모) ·**父子**(부자): 아버지와 아들(子: 아들 자) ·**祖父**(조부): 할아버지(祖: 할아버지 조) <div align="right">[8급 / 4획]</div>
아비 **부**	´ ` ` ` ´ 父

1-⑤. 足(발 족), 止(그칠 지), 走(달릴 주), 夊(천천히 걸을 쇠), 舛(어그러질 천), 行(다닐 행), 彳(조금 걸을 척), 廴(길게 걸을 인), 辵/辶(쉬엄쉬엄 갈 착), 癶(걸을 발)

---

277. 무릎(口)과 발목 아래(止)의 모양을 본떠 만든 글자

足

- **足球**(족구): 발로 공을 차서 네트를 넘겨 승부를 겨루는 경기(球: 공 구)
- **充足**(충족): 일정한 분량을 채워 모자람이 없게 함(充: 채울 충)
- **滿足**(만족): 마음에 흡족함. 모자람이 없이 충분하고 넉넉함(滿: 찰 만)

[7급 / 7획]

| 발/넉넉할 족 | 丶 丆 口 무 무 무 足 足 |

---

278. 사람들이 저마다 각각(各) 발(足)로 걸어다니는 길을 의미

路

- **道路**(도로): 사람이나 차 등이 다닐 수 있도록 땅위에 만들어 놓은 길(道: 길 도)
- **路線**(노선): 버스나 기차, 항공기 따위가 일정하게 오고 가는 두 지점 사이의 정해진 길(線: 줄 선)
- **陸路**(육로): 뭍 위에 나 있는 길(陸: 뭍 륙)

[6급 / 13획]

| 길 로 | 丶 丆 口 무 무 무 무 무 趵 趵 跱 跱 路 路 |

---

279. 발목 아래의 모양을 본떠 만든 글자

止

- **止血**(지혈): 흐르는 피를 멈추게 함(血: 피 혈)
- **止揚**(지양): 더 높은 단계로 오르기 위하여 어떠한 것을 하지 아니함(揚: 날릴 양)
- **停止**(정지): 가던 길을 멈춤(停: 머무를 정)

[5급 / 4획]

| 그칠 지 | 丨 ㅏ 止 止 |

---

280. 두 발(止)을 한데(一) 모아 똑바르게 서 있는 모습

正

- **正直**(정직): 마음에 거짓이나 꾸밈이 없이 바르고 곧음(直: 곧을 직)
- **正當**(정당): 이치에 맞아 바르고 마땅함(當: 마땅 당)
- **修正**(수정): 바로 잡아 고침(修: 닦을 수)

[7급 / 5획]

| 바를 정 | 一 丁 下 正 正 |

---

281. 멈추어서(止) 비수(匕)로 찌를 만한 가까운 곳으로 '이것'을 의미

此

- **此日彼日**(차일피일): 이날 저날 하고 자꾸 기한을 미루는 모양(彼: 저 피)
- **此後**(차후): 지금부터 이후(後: 뒤 후)
- **如此**(여차): 일이 뜻대로 되지 아니함(如: 같을 여)

[3급 / 6획]

| 이 차 | 丨 ㅏ ㅏ 止 止 此 |

---

282. 그칠 지(止)자 두 개를 위아래로 붙인 글자로, 왼발과 오른발을 나타내며 걷는다는 의미

- **步行**(보행): 걸어 다님(行: 다닐 행)
- **速步**(속보): 빨리 걸음(速: 빠를 속)
- **讓步**(양보): 길이나 자리, 물건 따위를 사양하여 남에게 미루어 줌(讓: 사양할 양)

[4급 / 7획]

걸음 **보**	ㅏ ㅏ ㅏ 止 ㅏ ㅏ 步

283. 창(戈)을 들고 전쟁터로 나가는(止) 무사를 의미

- **武士**(무사): 무예를 익히어 그 방면에 종사하는 사람(士: 선비 사)
- **武裝**(무장): 전투에 필요한 장비를 갖춤(裝: 꾸밀 장)
- **武力**(무력): 군사상의 힘. 때리거나 부수는 따위의 육체를 사용한 힘(力: 힘 력)

[4급 / 8획]

무사 **무**	ㆍ 二 二 干 干 ㄹ 正 武 武

284. 개 술(戌)과 걸음 보(步)를 합친 글자로, 곡식을 베는 도구(戌)들을 이용하여 가을에 수확하면 한 해가 지나간다(步)는 의미

- **歲月**(세월): 흘러가는 시간(月: 달 월)
- **歲拜**(세배): 새해 첫날에 웃어른께 인사로 하는 절(拜: 절 배)
- **年歲**(연세): 어른의 나이를 높여 이르는 말(年: 해 년)

[5급 / 13획]

해 **세**	ㅣ ㅏ ㅏ 止 広 広 広 広 広 歳 歳 歳 歲

* 개 술(戌)자는 창(戈)의 왼쪽에 넓은 도끼날이 붙은 모습을 본떠 만든 글자

285. 오랜 세월(厤) 동안 지나온 발자취(止)라는 의미

- **歷史**(역사): 인류 사회의 변천과 흥망의 과정 또는 기록(史: 역사 사)
- **經歷**(경력): 겪어 지내 온 여러 가지 일(經: 다스릴 경)
- **學歷**(학력): 학교를 다닌 경력(學: 배울 학)

[5급 / 16획]

지날 **력**	一 厂 厂 厂 厂 厃 厃 厤 厤 厤 厤 厤 厤 歷 歷 歷

286. 쌓이고(㠯) 그쳐(止) 있던 잡념을 비(帚)로 쓸어내고 맑은 정신으로 돌아온다는 의미

- **歸家**(귀가): 집으로 돌아가거나 돌아옴(家: 집 가)
- **歸農**(귀농): 다른 일을 하던 사람이 농사를 지으려고 시골로 돌아감(農: 농사 농)
- **歸鄕**(귀향): 고향으로 돌아가거나 돌아옴(鄕: 시골 향)

[4급 / 18획]

돌아갈 **귀**	ㆍ ㆍ ㅑ ㅑ ㅌ 自 自 自 皀 皀 皈 歸 歸 歸 歸 歸 歸 歸

287. 팔을 힘차게 휘저으며(大) 달려가는(止) 사람의 모습을 본떠 만든 글자	
走	• 走行(주행): 동력으로 움직이는 수송 수단이 길을 달림(行: 다닐 행) • 走馬看山(주마간산): 자세히 살피지 아니하고 대충대충 보고 지나감을 이르는 말(馬: 말 마, 看: 볼 간, 山: 뫼 산) • 競走(경주): 사람, 동물, 차량 따위가 일정한 거리를 달려 빠르기를 겨룸(競: 다툴 경) [4급 / 7획]
달릴 주	一 十 土 キ キ 走 走

288. 달리기(走)를 하기 위해 몸(己)을 일으키는 모습	
起	• 起床(기상): 잠자리에서 일어남(床: 평상 상) • 起伏(기복): 일이나 상태 따위가 좋았다 나빴다 함(伏: 엎드릴 복) • 起死回生(기사회생): 거의 죽을 뻔하다가 다시 살아남(死: 죽을 사, 回: 돌아올 회, 生: 날 생) [4급 / 10획]
일어날 기	一 十 土 キ キ 走 走 走 起 起 起

289. 머리(頁)에 쓴 관을 벗고 발(夊)을 드러내야 할 만큼 덥다는 뜻으로 '여름'을 의미	
夏	• 夏服(하복): 여름철에 입는 옷(服: 옷 복) • 夏季(하계): 여름의 시기(季: 계절 계) • 夏節期(하절기): 여름철 기간(節: 마디 절, 期: 시기 기)) [7급 / 10획]
여름 하	一 一 一 一 万 万 百 百 頁 頁 夏 夏

290. 장식이 달린 옷을 입고(無) 발을 움직이며(舛) 춤추는 모습	
舞	• 舞踊(무용): 음악이나 박자에 맞추어 역동적인 움직임으로 감정과 의지를 표현하는 행위 예술(踊: 뛸 용) • 歌舞(가무): 노래와 춤(歌: 노래 가) • 舞臺(무대): 노래·춤·연극 따위를 하기 위하여 객석 정면에 만들어 놓은 단(臺: 누각 대) [4급 / 14획]
춤출 무	ノ ノ ⌐ ⌐ 仁 任 無 無 無 舞 舞 舞 舞 舞

* 어그러질 천(舛)자는 오른발과 왼발이 각각 다른 방향으로 벌어져 있는 모양을 본떠 만든 글자

291. 사람들이 다니는 사거리의 모양을 본떠 만든 글자	
行	• 行動(행동): 몸을 움직여 어떤 동작을 행하거나 일을 함(動: 움직일 동) • 尾行(미행): 남의 뒤를 몰래 밟음(尾: 꼬리 미) • 代行(대행): 어떤 일을 대신함(代: 대신할 대) [6급 / 6획]
다닐 행	ノ ノ ヶ 彳 彳 行 行

292. 사람들이 다니도록(行) 많은 흙(圭)을 돌아 만든 거리를 의미

街	• **街路燈**(가로등): 밤거리를 밝히기 위해서 설치한 조명 시설(路: 길 로, 燈: 등 등) • **街販**(가판): 길거리에 벌여 놓고 팔거나 길거리를 돌아다니며 파는 일(販: 팔 판) • **商街**(상가): 상점들이 죽 늘어서 있는 거리(商: 장사 상) [4급 / 12획]
거리 **가**	ノ ノ 彳 彳 彳 彳 徍 徍 徍 街 街 街

293. 풀(屮)이 왕성하게(王) 자라듯 앞으로 나아간다(彳)는 의미

往	• **往復**(왕복): 갔다가 돌아옴(復: 돌아올 복) • **往來**(왕래): 가고 오고 함(來: 올 래) • **往年**(왕년): 지나간 해. 옛날(年: 해 년) [4급 / 8획]
갈 **왕**	ノ ノ 彳 彳 彳 徉 往 往

294. 벗겨진 가죽(皮)처럼 떨어져 나간(彳) 모습으로 '저것'을 의미

彼	• **彼此**(피차): 이쪽과 저쪽의 양쪽(此: 이 차) • **彼我**(피아): 상대방과 우리 편(我: 나 아) • **知彼知己**(지피지기): 적의 사정과 나의 사정을 자세히 앎(知: 알 지, 己: 몸 기) [3급 / 8획]
저 **피**	ノ ノ 彳 彳 彳 彼 彼 彼

295. 관청(寺)에 일 보러 갔는데 사람이 많아 서성거리며(彳) 기다린다는 의미

待	• **待機**(대기): 때나 기회가 생기기를 기다림(機: 기회 기) • **鶴首苦待**(학수고대): 학의 목처럼 목을 늘여 빼고 몹시 애타게 기다림(鶴: 학 학, 首: 머리 수, 苦: 쓸 고) • **待接**(대접): 예우를 갖춰 잘 대함(接: 닿을 접) [6급 / 9획]
기다릴/ 대접할 **대**	ノ ノ 彳 彳 彳 待 待 待 待

296. 사람으로서 지켜 가야(彳) 할 바를 붓(聿)으로 기록한 '법률'을 의미

律	• **法律**(법률): 국회의 의결을 거쳐 제정되는 성문법의 한 형식으로 헌법의 다음 단계에 놓이는 국법(法: 법 법) • **自律**(자율): 자기가 세운 원칙에 따라서 스스로 규제하는 일(自: 스스로 자) • **規律**(규율): 한 사회나 조직체의 질서와 제도를 유지하기 위하여 정해 놓은 행위의 준칙(規: 법 규) [4급 / 9획]
법 **률**	ノ ノ 彳 彳 彳 律 律 律 律

297. 천천히 걷고(彳) 또 조금씩(幺) 천천히 걸으면(夂) 뒤지고 늦어짐을 의미

後

- 後退(후퇴): 뒤로 물러남(退: 물러날 퇴)
- 後尾(후미): 뒤쪽의 끝. 대열의 맨 뒤(尾: 꼬리 미)
- 今後(금후): 지금으로부터 뒤(今: 이제 금)

[7급 / 9획]

| 뒤 후 | ノ ノ 彳 彳 彳 彳 彳 彳 後 後 |

298. 사람들이 무리를 지어 걷거나(彳) 달리는(走) 모습

徒

- 徒黨(도당): 불순한 사람들이 떼를 지어 이룬 무리(黨: 무리 당)
- 徒步(도보): 탈것을 타지 않고 걸어감(步: 걸음 보)
- 信徒(신도): 종교를 믿는 사람(信: 믿을 신)

[4급 / 10획]

| 무리 도 | ノ ノ 彳 彳 彳 彳 彳 徒 徒 徒 |

299. 길을 가다가(彳) 떨어져 있는 돈(貝→旦)을 손으로(寸) 줍는 모습으로 '얻는다'는 의미

得

- 得點(득점): 시험이나 경기 따위에서 점수를 얻음(點: 점 점)
- 取得(취득): 자기 것으로 만들어 가짐(取: 취할 취)
- 拾得(습득): 주인 잃은 물건을 주워서 얻음(拾: 주울 습)

[4급 / 11획]

| 얻을 득 | ノ ノ 彳 彳 彳 彳 彳 得 得 得 得 |

300. 길을 걸을(彳) 때 한 사람(人)이 다른 사람(人)의 뒤를 따르는(止) 모습

從

- 從事(종사): 어떤 일을 일삼아서 함(事: 일 사)
- 從屬(종속): 자주성이 없이 주가 되는 것에 딸려 붙음(屬: 속할 속)
- 順從(순종): 순순히 따름(順: 순할 순)

[4급 / 11획]

| 따를 종 | ノ ノ 彳 彳 彳 彳 彳 從 從 從 從 |

301. 갔던(彳) 길을 다시 돌아온다는(复) 의미

復

- 往復(왕복): 갔다가 돌아옴(往: 갈 왕)
- 光復(광복): 잃었던 나라와 주권을 되찾음(光: 빛 광)
- 復活(부활): 죽었다가 다시 살아남(活: 살 활)

[4급 / 12획]

| 돌아올 복 / 다시 부 | ノ ノ 彳 彳 彳 彳 彳 彳 彳 復 復 復 |

* 돌아올 복(复)자는 사람(人)들이 해(日)가 져서 천천히 걸어(夂) 돌아오는 모습을 본떠 만든 글자

---

302. 곧은 마음(悳)을 따라 의지대로 행동(彳)할 수 있는 모습으로 덕을 베푼다는 의미

德	• **德行**(덕행): 착하고 어진 행실 (行: 다닐 행)
	• **美德**(미덕): 도덕적으로 바르고 아름다운 일(美: 아름다울 미)
	• **仁德**(인덕): 어질고 큰 덕(仁: 어질 인)
	[5급 / 15획]
덕 **덕**	´ ㇛ 彳 彳 彳 彳 彳 彳 彳 德 德 德 德 德 德

* 덕 덕(悳)자는 바르게(直) 남을 이해해주는 마음(心)으로 인격적 능력을 의미

---

303. 붓(聿)을 세워서 글씨를 써내리는(廴) 모습으로 세운다는 의미

建	• **建設**(건설): 건물이나 시설물 따위를 새로 만들어 세움(設: 갖출 설)
	• **建國**(건국): 나라를 세움(國: 나라 국)
	• **建立**(건립): 건물, 동상, 탑 따위를 만들어 세움(立: 설 립)
	[5급 / 9획]
세울 **건**	㇆ ㇆ ㇆ ㇆ ㇆ 聿 聿 建 建

---

304. 무게를 잴 때 저울(斤)의 막대가 좌우로 옮겨가는(辶) 거리처럼 짧고 가깝다는 의미

近	• **遠近**(원근): 멀고 가까움(遠: 멀 원)
	• **近處**(근처): 가까운 곳(處: 곳 처)
	• **近似**(근사): 거의 같음(似: 닮을 사)
	[6급 / 8획]
가까울 **근**	´ ㇉ ㇏ 斤 斤 近 近 近

---

305. 오는 사람을 마중 나가(辶) 우러러보며(卬) 반갑게 맞이한다는 의미

迎	• **迎賓**(영빈): 귀한 손님을 맞이함(賓: 손 빈)
	• **迎接**(영접): 손님을 맞아서 대접하는 일(接: 닿을 접)
	• **歡迎**(환영): 오는 사람을 기쁜 마음으로 반갑게 맞음(歡: 기쁠 환)
	[4급 / 8획]
맞이할 **영**	´ ㇉ ㇈ 卬 卬 迎 迎 迎

* 오를 앙(卬)자는 무릎을 꿇고 앉아있는 사람(卩)이 서 있는 사람(亻)을 올려보고 있는 모습

---

306. 양손에 횃불을 들고 손님을 안전하게 보낸다(辶)는 의미

送	• **送別**(송별): 떠나는 사람을 이별하여 보냄(別: 나눌 별)
	• **送金**(송금): 돈을 부쳐 보냄(金: 쇠 금)
	• **送舊迎新**(송구영신): 묵은해를 보내고 새해를 맞음(舊: 옛 구, 迎: 맞이할 영, 新: 새로울 신)
	[4급 / 10획]
보낼 **송**	` ` ㇝ ㇝ 兰 关 关 送 送 送

307. 사람이 거꾸로 선 모양(屰)과 간다(辶)는 뜻을 합친 글자로, '거스르다'를 의미		
逆	• **逆轉**(역전): 형세가 뒤집힘(轉: 구를 전) • **逆流**(역류): 물이 거슬러 흐름(流: 흐를 류) • **逆行**(역행): 보통의 방향과 반대 방향으로 거슬러 나아감(行: 다닐 행) [4급 / 10획]	
거스를 **역**	` ｀ ｀ ￬ ￬ ￬ 屰 ｀屰 逆 逆 逆		

308. 언덕(阜=𠂤)까지 적군을 쫓아서 따라간다(辶)는 의미		
追	• **追從**(추종): 남의 뒤를 따라서 좇음(從: 따를 종) • **追求**(추구): 목적을 이룰 때까지 뒤좇아 구함(求: 구할 구) • **追憶**(추억): 지나간 일을 돌이켜 생각함(憶: 기억할 억) [3급 / 10획]	
쫓을 **추**	` ｜ ｢ 𠂤 𠂤 𠂤 ｀𠂤 追 追 追		

309. 앞으로 가는(辶) 것을 그치고(艮) 뒤로 물러난다는 의미		
退	• **退色**(퇴색): 빛이나 색이 바램(色: 빛 색) • **退治**(퇴치): 물리쳐서 아주 없애 버림(治: 다스릴 치) • **後退**(후퇴): 뒤로 물러남(後: 뒤 후) [4급 / 10획]	
물러날 **퇴**	｢ ｢ ヨ 艮 艮 艮 ｀艮 退 退 退		

310. 전쟁터로 나가는 수레(車)들이 줄지어 늘어서서 가는(辶) 모습으로 '이어짐'을 의미		
連	• **連結**(연결): 어떤 대상을 다른 대상과 서로 이어서 맺음(結: 맺을 결) • **連絡**(연락): 어떤 사실을 상대편에게 알림(絡: 이을 락) • **連戰連勝**(연전연승): 싸울 때마다 연달아 계속 이김(戰: 싸움 전, 勝: 이길 승) [4급 / 11획]	
이을 **련**	｢ ｢ ｢ 冃 百 車 車 ｀車 連 連 連		

311. 길을 가다(辶) 사람을 우연히 만난다(夆)는 의미		
逢	• **相逢**(상봉): 서로 만남(相: 서로 상) • **逢變**(봉변): 뜻밖의 변이나 망신스러운 일을 당함(變: 변할 변) • **逢着**(봉착): 어떤 처지나 상태에 부닥침(着: 붙을 착) [3급 / 11획]	
만날 **봉**	ﾉ ク 夂 冬 冬 夆 夆 ｀夆 逢 逢 逢		

* 만날 봉(夆)자는 걷다가(夂) 풀이 무성한(丰) 것처럼 많은 사람들 속에서 누군가를 만나는 모습

Ⅱ. 부문별 배정한자

312. 나무를 낱개로 옮기는 것보다 다발로 묶어서(束) 옮기니(辶) 빠르다는 의미

速	• **速度**(속도): 물체가 나아가거나 일이 진행되는 빠르기(度: 정도 도) • **速讀**(속독): 책 따위를 빠른 속도로 읽음(讀: 읽을 독) • **加速**(가속): 점점 속도를 더함(加: 더할 가) [6급 / 11획]
빠를 속	一 ㄧ ㅁ ㅁ 申 束 束 `束 涑 涑 速

313. 목적을 이루고자 신에게 고하기(告) 위하여 제단 앞으로 나아가는(辶) 모습으로, '목적을 이루다, 만들다'를 의미

造	• **造成**(조성): 무엇을 만들어서 이룸(成: 이룰 성) • **造作**(조작): 어떤 일을 사실인 듯이 꾸며 만듦(作: 지을 작) • **創造**(창조): 전에 없던 것을 처음으로 만듦(創: 시작할 창) [4급 / 11획]
지을 조	ノ 丶 生 生 告 告 `告 浩 浩 造

314. 봉우리가 솟아오르듯이(甬) 쭉 뻗어 나가는(辶) 모습으로 막힘없이 잘 통한다는 의미

通	• **通行**(통행): 어떤 길이나 공간을 통해 지나다님(行: 다닐 행) • **通過**(통과): 어떤 곳을 통하여 지나감(過: 지날 과) • **疏通**(소통): 막히지 아니하고 잘 통함(疏: 트일 소) [6급 / 11획]
통할 통	フ マ ア 丹 甬 甬 甬 `甬 涌 涌 通

315. 새(隹)가 앞으로 나아간다(辶)는 의미

進	• **進路**(진로): 앞으로 나아갈 길(路: 길 로) • **推進**(추진): 물체를 밀어 앞으로 내보냄(推: 밀 추) • **先進**(선진): 문물이나 제도가 현저히 앞섬(先: 먼저 선) [4급 / 12획]
나아갈 진	ノ イ 亻 亻 亻 亻 隹 隹 `隹 淮 淮 進

* 보편적으로 꽁지가 짧은 새는 새 추(隹)자를, 꽁지가 긴 새는 새 조(鳥)자를 부수로 사용

316. 입이 비뚤어지듯(咼) 비뚤게 잘못 가는(辶) 모습으로 '지나침, 허물'을 의미

過	• **過失**(과실): 부주의나 태만 따위에서 비롯된 잘못이나 허물(失: 잃을 실) • **謝過**(사과): 자기의 잘못을 인정하고 용서를 빎(謝: 사례할 사) • **看過**(간과): 큰 관심 없이 대강 보아 넘김(看: 볼 간) [5급 / 13획]
허물/지날 과	ㅣ 冂 冎 冎 咼 咼 咼 咼 `咼 淌 淌 過 過

317. 어린양(奎)이 어미양이 있는 곳으로 수월하게 간다(辶)는 의미

達

- **達人**(달인): 학문이나 기예에 통달하여 남달리 뛰어난 역량을 가진 사람(人: 사람인)
- **達辯**(달변): 능숙하여 막힘이 없는 말솜씨(辯: 말 잘할 변)
- **達成**(달성): 목적한 것을 이룸(成: 이룰 성)

[4급 / 13획]

통달할 **달**　一　十　土　士　产　产　幸　幸　幸　達　達　達　達

318. 한 사람(首)이 길을 가는(辶) 것을 본떠 만든 글자로, 사람이 지키고 실천해야 할 바른 길인 도리를 의미

道

- **道路**(도로): 사람이나 차 등이 다닐 수 있도록 땅위에 만들어 놓은 길(路: 길 로)
- **道德**(도덕): 인간이 지켜야 할 도리나 바람직한 행동 규범(德: 덕 덕)
- **孝道**(효도): 부모를 정성껏 잘 섬기는 일(孝: 효도 효)

[7급 / 13획]

길/도리 **도**　丶　丷　꿈　꿈　꿈　产　首　首　首　道　道　道　道

319. 원숭이들(禺)이 돌아다니다가(辶) 짝을 우연히 잘 만난다는 의미

遇

- **千載一遇**(천재일우): 천 년 동안 단 한 번 만난다는 뜻으로, 좀처럼 만나기 어려운 좋은 기회를 이르는 말(千: 일천 천, 載: 실을 재)
- **待遇**(대우): 사회적 관계에 따라 적절히 남을 대함(待: 대접할 대)
- **禮遇**(예우): 예의를 다하여 정중히 대우함(禮: 예도 례)

[4급 / 13획]

만날/
대접할 **우**　丶　冂　日　日　日　禺　禺　禺　禺　遇　遇　遇　遇

320. 군사(軍)가 전차를 몰고 길을 간다(辶)는 의미

運

- **運動**(운동): 사람이 몸을 단련하거나 건강을 위하여 몸을 움직이는 일(動: 움직일 동)
- **運轉**(운전): 기계나 자동차 따위를 움직여 부림(轉: 구를 전)
- **幸運**(행운): 좋은 운수(幸: 다행 행)

[6급 / 13획]

움직일 **운**　丶　冖　冖　冖　宣　宣　宣　軍　軍　運　運　運

321. 아이들이 깃발(㫃)을 들고 뛰어다니며(辶) 논다는 의미

遊

- **遊覽**(유람): 여기저기 돌아다니며 구경함(覽: 볼 람)
- **遊說**(유세): 자기 의견 또는 소속 정당의 주장을 선전하며 돌아다님(說: 달랠 세)
- **遊園地**(유원지): 돌아다니며 구경하거나 놀기 위하여 여러 가지 설비를 갖춘 곳(園: 동산 원, 地: 땅 지)

[4급 / 13획]

놀 **유**　丶　亠　方　方　方　扩　於　斿　游　遊　遊　遊

322. 긴 옷(袁)을 챙겨 떠나야(辶) 할 만큼 길이 멀다는 의미

遠	• **遠近**(원근): 멀고 가까움(近: 가까울 근) • **遠視**(원시): 가까이 있는 물체를 잘 볼 수 없는 시력(視: 볼 시) • **望遠鏡**(망원경): 먼 곳의 물체를 확대하여 똑똑하게 보이도록 만든 장치(望: 바랄 망, 鏡: 거울 경) [6급 / 14획]
멀 원	一 十 土 土 吉 告 声 吉 袁 袁 袁 遠 遠 遠

* 옷길 원(袁)자는 둥근 옥(口)이 옷(衣) 중앙에 달린 모습을 본떠 만든 글자

323. 나무뿌리(啇)는 나무가 자라기에 알맞게 뻗어 나간다(辶)는 의미

適	• **適當**(적당): 정도에 알맞음(當: 마땅 당) • **適切**(적절): 정도나 기준에 꼭 알맞음(切: 끊을 절) • **適任**(적임): 어떤 임무나 일에 알맞음(任: 맡길 임) [4급 / 15획]
알맞을 적	丶 亠 ㄐ 卒 产 芇 宿 商 商 商 啇 滴 滴 適

324. 제사 지내러(巽) 갈(辶) 사람을 골라 뽑는다는 의미

選	• **選擧**(선거): 일정한 조직이나 집단이 대표자나 임원을 뽑는 일(擧: 들 거) • **選手**(선수): 기량이 뛰어나 많은 사람 가운데에서 대표로 뽑힌 사람(手: 손 수) • **選定**(선정): 여럿 가운데서 어떤 것을 뽑아 정함(定: 정할 정) [5급 / 16획]
가릴 선	丁 彐 ㄹ 呂 呂 呂 吧 吧 吧 呷 巺 巽 巽 巽 選 選 選

* 유순할 손(巽)자는 무릎을 꿇은 두 사람(巴巴)이 제사상(共)에 음식을 바치는 모습

325. 길을 가다가(辶) 귀한(貴) 물건을 떨어뜨려서 다른 곳에 물건을 남겨두다는 의미

遺	• **遺産**(유산): 죽은 사람이 남겨 놓은 재산. 앞 세대가 물려준 사물 또는 문화(産: 낳을 산) • **遺言**(유언): 죽음에 이르기 직전에 남기는 말(言: 말씀 언) • **遺失**(유실): 가지고 있던 돈이나 물건 따위를 부주의로 잃어버림(失: 잃을 실) [4급 / 16획]
남길 유	丶 口 口 口 中 虫 虫 叏 靑 靑 昔 貴 貴 貴 潰 遺

326. 발걸음(癶)이나 화살(矢)로 길이를 재는 모양으로, 헤아림을 의미하며 현재는 십천간의 하나로 사용

	• **癸丑日記**(계축일기): 조선 시대, 광해군이 어린 동생 영창대군을 죽이고 어머니 인목대비를 서궁에 가두었을 때(계축년)부터 인조반정으로 복위될 때(계해년)까지의 정경을 일기체로 기록한 글(記: 기록할 기) [3급 / 9획]
열째 천간 계	丿 フ 癶 癶 癶 癶 癸 癸 癸

한자 Up 어휘력 Up 성적 Up

327. 제사에 쓸 그릇(豆)을 발을 들어(癶) 높은 곳에 올려 놓는 모습	
登	• **登山**(등산): 운동, 놀이, 탐험 따위의 목적으로 산에 오름(山: 뫼 산) • **登校**(등교): 학생이 학교에 감(校: 학교 교) • **登場**(등장): 무대나 연단 따위에 나옴(場: 마당 장) [7급 / 12획]
오를 **등**	丿 刁 刁 丬 癶 癶 癶 癶 癶 登 登 登

328. 풀 짓밟을 발(癹)과 활 궁(弓)을 합친 글자로, 풀을 헤치고 두 발로 밟은 뒤 활을 당겨 쏜다는 의미	
發	• **發表**(발표): 일의 결과나 어떤 사실 따위를 세상에 널리 드러내어 알림(表: 겉 표) • **發射**(발사): 활·총포·로켓이나 광선·음파 따위를 쏘는 일(射: 쏠 사) • **出發**(출발): 목적지를 향하여 나아감(出: 날 출) [6급 / 12획]
필/쏠 **발**	丿 刁 刁 丬 癶 癶 癶 癹 發 發 發 發

1-⑥. 心/忄(마음 심), 肉/月(고기 육), 己(몸 기), 身(몸 신), 骨(뼈 골), 毛(털 모), 彡(터럭 삼), 而(말 이을 이), 疒(병들 녁), 歹(죽을 사)

---

329. 심장의 모양을 본떠 만든 글자

- **心情**(심정): 마음속에 품고 있는 생각이나 감정(情: 뜻 정)
- **孝心**(효심): 효성스러운 마음(孝: 효도 효)
- **變心**(변심): 마음이 변함(變: 변할 변)

[7급 / 4획]

마음 **심**	㇟ 心 心 心

---

330. 마음(心)에 말뚝(丿)을 박듯이 결심을 하고 반드시 한다는 의미

- **必須**(필수): 꼭 있어야 하거나 하여야 함(須: 반드시 수)
- **必勝**(필승): 반드시 이김(勝: 이길 승)
- **必讀**(필독): 반드시 읽어야 함(讀: 읽을 독)

[5급 / 5획]

반드시 **필**	㇔ 丿 必 必 必

---

331. 마음속(心)에 없어져서(亡) 잊어버린다는 의미

- **忘却**(망각): 어떤 일이나 사실을 잊어버림(却: 물리칠 각)
- **勿忘草**(물망초): 나를 잊지 말라는 꽃말의 여러해살이풀(勿: 말 물, 草: 풀 초)
- **忘年之交**(망년지교): 나이를 가리지 않고 허물없이 벗으로 사귐(年: 해 년, 交: 사귈 교)

[3급 / 7획]

잊을 **망**	㇔ 亠 亡 忘 忘 忘 忘

---

332. 칼날(刃)이 심장(心)을 찌르는 듯한 고통을 견뎌낸다는 의미

- **忍耐**(인내): 괴로움이나 어려움 따위를 참고 견딤(耐: 견딜 내)
- **忍苦**(인고): 괴로움을 참음(苦: 쓸 고)
- **目不忍見**(목불인견): 눈앞에 벌어진 상황 따위를 눈 뜨고는 차마 볼 수 없음(目: 눈 목, 不: 아니 불, 見: 볼 견)

[3급 / 7획]

참을 **인**	㇐ 刀 刃 刃 忍 忍 忍

---

333. 선비(士)의 마음속(心)에 깊은 뜻이 있다는 의미

志

- **志士**(지사): 나라와 민족을 위하여 몸 바쳐 일하려는 뜻을 가진 사람(士: 선비 사)
- **意志**(의지): 어떠한 일을 이루고자 하는 마음(意: 뜻 의)
- **初志一貫**(초지일관): 처음에 세운 뜻을 끝까지 밀고 나감(初: 처음 초, 貫: 꿸 관)

[4급 / 7획]

뜻 **지**	一 十 士 志 志 志 志

334. 지금(今)도 항상 마음속(心)으로 생각하고 있다는 의미	
	• 念願(염원): 마음에 간절히 생각하고 기원함(願: 원할 원) • 念頭(염두): 생각의 맨 처음(頭: 머리 두) • 信念(신념): 굳게 믿는 마음(信: 믿을 신) [5급 / 8획]
생각할 **념**	ノ 人 ㅅ 今 今 念 念 念

335. 마음속(心) 한가운데(中)에서 우러나는 성심으로 '충성'을 의미	
	• 忠臣(충신): 나라와 임금을 위하여 충성을 다하는 신하(臣: 신하 신) • 忠誠(충성): 참된 마음에서 우러나오는 정성(誠: 정성 성) • 忠言逆耳(충언역이): 충직한 말은 귀에 거슬린다는 뜻으로, 바르게 충고하는 말일수록 듣 　기 싫어한다는 말(言: 말씀 언, 逆: 거스를 역, 耳: 귀 이)　**[4급 / 8획]**
충성 **충**	ᐟ 冂 口 中 虫 忠 忠 忠

336. 앞사람(人)을 빨리 쫓아가 손(크)으로 잡으려는 급한 마음(心)을 의미	
	• 急行(급행): 급히 감(行: 다닐 행) • 急流(급류): 물이 빠른 속도로 흐름(流: 흐를 류) • 危急(위급): 매우 위태롭고 급한 모양(危: 위태할 위) [6급 / 9획]
급할 **급**	ノ ク ク 气 刍 乌 急 急 急

337. 사람대접을 받지 못하는 노비(奴)의 마음(心)으로 성내다는 의미	
	• 喜怒哀樂(희로애락): 기쁨과 노여움과 슬픔과 즐거움을 아울러 이르는 말(喜: 기쁠 희, 哀: 　슬플 애, 樂: 즐길 락) • 怒發大發(노발대발): 몹시 노하여 펄펄 뛰며 성을 냄(發: 쏠 발, 大: 큰 대) [4급 / 9획]
성낼 **노**	く 女 女 如 奴 奴 怒 怒 怒

338. 머리(田)와 마음(心)으로 생각한다는 의미	
	• 思春期(사춘기): 육체적·정신적으로 성인이 되어 가는 시기(春: 봄 춘, 期: 시기 기) • 思慕(사모): 애틋하게 생각하며 그리워함(慕: 그리워할 모) • 思考(사고): 생각하고 궁리함(考: 생각할 고) [5급 / 9획]
생각할 **사**	ᐟ 冂 日 田 田 思 思 思 思

339. 누워 뒹굴면서(夗) 상대에게 분한 마음(心)을 갖는다는 의미

- **怨望**(원망): 못마땅하게 여기어 탓하거나 불평을 품고 미워함(望: 바랄 망)
- **怨聲**(원성): 원망하는 소리(聲: 소리 성)
- **怨恨**(원한): 억울하고 원통한 일을 당하여 응어리진 마음(恨: 한 한)

[4급 / 9획]

| 원망할 **원** | ノ ク タ タ 夗 夗 怨 怨 怨 |

* 누워 뒹굴 원(夗)자는 저녁(夕)에 쪼그리고 누워있는 사람(㔾)의 모양을 본떠 만든 글자

340. 다른 사람의 도움으로 인하여(因) 감사하는 마음(心)이 생긴다는 의미

- **恩惠**(은혜): 고맙게 베풀어 주는 신세나 혜택(惠: 은혜 혜)
- **恩師**(은사): 가르침을 받은 은혜로운 스승(師: 스승 사)
- **報恩**(보은): 은혜를 갚음(報: 갚을 보)

[4급 / 10획]

| 은혜 **은** | 丨 冂 日 因 因 因 因 恩 恩 恩 |

341. 꼬챙이(串)로 심장(心)을 쑤시는 듯 마음이 고통스럽다는 의미

- **患者**(환자): 병들거나 다쳐서 치료를 받아야 할 사람(者: 놈 자)
- **憂患**(우환): 집안에 복잡한 일이나 환자가 생겨서 나는 걱정이나 근심(憂: 근심 우)
- **有備無患**(유비무환): 미리 준비가 되어 있으면 걱정할 것이 없음(有: 있을 유, 備: 갖출 비, 無: 없을 무)

[5급 / 11획]

| 근심 **환** | 丶 冂 口 口 串 串 串 串 患 患 患 |

342. 마음(心)이 어긋나고(非) 아파서 슬프다는 의미

- **喜悲**(희비): 기쁨과 슬픔(喜: 기쁠 희)
- **悲觀**(비관): 앞으로의 일이 잘 안 될 것으로 봄(觀: 볼 관)
- **悲歌**(비가): 슬프고 애달픈 노래(歌: 노래 가)

[4급 / 12획]

| 슬플 **비** | ノ ナ ヲ ヺ ヺ 非 非 非 非 悲 悲 悲 |

343. 구부러지고 흉한(亞) 마음(心)으로 '나쁘다, 악하다'는 의미

- **善惡**(선악): 착함과 악함(善: 착할 선)
- **惡談**(악담): 남을 헐뜯거나 잘되지 못하도록 저주하는 말(談: 말씀 담)
- **憎惡**(증오): 몹시 미워함(憎: 미워할 증)

[5급 / 12획]

| 악할 **악** / 미워할 **오** | 一 一 一 一 亞 亞 亞 亞 亞 惡 惡 惡 |

344. 물레(車)를 조심스럽게 다루는 것처럼 언행을 삼가고 어진 마음(心)을 베푼다는 의미	
	• **恩惠**(은혜): 고맙게 베풀어 주는 신세나 혜택(恩: 은혜 은) • **惠澤**(혜택): 자연환경, 사회 제도 등이 사람들에게 주는 도움과 이익(澤: 못 택) • **施惠**(시혜): 은혜를 베풂(施: 베풀 시) <div align="right">[4급 / 12획]</div>
은혜 **혜**	一 厂 戸 戸 曰 車 車 車 車 恵 恵 惠

345. 모든(咸) 일은 마음(心)으로 느낀다는 의미	
	• **感動**(감동): 크게 느끼어 마음이 움직임(動: 움직일 동) • **感謝**(감사): 고맙게 여김(謝: 사례할 사) • **好感**(호감): 좋게 느끼는 감정(好: 좋을 호) <div align="right">[6급 / 13획]</div>
느낄 **감**	丿 厂 厂 厂 厈 后 咸 咸 咸 咸 感 感 感

* 다 함(咸)자는 소리치고(口) 도끼(戌)로 모두 때려 부수는 모습으로 '모두, 다'를 의미

346. 마음속(心)으로 상대방(相)을 생각한다는 의미	
想	• **想像**(상상): 실제로 경험하지 않은 현상이나 사물에 대하여 마음속으로 그려 봄(像: 모양 상) • **豫想**(예상): 앞으로 일어날 일을 미리 헤아려 봄(豫: 미리 예) • **假想**(가상): 가정하여 생각함(假: 임시 가) <div align="right">[4급 / 13획]</div>
생각할 **상**	一 十 才 木 和 相 相 相 相 相 想 想 想

347. 가을(秋)이면 온갖 초목이 시들 듯 마음(心)도 시들어서 걱정과 근심이 있다는 의미	
愁	• **愁心**(수심): 매우 근심하는 마음(心: 마음 심) • **哀愁**(애수): 마음속 깊이 스며드는 슬픈 근심(哀: 슬플 애) • **鄕愁**(향수): 고향을 그리워하는 마음이나 시름(鄕: 시골 향) <div align="right">[3급 / 13획]</div>
근심 **수**	丿 二 千 禾 禾 禾 禾 秒 秋 秋 愁 愁 愁

348. 손(爫)으로 덮어주고(冖) 마음(心)으로 천천히 다가서는(夊) 사랑을 의미	
	• **愛國**(애국): 자기 나라를 사랑함(國: 나라 국) • **愛唱曲**(애창곡): 즐겨 부르는 노래(唱: 부를 창, 曲: 악곡 곡) • **母性愛**(모성애): 자식에 대한 본능적인 어머니의 사랑(母: 어미 모, 性: 성품 성) <div align="right">[6급 / 13획]</div>
사랑 **애**	一 ⺧ ⺧ ⺧ 严 爫 严 严 愛 愛 愛 愛 愛

349. 소리(音)를 듣고 마음(心)으로 뜻을 안다는 의미

意	• **意見**(의견): 어떤 대상이나 일에 대하여 가지는 생각(見: 볼 견) • **意味**(의미): 말이나 글의 뜻(味: 맛 미) • **誠心誠意**(성심성의): 참되고 성실한 마음과 뜻(誠: 정성 성, 心: 마음 심) <div align="right">[6급 / 13획]</div>
뜻 의	` ㅗ ㅛ ㅛ 立 产 产 音 音 音 意 意 意

350. 자식을 사랑하는 어머니의 마음(心)이 풀이 우거져 무성하듯(兹) 많다는 의미

慈	• **慈悲**(자비): 남을 깊이 사랑하고 가엾게 여김(悲: 슬플 비) • **慈愛**(자애): 아랫사람에게 베푸는 도타운 사랑(愛: 사랑 애) • **仁慈**(인자): 마음이 어질고 자애로움(仁: 어질 인) <div align="right">[3급 / 13획]</div>
사랑 자	` ` ` ㅛ 产 兹 兹 兹 兹 兹 慈 慈 慈

* 무성할 자(兹)자는 실(絲) 같은 싹(艹)이 자라 우거지면서 무성하다는 의미

351. 경사스러운 일에 사슴(鹿)을 가지고 가서(夊) 기쁜 마음(心)으로 축하한다는 의미

慶	• **慶事**(경사): 축하할 만한 기쁜 일(事: 일 사) • **慶弔**(경조): 경사스러운 일과 궂은 일(弔: 조문할 조) • **慶祝**(경축): 경사스러운 일을 축하함(祝: 빌 축) <div align="right">[4급 / 15획]</div>
경사 경	` ㅗ 广 广 广 产 产 产 声 庐 庐 庐 慶 慶 慶

352. 머리(頁)가 무겁게 마음(心)을 짓눌러 근심으로 가득 차 발걸음(夊)이 무거운 모습

憂	• **憂患**(우환): 집안에 복잡한 일이나 환자가 생겨서 나는 걱정이나 근심(患: 근심 환) • **憂慮**(우려): 근심하거나 걱정함(慮: 생각할 려) • **內憂外患**(내우외환): 나라 안팎의 여러 가지 어려움(內: 안 내, 外: 바깥 외) <div align="right">[3급 / 15획]</div>
근심 우	ㅡ ㅜ ㅜ 严 百 百 頁 頁 真 真 悫 悫 悫 憂 憂 憂

353. 매(雁)가 꿩을 잡아 주인의 마음(心)에 호응한다는 의미

應	• **應答**(응답): 부름이나 물음에 응하여 답함(答: 대답할 답) • **應援**(응원): 운동경기 따위에서 선수들이 이기도록 북돋우고 격려함(援: 도울 원) • **應急**(응급): 급한 대로 우선 처리함(急: 급할 급) <div align="right">[4급 / 17획]</div>
응할 응	` ㅗ 广 广 广 疒 疒 府 府 庐 庐 雁 雁 雁 應 應 應

354. 마음(忄)이 정신을 잃을(亡) 만큼 바쁘다는 의미	
忙	• 忙中閑(망중한): 바쁜 가운데 잠깐 얻어 낸 틈(中: 가운데 중, 閑: 한가할 한) • 公私多忙(공사다망): 공적·사적인 일 등으로 매우 바쁨(公: 공평할 공, 私: 개인 사, 多: 많을 다) <div align="right">[3급 / 6획]</div>
바쁠 **망**	ﾉ ﾝ 忄 忄 忙 忙

355. 마음(忄)이 활짝 트인(夬) 상태로 즐겁다는 의미	
快	• 快感(쾌감): 상쾌하고 즐거운 느낌(感: 느낄 감) • 快樂(쾌락): 유쾌하고 즐거움(樂: 즐길 락) • 爽快(상쾌): 느낌이 시원하고 산뜻함(爽: 시원할 상) <div align="right">[4급 / 7획]</div>
즐거울 **쾌**	ﾉ ﾝ 忄 忄 忸 快 快

356. 사람이 태어날(生) 때부터 가지고 나온 마음(忄)으로 성품을 의미	
性	• 性品(성품): 사람의 성질과 됨됨이(品: 물건 품) • 性格(성격): 개인이 가지고 있는 고유의 성질이나 품성(格: 격식 격) • 人性(인성): 사람 본연의 성품(人: 사람 인) <div align="right">[5급 / 8획]</div>
성품 **성**	ﾉ ﾝ 忄 忄 忄 性 性 性

357. 마음속(忄)에 상처가 되어 머물러(艮) 있는 '한'을 의미	
恨	• 恨歎(한탄): 원통하거나 뉘우치는 일이 있을 때 한숨을 쉬며 탄식함(歎: 탄식할 탄) • 餘恨(여한): 풀지 못하고 남은 한(餘: 남을 여) • 怨恨(원한): 억울하고 원통한 일을 당하여 응어리진 마음(怨: 원망할 원) <div align="right">[4급 / 9획]</div>
한 **한**	ﾉ ﾝ 忄 忄 忄 忄 恨 恨 恨

* 그칠 간(艮)자는 눈(目)과 반대로 선 사람(匕)을 합친 글자로, 눈알을 반대로 굴리는 것은 신체적으로 한계가 있다는 뜻으로 '한정하다, 그치다'를 의미

358. 마음(忄)이 끊임없이 뻗치는(亘) 모습으로 '항상'을 의미	
恒	• 恒常(항상): 언제나 변함없이. 늘(常: 항상 상) • 恒溫(항온): 늘 일정한 온도(溫: 따뜻할 온) • 恒久(항구): 변하지 아니하고 오래감(久: 오랠 구) <div align="right">[3급 / 9획]</div>
항상 **항**	ﾉ ﾝ 忄 忄 忄 恒 恒 恒 恒

---

359. 마음(忄)이 즐거워 기쁘다(兌)는 의미

悦	• 喜悅(희열): 욕구가 충족되었을 때 느끼는 지극한 기쁨(喜: 기쁠 희) • 悅樂(열락): 기뻐하고 즐거워함(樂: 즐길 락) [3급 / 10획]
기쁠 **열**	＼ ＼ 忄 忄 忄 忄 悦 悦 怳 悅

* 기쁠 태(兌)자는 입(口)의 좌우에 주름(八)이 생기도록 웃고 있는 사람(儿)의 모습이며, 또한 여러 번 나누어(八) 생각하여 사람(兄)의 마음이 바뀐다는 의미(바꿀 태)로도 사용

---

360. 나(吾) 자신이 직접 마음(忄)으로 깨달아야 한다는 의미

悟	• 覺悟(각오): 앞으로 해야 할 일이나 겪을 일에 대한 마음의 준비(覺: 깨달을 각) • 大悟覺醒(대오각성): 크게 깨닫고 올바르게 정신을 가다듬음(大: 큰 대, 覺: 깨달을 각, 醒: 깰 성) [3급 / 10획]
깨달을 **오**	＼ ＼ 忄 忄 忄 忋 忋 悟 悟 悟

---

361. 지난날(昔)에 대한 슬프고 아까운 마음(忄)을 의미

惜	• 惜敗(석패): 아깝게 짐(敗: 패할 패) • 惜別(석별): 서로 애틋하게 이별함(別: 나눌 별) • 哀惜(애석): 슬프고 아까움(哀: 슬플 애) [3급 / 11획]
애석할 **석**	＼ ＼ 忄 忄 忄 忄 忄 惜 惜 惜 惜

---

362. 마음속(忄)에서 우러나는 참되고 순수(靑)한 감정을 의미

情	• 情談(정담): 정답게 주고받는 이야기(談: 말씀 담) • 感情(감정): 어떤 현상이나 일에 대하여 일어나는 마음이나 느끼는 기분(感: 느낄 감) • 友情(우정): 친구 사이의 정(友: 벗 우) [5급 / 11획]
뜻 **정**	＼ ＼ 忄 忄 忄 忄 情 情 情 情 情

---

363. 마음속(忄)에 간직한 뜻(意)을 잊지 않고 기억한다는 의미

憶	• 記憶(기억): 과거의 사물에 대한 것이나 지식 따위를 머릿속에 새겨 두어 보존하거나 되살려 생각해 냄(記: 기록할 기) • 追憶(추억): 지나간 일을 돌이켜 생각함(追: 쫓을 추) [3급 / 16획]
기억할 **억**	＼ ＼ 忄 忄 忄 忄 忄 憶 憶 憶 憶 憶 憶 憶 憶 憶

364. 고기와 그 근육의 모양을 본떠 만든 글자

肉

- **肉食**(육식): 음식으로 고기를 먹음(食: 먹을 식)
- **肉體**(육체): 사람의 몸. 신체(體: 몸 체)
- **血肉**(혈육): 부모와 자식, 형제, 자매처럼 한 핏줄을 가진 사람(血: 피 혈)

[4급 / 6획]

고기 육	丨 冂 冂 内 肉 肉

365. 어린아이(云)를 살찌도록(月) 튼튼하게 기른다는 의미

育

- **育兒**(육아): 어린아이를 기름(兒: 아이 아)
- **育成**(육성): 길러 자라게 함(成: 이룰 성)
- **教育**(교육): 지식과 기술 따위를 가르치며 인격을 길러 줌(教: 가르칠 교)

[7급 / 8획]

기를 육	' 一 云 ㄊ 育 育 育 育

366. 곰의 모습을 본떠 만든 글자로, 곰은 재주가 많아 능히 할 수 있다는 의미

能

- **能力**(능력): 일을 감당해 낼 수 있는 힘(力: 힘 력)
- **才能**(재능): 어떤 일을 하는 데 필요한 재주와 능력(才: 재주 재)
- **可能**(가능): 할 수 있음(可: 가히 가)

[5급 / 10획]

능할 능	ㄥ ㄥ ㄅ 育 育 育 育 能 能 能

367. 허파(凶) 따위를 에워싸고(勹) 있는 신체(月)의 일부

胸

- **胸部**(흉부): 가슴 부분(部: 떼 부)
- **胸像**(흉상): 사람의 모습을 가슴까지만 표현한 그림이나 조각(像: 모양 상)
- **胸襟**(흉금): 마음속 깊이 품은 생각(襟: 옷깃 금)

[3급 / 10획]

가슴 흉	丿 刀 月 月 肝 肌 胸 胸 胸 胸

368. 무릎(卩)을 구부려 걸어가게(去) 하는 신체(月)의 일부

脚

- **脚光**(각광): 사회의 주목을 끄는 일(光: 빛 광)
- **橋脚**(교각): 다리를 받치는 기둥(橋: 다리 교)
- **二人三脚**(이인삼각): 두 사람이 나란히 서서 서로 맞닿은 쪽의 발목을 묶어 세 발처럼 하여 함께 뛰는 경기(人: 사람 인)

[3급 / 11획]

다리 각	丿 刀 月 月 肝 胠 胠 肤 肤 脚 脚

369. 몸(月)에 살이 빠지거나 곤충 따위가 껍질을 벗는다(兌)는 의미	
脫	• **脫出**(탈출): 어떤 상황이나 구속 따위에서 빠져나옴(出: 날 출) • **脫落**(탈락): 범위에 들지 못하고 떨어지거나 빠짐(落: 떨어질 락) • **脫毛**(탈모): 털이 빠짐(毛: 털 모) [4급 / 11획]
벗을 **탈**	ノ 刀 月 月 月 胖 胖 胼 胼 胼 脫

370. 몸 상체를 구부리고 꿇어 앉아 있는 사람의 모습	
	• **自己**(자기): 그 사람 자신(自: 스스로 자) • **克己**(극기): 자기의 감정이나 욕심 따위를 이성적 의지로 눌러 이김(克: 이길 극) • **知彼知己**(지피지기): 적의 사정과 나의 사정을 자세히 앎(知: 알 지, 彼: 저 피) [5급 / 3획]
몸 **기**	ㄱ ㄱ 己

371. 뱀이 똬리를 틀고 있는 모습으로, 현재는 십이지지의 하나로 사용	
	• **巳時**(사시): 오전 9시~11시 • **己巳換局**(기사환국): 1689년 기사년(숙종 15년)에 남인이 세자 책봉 문제로 서인을 몰아내고 재집권한 일(換: 바꿀 환, 局: 판 국) [3급 / 3획]
뱀 **사**	ㄱ ㄱ 巳

372. 뱀이 먹이를 이미 다 먹고 입을 벌린 모습을 본떠 만든 글자	
	• **已往**(이왕): 이미 정해진 사실로서 어쩔 수 없게 된 바에(往: 갈 왕) • **不得已**(부득이): 마지못하여 하는 수 없이(不: 아니 불, 得: 얻을 득) [3급 / 3획]
이미 **이**	ㄱ ㄱ 已

373. 임신해서 배가 나온 여자의 모습을 본떠 만든 글자	
身	• **心身**(심신): 마음과 몸(心: 마음 심) • **身體**(신체): 사람의 몸(體: 몸 체) • **修身**(수신): 몸을 닦아 행실을 바르게 함(修: 닦을 수) [6급 / 7획]
몸 **신**	′ ′ 门 甸 身 身 身

374. 살이 조금 붙어 있는 뼈의 모습을 본떠 만든 글자	
骨	• **骨格**(골격): 동물의 체형을 이루고 몸을 지탱하는 뼈. 뼈대(格: 격식 격) • **骨肉**(골육): 뼈와 살. 부모와 자식, 형제, 자매 등의 가까운 혈족(肉: 고기 육) • **骨折**(골절): 뼈가 부러짐(折: 꺾일 절) <div align="right">[4급 / 10획]</div>
뼈 골	丨 冂 冂 冃 丹 冎 丹 骨 骨 骨

375. 뼈(骨)와 함께 풍성한(豊) 살과 오장육부가 몸을 이룬다는 의미	
體	• **體育**(체육): 일정한 운동을 통해 신체를 튼튼하게 단련시키는 일(育: 기를 육) • **體重**(체중): 몸무게(重: 무거울 중) • **肉體**(육체): 사람의 몸. 신체(肉: 고기 육) <div align="right">[6급 / 23획]</div>
몸 체	丨 冂 冂 冃 丹 冎 丹 骨 骨 骨 骨 骨 骨 體 體 體 體 體 體 體 體 體 體

376. 동물의 털이 나 있는 모습을 본떠 만든 글자	
毛	• **毛皮**(모피): 털이 그대로 붙어 있는 짐승의 가죽(皮: 가죽 피) • **脫毛**(탈모): 털이 빠짐(脫: 벗을 탈) • **九牛一毛**(구우일모): 아홉 마리의 소 가운데 박힌 하나의 털이란 뜻으로, 매우 많은 것 가 운데 극히 적은 수를 이르는 말(牛: 소 우) <div align="right">[4급 / 4획]</div>
털 모	丿 二 三 毛

377. 우물 같은 틀(井)에 털붓(彡)으로 형상을 그린다는 의미	
形	• **形態**(형태): 사물의 생김새나 모양(態: 모양 태) • **形式**(형식): 겉으로 나타나는 모양이나 격식(式: 법 식) • **成形**(성형): 일정한 형체를 만듦(成: 이룰 성) <div align="right">[6급 / 7획]</div>
모양 형	一 二 于 开 开 形 形

378. 얼굴과 이어지는 수염을 본떠 만든 글자로, 말을 이어주는 어조사로 사용	
而	• **似而非**(사이비): 겉으로는 비슷하나 속은 완전히 다름(似: 닮을 사) • **而立**(이립): 논어 위정편에서 공자가 서른 살을 달리 이르는 말(立: 설 립) <div align="right">[3급 / 6획]</div>
말 이을 이	一 丆 厂 丙 而 而

* 子曰 吾十有五而志于學, 三十而立, 四十而不惑 (자왈 오십유오이지우학, 삼십이립, 사십이불혹): 공자가 말하기를,
나는 열다섯 살에 학문에 뜻을 두었고, 서른 살에 우뚝 섰으며, 마흔 살에는 미혹됨이 없었다

	379. 벽으로 둘러싸인 공간(冂) 안에 불(火)처럼 열이 나는 병(疒)이라는 의미
病	• **病院**(병원): 일정한 시설을 갖추고 병을 진찰하고 치료하는 곳(院: 집 원) • **持病**(지병): 오랫동안 낫지 않아 고치기 힘든 병(持: 가질 지) • **問病**(문병): 앓는 사람을 찾아가 위로함(問: 물을 문) <div align="right">[6급 / 10획]</div>
병 **병**	` 一 广 广 广 疒 疒 病 病 病

	380. 사람(匕)이 죽어 앙상하게 뼈(歹)만 남은 모습
死	• **生死**(생사): 삶과 죽음(生: 날 생) • **決死**(결사): 죽기를 각오하고 있는 힘을 다할 것을 결심함(決: 정할 결) • **起死回生**(기사회생): 거의 죽을 뻔하다가 다시 살아남(起: 일어날 기, 回: 돌아올 회) <div align="right">[6급 / 6획]</div>
죽을 **사**	一 ㄏ ㄕ 歹 歺 死

2.
자연편
(264字)

2-1. 日(날 일), 月(달 월), 辰(별 진), 夕(저녁 석), 土(흙 토), 水/氵(물 수), 冫(얼음 빙), 雨(비 우), 火/灬(불 화), 赤(붉을 적), 丶(불똥 주)

2-2. 山(뫼 산), 川/巛(내 천), 谷(골 곡), 厂(언덕 엄), 阜/阝(언덕 부), 邑/阝(고을 읍), 里(마을 리), 囗(에울 위), 石(돌 석), 金(쇠 금), 玉(구슬 옥)

2-3. 木(나무 목), 竹(대나무 죽), 艸/艹(풀 초), 生(날 생), 小(작을 소), 氏(성씨 씨)

2-4. 鳥(새 조), 隹(새 추), 羽(깃 우), 非(아닐 비), 虫(벌레 충), 風(바람 풍), 飛(날 비), 魚(물고기 어), 貝(조개 패)

2-5. 犬/犭(개 견), 牛(소 우), 馬(말 마), 羊(양 양), 虎(범 호), 角(뿔 각), 血(피 혈)

2-①. 日(날 일), 月(달 월), 辰(별 진), 夕(저녁 석), 土(흙 토), 水/氵(물 수), 冫(얼음 빙), 雨(비 우), 火/灬(불 화), 赤(붉을 적), 丶(불똥 주)

381. 해의 모양을 본떠 만든 글자

日	• **日光**(일광): 햇빛(光: 빛 광) • **今日**(금일): 오늘(今: 이제 금) • **日記**(일기): 날마다 자신이 겪은 일이나 느낌 등을 사실대로 적은 기록(記: 기록할 기) [8급 / 4획]
날 **일**	ㅣ 冂 月 日

382. 해(日)가 지평선(一) 위로 떠오를(ㅣ) 때의 모습으로 '일찍, 아침'을 의미

早	• **早退**(조퇴): 정하여진 시간 이전에 물러남(退: 물러날 퇴) • **早期**(조기): 이른 시기(期: 시기 기) • **早熟**(조숙): 나이에 비하여 정신적·육체적으로 발달이 빠름(熟: 익을 숙) [4급 / 6획]
일찍 **조**	丶 冂 日 日 旦 早

383. 해(日)와 달(月)이 합해져서 밝다는 의미

明	• **明暗**(명암): 밝음과 어둠(暗: 어두울 암) • **明白**(명백): 의심할 여지가 없이 아주 뚜렷하다(白: 흰 백) • **失明**(실명): 시력을 잃음(失: 잃을 실) [6급 / 8획]
밝을 **명**	ㅣ 冂 日 日 日丿 明 明 明

384. 고기를 포개어 쌓아 올린 것처럼 날(日)이 많이 쌓여서 지난 과거를 의미

昔	• **昔日**(석일): 옛날. 지난날(日: 날 일) • **今昔之感**(금석지감): 지금과 옛날을 비교하여 볼 때 변화가 너무 심한 것을 보고 일어나는 느낌(今: 이제 금, 之: 갈 지, 感: 느낄 감) [3급 / 8획]
옛 **석**	一 十 卄 井 芒 芢 昔 昔 昔

385. 주변 상황에 따라 몸의 색깔을 쉽게 바꿀 수 있는 도마뱀을 본떠 만든 글자

易	• **交易**(교역): 나라와 나라 사이에서 물건을 사고팔고 하며 서로 바꿈(交: 사귈 교) • **易地思之**(역지사지): 처지를 바꾸어서 생각하여 봄(地: 땅 지, 思: 생각할 사) • **平易**(평이): 받아들이거나 대하기에 어렵지 않고 쉬움(平: 평평할 평) [4급 / 8획]
바꿀 **역** / 쉬울 **이**	ㅣ 冂 日 日 尸 昜 易 易

386. 해(日)처럼 영원히 전해질 말(曰)이라는 뜻으로 '창성하다, 번성하다'를 의미	
昌	• 繁昌(번창): 일이 잘되어 발전이 눈부심(繁: 번성할 번) • 昌盛(창성): 일이나 기세 따위가 크게 일어나 잘 뻗어 나감(盛: 성할 성) • 昌大(창대): 세력이 번창하고 왕성함(大: 큰 대) <div align="right">[3급 / 8획]</div>
번성할 **창**	丶 冂 冂 日 昌 昌 昌 昌

387. 수정처럼 밝게(晶) 빛을 발하는(生) 별을 의미	
星	• 星雲(성운): 구름 모양으로 퍼져 보이는 천체(雲: 구름 운) • 金星(금성): 수성과 지구 사이에 있고 태양에서 두 번째로 가까운 행성(金: 쇠 금) • 流星(유성): 지구의 대기권 안으로 들어와 빛을 내며 떨어지는 작은 물체(流: 흐를 류) <div align="right">[4급 / 9획]</div>
별 **성**	丶 冂 日 日 尸 旦 星 星 星

388. 해(日)처럼 정확하고 바르다(正)는 의미	
是	• 是非(시비): 옳음과 그름(非: 아닐 비) • 是認(시인): 어떤 내용이나 사실이 옳거나 그러하다고 인정함(認: 인정할 인) • 實事求是(실사구시): 사실에 토대하여 진리를 탐구하는 일(實: 열매 실, 事: 일사, 求: 구할 구) <div align="right">[4급 / 9획]</div>
옳을 **시**	丶 冂 日 日 旦 早 昇 昇 是

389. 하루 해(日)가 잠깐(乍) 사이에 지나간 모습으로, 지나간 '어제'를 의미	
昨	• 昨年(작년): 지난해(年: 해 년) • 昨日(작일): 어제(日: 날 일) • 昨今(작금): 어제와 오늘. 요즈음(今: 이제 금) <div align="right">[6급 / 9획]</div>
어제 **작**	丨 冂 日 日 昨 旳 昨 昨 昨

390. 햇빛(日)을 받아 풀(屮)과 새싹(屯)이 나오는 모습으로 '봄'을 의미	
春	• 春風(춘풍): 봄바람(風: 바람 풍) • 靑春(청춘): 한창 젊고 건강한 나이 또는 그런 시절을 봄철에 비유하여 이르는 말(靑: 푸를 청) • 春困症(춘곤증): 봄철에 몸이 나른하고 졸음이 오는 증세(困: 곤할 곤, 症: 증세 증) <div align="right">[7급 / 9획]</div>
봄 **춘**	一 二 三 夫 夫 表 春 春 春

391. 관청(寺)에서 해(日)의 위치에 따라 시간을 재서 알려준다는 의미

時

- **時間**(시간): 어떤 시각에서 어떤 시각까지의 사이(間: 사이 간)
- **時計**(시계): 시간을 재거나 시각을 나타내는 장치(計: 셀 계)
- **同時**(동시): 같은 때나 시기(同: 같을 동)

[7급 / 10획]

때 시	丨 刀 日 日 日⁻ 日⁺ 旪 旹 時 時

392. 해(日)가 햇빛을 면할(免) 만큼 서산으로 져서 날이 저물다는 의미

晚

- **晚秋**(만추): 늦은 가을 무렵(秋: 가을 추)
- **晚學**(만학): 나이가 들어 뒤늦게 공부함(學: 배울 학)
- **晚時之歎**(만시지탄): 시기에 늦어 기회를 놓쳤음을 안타까워하는 탄식(歎: 탄식할 탄)

[3급 / 11획]

늦을 만	丨 刀 日 日 日' 旳 旳 晚 晚 晚 晚

393. 아침(旦)에 서당에 가서 붓(聿)을 잡고 글공부를 하는 때가 낮이라는 의미

晝

- **晝夜**(주야): 밤낮 쉬지 아니하고 계속함(夜: 밤 야)
- **晝間**(주간): 낮 동안(間: 사이 간)
- **晝耕夜讀**(주경야독): 낮에는 농사짓고 밤에는 글을 읽는다는 뜻으로, 어려운 여건 속에서도 꿋꿋이 공부함을 이르는 말(耕: 밭갈 경, 讀: 읽을 독)   [6급 / 11획]

낮 주	丁 コ ㅋ 聿 聿 書 晝 晝 晝 晝 晝

394. 해(日)가 궁전 위로 높이(京) 떠서 비치는 모습

景

- **景致**(경치): 눈에 보이는 자연과 세상 풍경의 모습(致: 이를 치)
- **夜景**(야경): 밤의 경치(夜: 밤 야)
- **光景**(광경): 눈에 보이는 경치나 장면(光: 빛 광)

[5급 / 12획]

볕/경치 경	丶 冂 曰 日 旦 昰 昺 景 景 景 景 景

395. 날씨가 좋아 해(日)가 푸른(靑) 하늘에 드러난다는 의미

晴

- **晴明**(청명): 하늘이 개어 맑음(明: 밝을 명)
- **快晴**(쾌청): 날씨가 상쾌하고 맑음(快: 즐거울 쾌)
- **晴天**(청천): 맑게 갠 하늘(天: 하늘 천)

[3급 / 12획]

갤 청	丨 刀 日 日 日⁻ 日⁺ 日⁺ 晴 晴 晴 晴 晴

한자 Up 어휘력 Up 성적 Up

396. 햇빛(日)과 같은 열을 끌어당기는(爰) 모습으로 따뜻하다는 의미

- **溫暖**(온난): 날씨가 따뜻함(溫: 따뜻할 온)
- **暖流**(난류): 적도 부근에서 고위도 지역으로 흐르는 따뜻한 해류(流: 흐를 류)
- **暖房**(난방): 실내의 온도를 높여 따뜻하게 하는 일(房: 방 방)

[4급 / 13획]

따뜻할 **난**	丨 丌 月 日 日′ 日″ 日″ 日″ 日″ 暆 暖 暖 暖

* 당길 원(爰)자는 손(爫)으로 어떤 물건(干)을 잡아(又)당기는 모습을 본떠 만든 글자

397. 태양(日)이 사람(者)의 머리 위에 있는 모습으로 덥다는 의미

- **避暑**(피서): 더위를 피해 시원한 곳으로 옮김(避: 피할 피)
- **酷暑**(혹서): 몹시 심한 더위(酷: 심할 혹)
- **處暑**(처서): 이십사절기의 하나. 양력 8월 23일경으로 이 시기부터 더위가 수그러지기 시작한다 함(處: 곳 처)

[3급 / 13획]

더울 **서**	丶 丌 冂 日 日 早 禺 昱 暴 暴 暑 暑 暑

398. 해(日)가 지고 어두워서 소리(音)만 들리는 모습

- **暗黑**(암흑): 어둡고 캄캄함(黑: 검을 흑)
- **明暗**(명암): 밝음과 어둠(明: 밝을 명)
- **暗去來**(암거래): 법을 어기면서 몰래 물품을 사고파는 행위(去: 갈 거, 來: 올 래)

[4급 / 13획]

어두울 **암**	丨 丌 月 日 日` 日干 日立 日音 暗 暗 暗 暗 暗

399. 없어지듯(莫) 해(日)가 넘어가며 날이 저문다는 의미

- **日暮**(일모): 날이 저물 무렵(日: 날 일)
- **歲暮**(세모): 한 해가 끝날 무렵(歲: 해 세)
- **朝三暮四**(조삼모사): 간사한 꾀로 남을 속여 희롱함을 이르는 말(朝: 아침 조)

[3급 / 15획]

저물 **모**	丶 十 艹 艹 芦 苜 苜 苜 莒 莫 莫 莫 墓 暮 暮

* 없을 막(莫)자는 해(日)의 위아래에 풀(艹)이 있는 모습으로 '저물다, 없다'는 의미

400. 해(日)가 나와서(出) 두 손(廾)으로 쌀(米)을 말리는 모습으로, 햇빛이 세서 '사납다'는 의미

- **暴力**(폭력): 남을 거칠고 사납게 제압할 때에 쓰는 물리적인 수단이나 힘(力: 힘 력)
- **暴言**(폭언): 말을 거칠고 심하게 함(言: 말씀 언)
- **暴惡**(포악): 사납고 악함(惡: 악할 악)

[4급 / 15획]

사나울 **폭/포**	丶 丌 冂 日 旦 旦 県 昦 暴 暴 暴 暴 暴 暴

401. 초승달을 본떠 만든 글자

月	• **月光**(월광): 달빛(光: 빛 광) • **月刊**(월간): 한 달에 한 번씩 정해 놓고 책 따위를 발행하는 일(刊: 새길 간) • **月給**(월급): 일을 한 대가로 다달이 받는 정해진 보수(給: 줄 급) [8급 / 4획]
달 **월**	丿 刀 月 月

402. 손(屮)에 고기(月)를 가지고 있다는 의미

有	• **有無**(유무): 있음과 없음(無: 없을 무) • **有名**(유명): 이름이 널리 알려져 있음(名: 이름 명) • **有備無患**(유비무환): 미리 준비가 되어 있으면 걱정할 것이 없음(備: 갖출 비, 無: 없을 무, 患: 근심 환) [7급 / 6획]
있을 **유**	一 ナ 大 冇 有 有

403. 손(又)과 발(卩)을 이용하여 옷을 몸(月)에 걸친다는 의미

服	• **衣服**(의복): 옷(衣: 옷 의) • **韓服**(한복): 예부터 전해 오는 우리나라의 전통적 의복(韓: 나라 한) • **夏服**(하복): 여름철에 입는 옷(夏: 여름 하) [6급 / 8획]
옷 **복**	丿 刀 月 月 刖 朋 服 服

404. 조개(貝)들을 두 줄에 꿰어 놓은 모습으로, 서로 다정스럽게 지내는 벗이나 무리를 의미

朋	• **朋黨**(붕당): 이념과 이해에 따라 이루어진 사람의 집단을 이르던 말(黨: 무리 당) • **朋友有信**(붕우유신): 벗과 벗 사이의 도리는 믿음에 있음(友: 벗 우, 有: 있을 유, 信: 믿을 신) [3급 / 8획]
벗 **붕**	丿 刀 月 月 刖 朋 朋 朋

405. 사람(人)이 언덕(土) 위에 서서 달(月)을 바라보며 떠나간(亡) 임이 돌아오기를 바란다는 의미

望	• **希望**(희망): 어떤 일을 이루거나 얻고자 기대하고 바람(希: 바랄 희) • **展望**(전망): 멀리 바라다보이는 경치. 앞날을 헤아려 내다봄(展: 펼 전) • **仰望**(앙망): 자기의 요구나 희망이 실현되기를 우러러 바람(仰: 우러를 앙) [5급 / 11획]
바랄 **망**	丶 亠 亡 产 虐 望 望 望 望 望 望

406. 달(月)이 차고 지는 것을 보면서 약속한 그(其)날을 기다리고 기약한다는 의미	
期	• **期約**(기약): 때를 정하여 약속함(約: 맺을 약) • **期日**(기일): 정해진 날짜(日: 날 일) • **期限**(기한): 미리 한정하여 놓은 시기(限: 한정할 한) <div align="right">[5급 / 12획]</div>
기약할/ 시기 **기**	一 十 卄 苷 甘 甘 其 其 期 期 期 期

407. 위아래 풀숲 사이(屮)에서 해(日)가 올라오는 때에 아직 달(月)이 있는 모습으로, 이른 아침을 의미	
朝	• **朝食**(조식): 아침밥(食: 밥 식) • **朝刊**(조간): 날마다 아침에 발행하는 신문(刊: 새길 간) • **朝三暮四**(조삼모사): 간사한 꾀로 남을 속여 희롱함을 이르는 말(暮: 저물 모) <div align="right">[6급 / 12획]</div>
아침 **조**	一 十 𠮛 吉 吉 直 直 卓 朝 朝 朝 朝

408. 전갈자리 별 모양을 본떠 만든 글자로, 십이지지 중에서 다섯 번째인 '용'을 의미	
辰	• **壬辰倭亂**(임진왜란): 1592년 임진년(선조25년)에 일본이 침입하여 일으킨 난리(壬: 북방 임, 倭: 왜나라 왜, 亂: 어지러울 란) • **生辰**(생신): 생일을 높여 이르는 말(生: 날 생) <div align="right">[3급 / 7획]</div>
별 **진**/ 때 **신**	一 厂 𠩺 𠩺 辰 辰 辰

409. 별(辰)이 보이는 새벽부터 밭(田)에 나가 농사일을 한다는 의미	
農	• **農事**(농사): 논이나 밭에 씨를 뿌리고 가꾸어 거두는 등의 모든 농작물 재배 과정을 통틀 어 이르는 말(事: 일 사) • **農村**(농촌): 주민의 대부분이 농업에 종사하는 지역이나 마을(村: 마을 촌) • **農繁期**(농번기): 농사일이 매우 바쁜 시기(繁: 번성할 번, 期: 시기 기) [7급 / 13획]
농사 **농**	丶 冂 曲 曲 曲 曲 曲 農 農 農 農 農 農

410. 초저녁에 달이 희미하게 반쯤 보이는 모양을 본떠 만든 글자	
夕	• **夕陽**(석양): 해가 질 무렵의 해(陽: 볕 양) • **夕刊**(석간): 매일 저녁때에 발행되는 신문(刊: 새길 간) • **朝夕**(조석): 아침과 저녁(朝: 아침 조) <div align="right">[7급 / 3획]</div>
저녁 **석**	丿 夂 夕

Ⅱ. 부문별 배정한자

411. 저녁(夕)에 점을 치는(卜) 것은 관례에서 벗어난다고 하여 '밖'을 의미

外

- **內外**(내외): 안과 밖(內: 안 내)
- **外出**(외출): 집이나 근무지 따위에서 벗어나 잠시 밖으로 나감(出: 날 출)
- **外交**(외교): 다른 나라와 정치적·경제적·문화적 관계를 맺는 일(交: 사귈 교)

[8급 / 5획]

| 바깥 외 | 丿 ク タ 列 外 |

412. 어제의 저녁(夕)과 오늘의 저녁(夕)이 거듭되어 날짜가 쌓이는 모습으로 많아진다는 의미

多

- **多讀**(다독): 글이나 책을 많이 읽음(讀: 읽을 독)
- **多福**(다복): 복이 많음(福: 복 복)
- **多多益善**(다다익선): 많으면 많을수록 더욱 좋음(益: 더할 익, 善: 착할 선)

[6급 / 6획]

| 많을 다 | 丿 ク タ 夕 多 多 |

413. 서 있는 사람(大)과 달(月)을 합쳐 놓은 모습으로 달빛이 있는 시간인 밤을 의미

夜

- **晝夜**(주야): 밤낮. 쉬지 아니하고 계속함(晝: 낮 주)
- **夜勤**(야근): 퇴근 시간이 지나 밤늦게까지 직장에서 일을 함(勤: 부지런할 근)
- **夜景**(야경): 밤의 경치(景: 경치 경)

[6급 / 8획]

| 밤 야 | 丶 亠 广 疒 疔 夜 夜 夜 |

414. 땅(一)의 흙에서 새싹(凵)이 올라오는 모양을 본떠 만든 글자

土

- **土地**(토지): 경지나 주거지 등 사람의 생활과 활동에 이용하는 땅(地: 땅 지)
- **土俗**(토속): 어떤 지방에만 특별히 존재하는 독특한 습관이나 풍속(俗: 풍속 속)
- **領土**(영토): 한 나라의 통치권이 미치는 지역(領: 거느릴 령)

[8급 / 3획]

| 흙 토 | 一 十 土 |

415. 모든 사물은 땅(土)을 바탕(才)으로 존재한다는 의미

在

- **存在**(존재): 현실에 실제로 있음(存: 있을 존)
- **內在**(내재): 어떤 사물이나 범위의 안에 들어 있음(內: 안 내)
- **在庫**(재고): 창고 따위에 쌓여 있음(庫: 창고 고)

[6급 / 6획]

| 있을 재 | 一 ナ 才 右 存 在 |

* 재주 재(才)자는 재주, 바탕, 근본, 기본 등 다양한 뜻으로 사용

한자 Up 어휘력 Up 성적 Up

416. 뱀처럼 꾸불꾸불(也)하게 이어진 땅(土)의 모습을 본떠 만든 글자	
地	• **地球**(지구): 우리 인류가 살고 있는 천체(球: 공 구) • **地圖**(지도): 지구 표면의 일부 또는 전체의 상태를 일정한 비율로 줄여서 평면상에 나타낸 그림(圖: 그림 도) • **天地**(천지): 하늘과 땅(天: 하늘 천) <div align="right">[7급 / 6획]</div>
땅 지	- 十 士 圵 圠 地

417. 땅(土)을 평평하게 고른다(勻)는 의미	
均	• **均等**(균등): 고르고 가지런하여 차별이 없음(等: 같을 등) • **均一**(균일): 한결같이 고름 • **平均**(평균): 여러 사물의 각각 다른 질이나 양을 고르게 한 것(平: 평평할 평) <div align="right">[4급 / 7획]</div>
고를 **균**	- 十 士 圠 圴 均 均

* 고를 균(勻)자는 이등분(二)하여 물건을 고르게 싼다(勹)는 의미

418. 땅(土) 위에 두 사람(人人)이 마주 앉아 있는 모습	
坐	• **坐浴**(좌욕): 몸의 허리 아랫부분만을 목욕하는 일(浴: 목욕할 욕) • **坐視**(좌시): 참견하지 아니하고 앉아서 보기만 함. 보고만 있음(視: 볼 시) • **坐不安席**(좌불안석): 앉아도 자리가 편안하지 않다는 뜻으로, 마음이 불안하거나 걱정스러워 안절부절못하는 모양(不: 아니 불, 安: 편안할 안, 席: 자리 석) <div align="right">[3급 / 7획]</div>
앉을 **좌**	ノ ㅅ ㅅ ㅆ ㅆ 坐 坐

419. 넓게 펼쳐져(申) 있는 땅(土)을 의미	
坤	• **乾坤一擲**(건곤일척): 하늘과 땅을 내걸고 단 한 번에 내던진다는 뜻으로, 흥하든지 망하든지 하늘에 자신의 운명을 맡기고 어떤 일을 단행하는 것을 비유(乾: 하늘 건, 擲: 던질 척) <div align="right">[3급 / 8획]</div>
땅 곤	- 十 士 圠 圠 坤 坤 坤

420. 흙(土)을 높게 쌓아 이룬(成) 성을 의미	
城	• **城門**(성문): 성으로 드나드는 문(門: 문 문) • **長城**(장성): 길게 둘러쌓은 성(長: 길 장) • **山城**(산성): 산 위에 쌓은 성(山: 뫼 산) <div align="right">[4급 / 10획]</div>
성 성	- 十 士 圠 圹 圹 坊 城 城 城

421. 단단하게 굳은(臤) 땅(土)을 의미	
堅	• **堅固**(견고): 굳세고 단단함(固: 굳을 고) • **堅實**(견실): 하는 일이나 생각, 태도 등이 믿음직스럽게 굳고 착실함(實: 열매 실) • **堅持**(견지): 어떤 견해나 입장 따위를 굳게 지니거나 지킴(持: 가질 지) [4급 / 11획]
굳을 **견**	ー ㄱ ㅋ ㅋ ㅋ 臣 臤 臤 臤 臤 堅 堅

* 굳을 간(臤)자는 신하(臣)를 단단히 손으로 움켜쥐는(又) 모습으로 굳다는 의미

422. 키(其)로 땅(土)을 골라 빈틈없이 터를 닦는다는 의미	
基	• **基礎**(기초): 사물이나 일 따위의 기본이 되는 토대(礎: 주춧돌 초) • **基本**(기본): 사물이나 현상, 이론, 시설 따위의 기초와 근본(本: 근본 본) • **基準**(기준): 기본이 되는 표준(準: 준할 준) [5급 / 11획]
터 **기**	ー 十 卄 卅 甘 甘 苴 苴 其 其 基 基

423. 흙(土)을 높이(尚) 쌓아 그 위에 지은 큰 집	
堂	• **食堂**(식당): 건물 안에 식사를 할 수 있게 시설을 갖춘 장소(食: 밥 식) • **講堂**(강당): 강의나 의식 따위를 할 때에 쓰는 건물이나 큰 방(講: 익힐 강) • **正正堂堂**(정정당당): 태도나 수단이 공정하고 떳떳함(正: 바를 정) [6급 / 11획]
집 **당**	ᗮ ᗮ 丷 丷 ᨉ ᨉ 尚 尚 堂 堂 堂

424. 꿇어앉아 있는 사람(丸)에게 수갑(幸)을 채우는 모습으로 붙잡는다는 의미	
執	• **執着**(집착): 어떤 것에 늘 마음이 쏠려, 잊지 못하고 매달림(着: 붙을 착) • **執念**(집념): 한 가지 일에 매달려 마음을 쏟음(念: 생각할 념) • **固執**(고집): 자기 의견을 바꾸거나 고치지 않고 굳게 버팀(固: 굳을 고) [3급 / 11획]
잡을 **집**	ー 十 土 坴 坴 坴 坴 幸 幸 幸 執 執

425. 손(又)과 발(卩)에 수갑(幸)을 채워 죄를 갚게 하고 이를 알린다는 의미	
報	• **報恩**(보은): 은혜를 갚음(恩: 은혜 은) • **報答**(보답): 남의 호의나 은혜를 갚음(答: 대답할 답) • **報道**(보도): 대중 전달매체를 통하여 새로운 소식을 알림(道: 길 도) [4급 / 12획]
갚을/알릴 **보**	ー 十 土 坴 坴 坴 坴 幸 幸 軵 報 報 報

426. 햇볕(昜)이 잘 드는 넓은 땅(土)을 의미	
場	• **場所**(장소): 어떤 일이 이루어지거나 일어나는 곳(所: 곳 소) • **廣場**(광장): 많은 사람이 모일 수 있게 거리에 만들어 놓은 넓은 마당(廣: 넓을 광) • **登場**(등장): 무대나 연단 따위에 나옴(登: 오를 등) [7급 / 12획]
마당 장	一 十 土 圹 圹 圬 圬 坭 坭 場 場 場

427. 검은(黑) 진흙(土)으로 만든 '먹'을 의미	
墨	• **墨畫**(묵화): 먹으로 짙고 엷음을 이용하여 그린 그림(畫: 그림 화) • **白墨**(백묵): 분필(白: 흰 백) [3급 / 15획]
먹 묵	丶 冖 冂 冃 罒 甲 甲 里 里 黑 黑 黑 黑 墨 墨

428. 흙(土) 위에 흙을 거듭(曾)하여 쌓는 모습으로 더하다는 의미	
增	• **增加**(증가): 양이나 수가 늘어나거나 많아짐(加: 더할 가) • **增大**(증대): 양이 많아지거나 규모가 커짐(大: 큰 대) • **割增**(할증): 일정한 값에 얼마를 더함(割: 나눌 할) [4급 / 15획]
더할 증	一 十 土 圠 圹 圹 圽 埒 埩 埩 埒 增 增 增

* 거듭 증(曾)자는 음식을 찌는 시루와 시루에서 올라오는 김(八)의 모습을 본떠 만든 글자로, 시루에 떡을 찌는 일은 일찍부터 되풀이되어 온 일이라는 의미

429. 흐르는 물의 모양을 본떠 만든 글자	
水	• **水草**(수초): 물속이나 물가에 자라는 풀(草: 풀 초) • **溫水**(온수): 따뜻하게 데워진 물(溫: 따뜻할 온) • **水魚之交**(수어지교): 물과 물고기의 관계처럼 서로 떨어질 수 없는 매우 친밀한 사이를 비 유적으로 이르는 말(魚: 물고기 어, 交: 사귈 교) [8급 / 4획]
물 수	亅 刁 水 水

430. 물(水)이 얼어붙은(冫) 모습으로 '얼음'을 의미	
氷	• **氷山**(빙산): 남극이나 북극의 바다에 산처럼 떠있는 얼음 덩어리(山: 뫼 산) • **氷水**(빙수): 얼음을 넣어서 차게 한 물(水: 물 수) • **解氷**(해빙): 얼음이 녹아 풀림. 국제간의 긴장이 완화됨(解: 풀 해) [5급 / 5획]
얼음 빙	亅 刁 氵 氺 氷

431. 여러 갈래의 물줄기(水)가 하나로 합쳐져(丶) 길게 흘러간다는 의미

永	• 永遠(영원): 어떤 상태가 끝없이 이어짐. 시간을 초월하여 존재하는 일(遠: 멀 원) • 永久(영구): 어떤 상태가 시간상으로 무한히 이어짐(久: 오랠 구) • 永眠(영면): 영원히 잠든다는 뜻으로, 사람의 죽음을 이르는 말(眠: 잠잘 면) <div align="right">[6급 / 5획]</div>
길 **영**	丶　丿　汀　汀　永

432. 털이 나 있는 옷의 모양을 본떠 만든 글자로, 겨울에 털옷은 누구나 입고 싶어한다는 뜻으로 '탐내다, 구하다'는 의미

求	• 求乞(구걸): 남에게 돈이나 물건, 먹을 것 따위를 거저 달라고 빎(乞: 빌 걸) • 求職(구직): 일자리를 구함(職: 벼슬 직) • 要求(요구): 필요한 것을 달라고 청함(要: 구할 요) <div align="right">[4급 / 7획]</div>
구할 **구**	一　十　才　求　求　求　求

433. 바위 아래에서 흘러나오는 깨끗한(白) 물(水)의 모습으로 샘을 의미

泉	• 溫泉(온천): 지열로 땅속에서 25℃ 이상으로 데워져 솟아 나오는 샘(溫: 따뜻할 온) • 泉水(천수): 샘에서 나오는 물(水: 물 수) • 源泉(원천): 물이 흘러나오는 근원. 사물의 근원(源: 근원 원) <div align="right">[4급 / 9획]</div>
샘 **천**	丿　白　白　白　身　身　身　泉

434. 두 손으로 받들어(廾) 막아내기에는 너무 큰(大) 물(水)이라는 의미

泰	• 泰山(태산): 높고 큰 산. 크고 많음을 비유적으로 이르는 말(山: 뫼 산) • 泰然(태연): 마땅히 머뭇거리거나 두려워할 상황에서 태도나 기색이 아무렇지도 않은 듯이 예사로움(然: 그러할 연) <div align="right">[3급 / 10획]</div>
클 **태**	一　二　三　丰　夫　泰　泰　泰　泰　泰

435. 물(水)이 흘러가며 만들어지는(工) 강의 모습

江	• 江山(강산): 강과 산. 나라의 영토(山: 뫼 산) • 江南(강남): 강의 남쪽 지역. 한강 이남 지역(南: 남녘 남) • 漢江(한강): 서울, 경기 등 중부를 지나 서해로 흐르는 강(漢: 한나라 한) <div align="right">[7급 / 6획]</div>
강 **강**	丶　冫　氵　氵　江　江

436. 중국 여수(汝水)라는 강은 수심이 얕아서 여인들도 목욕할 수 있는 강을 의미하였으나 현재는 이인칭대명사인 '너'를 의미

汝	•**汝等**(여등): 너희들(等: 무리 등) •**汝矣島**(여의도): 서울의 지명(矣: 어조사 의, 島: 섬 도) **[3급 / 6획]**
너 **여**	丶 丶 氵 汉 汝 汝

437. 농사가 잘되도록 물꼬(氵)를 터놓는(夬) 모습으로 '끊다, 결정하다'를 의미

決	•**決定**(결정): 행동이나 태도를 분명하게 정함(定: 정할 정) •**決死**(결사): 죽기를 각오하고 있는 힘을 다할 것을 결심함(死: 죽을 사) •**可決**(가결): 의안을 합당하다고 인정하여 결정함(可: 옳을 가) **[5급 / 7획]**
정할 **결**	丶 丶 氵 汀 江 沪 決

438. 물(氵)이 위에서 아래로 흐르는(去) 것이 자연법칙이라는 의미

法	•**法律**(법률): 국회의 의결을 거쳐 제정되는 성문법의 한 형식으로 헌법의 다음 단계에 놓이는 국법(律: 법 률) •**法度**(법도): 생활상의 예법과 제도. 법률과 제도(度: 정도 도) •**立法**(입법): 법률을 제정함(立: 설 립) **[5급 / 8획]**
법 **법**	丶 丶 氵 氵 汁 注 法 法

439. 나무 열매(由)를 짜내 받은 액체(氵)인 기름을 의미

油	•**油井**(유정): 천연석유를 뽑아 올리기 위해 판 우물(井: 우물 정) •**油價**(유가): 석유의 판매가격(價: 값 가) •**食用油**(식용유): 먹을 수 있거나 음식을 만드는 데 사용하는 기름(食: 먹을 식, 用: 쓸 용) **[6급 / 8획]**
기름 **유**	丶 丶 氵 氵 汩 油 油 油

440. 소리 없이 눈물(氵)이 흘러내리는(立) 모습으로 운다는 의미

泣	•**泣訴**(읍소): 눈물을 흘리며 간절히 하소연함(訴: 하소연할 소) •**感泣**(감읍): 감격하여 눈물을 흘림(感: 느낄 감) •**泣斬馬謖**(읍참마속): 눈물을 머금고 마속의 목을 벤다는 뜻으로, 사랑하는 신하를 법대로 처단하여 질서를 바로잡음을 이르는 말(斬: 벨 참, 馬: 말 마, 謖: 일어날 속) **[3급 / 8획]**
울 **읍**	丶 丶 氵 氵 氵 汁 泣 泣

441. 물(氵)이 일정 기간 머물(主) 수 있도록 계속 물을 댄다는 의미

注	• **注目**(주목): 관심을 가지고 주의 깊게 살핌(目: 눈 목) • **注入**(주입): 흘러 들어가도록 부어 넣음(入: 들 입) • **注射**(주사): 액으로 된 약을 주사기에 넣어 생물체의 조직이나 혈관 속에 직접 주입하는 일(射: 쏠 사) **[6급 / 8획]**
물댈 **주**	丶 丶 氵 汋 汸 汁 注 注

442. 물(氵)을 잘 다스려서 홍수를 막으면 마음이 기쁘다(台)는 의미

治	• **治國**(치국): 나라를 다스림(國: 나라 국) • **治安**(치안): 국가 사회의 안녕과 질서를 유지하고 보전함(安: 편안할 안) • **治療**(치료): 병이나 상처를 잘 다스려 낫게 함(療: 고칠 료) **[4급 / 8획]**
다스릴 **치**	丶 丶 氵 汋 汸 治 治 治

* 기쁠 이(台)자는 사사로운(厶) 말(口)에도 기뻐하는 모습을 본떠 만든 글자

443. 물(氵)의 움직임으로 인하여 그 표면(皮)에 생기는 물결을 의미

波	• **波濤**(파도): 바다에 이는 물결(濤: 물결 도) • **波動**(파동): 사회적으로 어떤 현상이 퍼져 커다란 영향을 미침(動: 움직일 동) • **波及**(파급): 어떤 일의 여파나 영향이 차차 다른 데로 미침(及: 미칠 급) **[4급 / 8획]**
물결 **파**	丶 丶 氵 汋 汸 沪 波 波

444. 강물(氵)이 구불구불(丁) 바다로 흘러 들어가는 어귀(口)인 하구를 의미

河	• **河川**(하천): 강과 시내를 아울러 이르는 말(川: 내 천) • **渡河**(도하): 강이나 내를 건넘(渡: 건널 도) • **氷河**(빙하): 오랫동안 쌓인 눈이 얼음덩어리로 변하여 그 자체의 무게로 압력을 받아 이동하는 현상(氷: 얼음 빙) **[5급 / 8획]**
물 **하**	丶 丶 氵 汋 汸 河 河 河

445. 물(氵)이 있는 곳에 같이(同) 모여 사는 마을을 의미

洞	• **洞里**(동리): 지방 행정구역인 동과 리를 아울러 이르는 말(里: 마을 리) • **洞口**(동구): 동네 어귀(口: 입 구) • **洞察**(통찰): 예리한 관찰력으로 사물을 꿰뚫어 봄(察: 살필 찰) **[7급 / 9획]**
마을 **동** / 밝을 **통**	丶 丶 氵 汋 汋 洞 洞 洞 洞

446. 길을 걷다 시냇물(氵)을 보면 마시기 전에 먼저(先) 손부터 씻는다는 의미	
洗	• 洗手(세수): 손이나 얼굴을 씻음(手: 손 수) • 洗面(세면): 얼굴을 씻음(面: 낯 면) • 洗濯(세탁): 때 묻은 옷이나 가죽 따위를 물이나 약품 따위에 빠는 일(濯: 씻을 탁) [5급 / 9획]
씻을 세	` ` 氵 氵 氵 汃 洸 洗 洗

447. 많은 양 떼(羊)가 몰려 있듯이 가득 차 있는 물(氵)인 큰 바다를 의미	
洋	• 五大洋(오대양): 지구에 있는 다섯 개의 큰 바다(大: 큰 대) • 西洋(서양): 동양에 대하여 유럽과 아메리카의 여러 나라를 이르는 말(西: 서녘 서) • 洋服(양복): 서양식의 의복(服: 옷 복) [6급 / 9획]
큰바다 양	` ` 氵 氵 氵 浐 浐 渁 洋

448. 물(氵)기가 혀(舌)에 있어야 살아서 움직인다는 의미	
活	• 活氣(활기): 활동력이 있거나 활발한 기운(氣: 기운 기) • 活動(활동): 몸을 움직여 행동함(動: 움직일 동) • 生活(생활): 사람이나 동물이 일정한 환경에서 활동하며 살아감(生: 날 생) [7급 / 9획]
살 활	` ` 氵 氵 氵 汗 汗 活 活

449. 물(氵)이 보기 좋게(良) 출렁이는 모습으로 '물결'을 의미	
浪	• 浪費(낭비): 시간이나 재물 따위를 헛되이 헤프게 씀(費: 쓸 비) • 浪說(낭설): 터무니없는 헛소문(說: 말씀 설) • 波浪(파랑): 잔물결과 큰 물결(波: 물결 파) [3급 / 10획]
물결 랑	` ` 氵 氵 氵 浐 浐 浪 浪 浪

450. 아이(太)가 나올 때 양수가 흘러나오는(川) 모습으로, 흐른다는 의미를 확실히 하기 위해 물 수(氵) 자를 추가	
流	• 流行(유행): 특정한 행동 양식이나 사상 따위가 사회 구성원들에게 일시적으로 널리 퍼짐(行: 다닐 행) • 急流(급류): 물이 빠른 속도로 흐름(急: 급할 급) • 逆流(역류): 물이 거슬러 흐름(逆: 거스를 역) [5급 / 10획]
흐를 류	` ` 氵 氵 浐 浐 浐 流 流 流

---

451. 물속(氵)에 있는 아이(子)를 손(爫)으로 잡아 둥둥 떠 있는 모습

浮

- **浮力**(부력): 물이나 공기 중에 있는 물체를 위로 떠오르게 하는 힘(力: 힘 력)
- **浮上**(부상): 물 위로 떠오름(上: 윗 상)
- **浮浪**(부랑): 일정하게 사는 곳과 하는 일 없이 이리저리 떠돌아다님(浪: 물결 랑)

[3급 / 10획]

뜰 부	丶 丶 氵 氵 氵 氵 泸 浮 浮 浮

---

452. 물(氵)이 계속 줄어들어(肖) 사라진다는 의미

消

- **消火**(소화): 불을 끔(火: 불 화)
- **消費**(소비): 돈이나 물자, 시간, 노력 등을 써서 없앰(費: 쓸 비)
- **消失**(소실): 사라져 없어짐(失: 잃을 실)

[6급 / 10획]

사라질 소	丶 丶 氵 氵 氵 氵 汁 消 消 消

* 작을 초(肖)자는 살(月)이 말라서 작아진다(小)는 의미

---

453. 골짜기(谷)에서 흐르는 깨끗한 물(氵)로 목욕한다는 의미

浴

- **沐浴**(목욕): 머리를 감으며 온몸을 씻는 일(沐: 머리감을 목)
- **坐浴**(좌욕): 몸의 허리 아랫부분만을 목욕하는 일(坐: 앉을 좌)
- **浴槽**(욕조): 목욕을 할 수 있도록 물을 담는 용기(槽: 통 조)

[5급 / 10획]

목욕할 욕	丶 丶 氵 氵 氵 汄 浴 浴 浴 浴

---

454. 매일(每) 물(氵)을 받아들이는 바다를 의미

海

- **海水**(해수): 바닷물(水: 물 수)
- **海洋**(해양): 넓고 큰 바다(洋: 큰바다 양)
- **東海**(동해): 동쪽에 있는 바다(東: 동녘 동)

[7급 / 10획]

바다 해	丶 丶 氵 氵 氵 汇 海 海 海 海

---

455. 콩(叔)은 깨끗한 물(氵)에서 싹튼다는 의미

淑

- **淑女**(숙녀): 교양과 예의와 품격을 갖춘 점잖은 여자(女: 계집 녀)
- **貞淑**(정숙): 여자의 행실이 곧고 마음씨가 맑고 고움(貞: 곧을 정)
- **私淑**(사숙): 직접 가르침을 받지는 않았으나 그 사람의 행적이나 사상 따위를 마음속으로 본받아서 도나 학문을 닦음(私: 개인 사)

[3급 / 11획]

맑을 숙	丶 丶 氵 氵 氵 浐 洴 渊 潹 潹 淑

한자 Up 어휘력 Up 성적 Up

456. 물(氵)이 나무(木) 위에 오른 사람(儿)까지도 덮칠(冖) 정도로 깊다는 의미

深

- **深海**(심해): 깊은 바다(海: 바다 해)
- **深度**(심도): 깊은 정도(度: 정도 도)
- **水深**(수심): 강이나 바다, 호수 따위의 물의 깊이(水: 물 수)

[4급 / 11획]

| 깊을 심 | ` | ` | 氵 | 氵 | 氵 | 氵 | 泙 | 泙 | 浑 | 深 | 深 |

---

457. 물(氵)은 자정능력이 있어 경쟁(爭)하듯 흘러가며 깨끗해진다는 의미

淨

- **淨水**(정수): 물을 깨끗하고 맑게 함(水: 수)
- **淨化**(정화): 불순하거나 더러운 것을 깨끗하게 함(化: 될 화)
- **清淨**(청정): 맑고 깨끗함(清: 맑을 청)

[3급 / 11획]

| 깨끗할 정 | ` | ` | 氵 | 氵 | 氵 | 氵 | 氵 | 淨 | 淨 | 淨 | 淨 |

---

458. 물(氵)속에 창들(戔)이 보일 정도로 얕다는 의미

淺

- **淺薄**(천박): 학문이나 생각 따위가 얕거나, 말이나 행동 따위가 상스러움(薄: 엷을 박)
- **淺學**(천학): 학식이 얕음(學: 배울 학)
- **深淺**(심천): 깊음과 얕음(深: 깊을 심)

[3급 / 11획]

| 얕을 천 | ` | ` | 氵 | 氵 | 沋 | 浅 | 浅 | 淺 | 淺 | 淺 | 淺 |

---

459. 물(氵)이 푸를(靑) 정도로 맑다는 의미

清

- **清明**(청명): 맑고 밝음(明: 밝을 명)
- **清風**(청풍): 부드럽고 맑은 바람(風: 바람 풍)
- **清掃**(청소): 더럽거나 어지러운 것을 쓸고 닦아서 깨끗하게 함(掃: 쓸 소)

[6급 / 11획]

| 맑을 청 | ` | ` | 氵 | 氵 | 汁 | 汁 | 淸 | 淸 | 淸 | 淸 | 淸 |

---

460. 맑거나 흐린 물(氵)이 모두 같은(昆) 곳으로 흘러들어 섞인다는 의미

混

- **混雜**(혼잡): 여럿이 한데 뒤섞이어 어수선함(雜: 섞일 잡)
- **混亂**(혼란): 뒤죽박죽이 되어 어지럽고 질서가 없음(亂: 어지러울 란)
- **混合**(혼합): 뒤섞어서 한데 합함(合: 합할 합)

[4급 / 11획]

| 섞일 혼 | ` | ` | 氵 | 氵 | 沔 | 沔 | 沔 | 沔 | 混 | 混 | 混 |

* 같을 곤(昆)자는 햇빛(日)이 만물을 골고루 비례(比)하여 비춘다는 의미

461. 햇(日)볕에 싸여(勹) 있는 사람(人)이 숨어서(匸) 물(氵)을 마시고 싶어하는 모습

渴	• **渴症**(갈증): 목이 말라 물을 마시고 싶은 느낌(症: 증세 증) • **渴望**(갈망): 간절하고 애타게 바람(望: 바랄 망) • **枯渴**(고갈): 어떤 일의 바탕이 되는 돈이나 물자, 인력 등이 다하여 없어짐(枯: 마를 고) <div align="right">[3급 / 12획]</div>
목마를 **갈**	` 丶 冫 氵 汀 沪 渇 渇 渇 渇 渴 渴

462. 물(氵)이 조금씩 줄어 다(咸) 없어지는 모습으로 '덜다, 줄다'는 의미

減	• **減少**(감소): 줄어서 적어짐(少: 적을 소) • **減速**(감속): 속도를 줄임(速: 빠를 속) • **增減**(증감): 많아지거나 적어짐(增: 더할 증) <div align="right">[4급 / 12획]</div>
덜 **감**	` 丶 冫 氵 沂 沂 沂 沢 沢 減 減 減

* 다 함(咸)자는 소리치고(口) 도끼(戌)로 모두 때려 부수는 모습으로 '모두, 다'를 의미

463. 물(氵)이 오랜(古) 세월(月) 동안 고여 있는 모습으로 '호수'를 의미

湖	• **湖水**(호수): 땅이 우묵하게 들어가 물이 괴어 있는 곳(水: 물 수) • **湖畔**(호반): 호숫가(畔: 밭두렁 반) • **江湖**(강호): 강과 호수(江: 강 강) <div align="right">[5급 / 12획]</div>
호수 **호**	` 丶 冫 汁 汁 汁 沽 沽 沽 湖 湖 湖

464. 골짜기로 이어지는(系) 물(氵)로 '시내'를 의미

溪	• **溪谷**(계곡): 물이 흐르는 골짜기(谷: 골 곡) • **碧溪水**(벽계수): 물빛이 맑아 푸르게 보이는 시냇물(碧: 푸를 벽, 水: 물 수) <div align="right">[3급 / 13획]</div>
시내 **계**	` 丶 冫 氵 浐 浐 浐 浐 淫 淫 淫 溪 溪

465. 큰 욕조(皿)에서 사람(人)이 더운 물(氵)을 덮어쓰며(口) 목욕하는 모습으로 따뜻하다는 의미

溫	• **溫暖**(온난): 날씨가 따뜻함(暖: 따뜻할 난) • **溫水**(온수): 따뜻하게 데워진 물(水: 물 수) • **溫度**(온도): 따뜻함과 차가움의 정도(度: 정도 도) <div align="right">[6급 / 13획]</div>
따뜻할 **온**	` 丶 冫 氵 沪 沪 沪 泗 泗 泗 溫 溫 溫 溫

466. 이십(卄) 두(兩)의 물(氵)을 부어서 가득차다는 의미

滿

- **滿足**(만족): 모자람이 없이 충분하고 넉넉함(足: 발 족)
- **滿了**(만료): 기한이 다 차서 끝남(了: 마칠 료)
- **充滿**(충만): 가득 참(充: 채울 충)

[4급 / 14획]

찰 만	丶 丶 氵 汁 氵 汁 汁 汁 浩 満 満 滿 滿 滿

467. 물(氵)속에 있는 물고기(魚)를 잡는다는 의미

漁

- **漁夫**(어부): 물고기 잡는 일을 업으로 하는 사람(夫: 지아비 부)
- **漁村**(어촌): 어민들이 모여 사는 바닷가 마을(村: 마을 촌)
- **豊漁**(풍어): 물고기가 많이 잡힘(豊: 풍성할 풍)

[5급 / 14획]

고기 잡을 어	丶 丶 氵 氵 氵 氵 沟 渔 渔 渔 渔 漁 漁 漁

468. 진흙(堇)이 많은 양자강(氵) 상류인 한수(漢水)에 세워졌던 '한나라'를 의미

漢

- **漢字**(한자): 중국에서 만들어져서 사용되는 표의문자(字: 글자 자)
- **漢陽**(한양): 서울의 옛 이름(陽: 볕 양)
- **漢江**(한강): 서울, 경기 등 중부를 지나 서해로 흐르는 강(江: 강 강)

[7급 / 14획]

한나라 **한**	丶 丶 氵 汁 汁 汁 汁 汁 澊 潼 潼 潼 漢 漢

469. 물 수(氵)자와 헤아릴 혈(絜)자를 합친 글자로, 물로 깨끗하게 씻는다는 의미

潔

- **潔白**(결백): 행동이나 마음씨가 깨끗하여 아무 허물이 없음(白: 흰 백)
- **純潔**(순결): 잡된 것이 섞이지 아니하고 깨끗함(純: 순수할 순)
- **淸潔**(청결): 맑고 깨끗함(淸: 맑을 청)

[4급 / 15획]

깨끗할 **결**	丶 丶 氵 氵 氵 氵 浐 浐 渎 潏 潔 潔 潔 潔 潔

* 헤아릴 혈(絜)자는 깔끔하게 새길(韧) 수 있는 칼로 삼실(糸)을 정리해 놓은 모습으로 '헤아리다, 깨끗하다'를 의미

470. 맨 마지막에 오는(夂) 계절로써 얼음이 어는(冫) 겨울을 의미

冬

- **冬服**(동복): 겨울철에 입는 옷(服: 옷 복)
- **冬季**(동계): 겨울의 시기(季: 계절 계)
- **冬眠**(동면): 겨울이 되면 동물이 활동을 중단하고 땅속이나 물속에서 겨울을 보내는 일(眠: 잠잘 면)

[7급 / 5획]

겨울 동	丿 夂 夂 冬 冬

471. 명령(令)은 얼음(冫)처럼 차가워야 한다는 의미	
	• 冷凍(냉동): 음식물 따위를 신선하게 보관하기 위하여 얼림(凍: 얼 동) • 冷氣(냉기): 차가운 기운(氣: 기운 기) • 冷靜(냉정): 생각이나 행동이 감정에 좌우되지 않고 침착함(靜: 고요할 정) <div align="right">[5급 / 7획]</div>
찰 랭	` ⼎ 冫 冫 冸 冸 冷 冷

472. 얼음(冫)이 있는 높은(京) 지역은 서늘하다는 의미	
	• 凄涼(처량): 마음이 구슬퍼질 정도로 외롭거나 쓸쓸함(凄: 쓸쓸할 처) • 納涼(납량): 여름철에 더위를 피하여 서늘한 기운을 느낌(納: 들일 납) • 淸涼(청량): 맑고 서늘함(淸: 맑을 청) <div align="right">[3급 / 10획]</div>
서늘할 량	` 冫 冫 广 广 沪 沪 涼 涼 涼

473. 구름에서 빗방울이 뚝뚝 떨어지는 모습을 본떠 만든 글자	
	• 雨衣(우의): 비가 올 때 덧입어서 비에 젖지 않게 하는 옷(衣: 옷 의) • 雨期(우기): 일 년 중 비가 많이 오는 시기(期: 시기 기) • 降雨量(강우량): 일정 기간 동안 일정한 곳에 내린 비의 분량(降: 내릴 강, 量: 헤아릴 량) <div align="right">[5급 / 8획]</div>
비 우	一 厂 厅 币 币 雨 雨 雨

474. 하늘에서 얼어 내리는 눈을 빗자루(彗)로 쓰는 모습	
	• 雪景(설경): 눈이 내리거나 눈이 쌓인 경치(景: 경치 경) • 積雪量(적설량): 땅위에 쌓여 있는 눈의 양(積: 쌓을 적, 量: 헤아릴 량) • 雪辱(설욕): 부끄러움을 씻음(辱: 더럽힐 욕) <div align="right">[6급 / 11획]</div>
눈/씻을 설	一 厂 厅 币 币 币 雪 雪 雪 雪 雪

* 빗자루 혜(彗)자는 우거진 풀(丰)을 손(크)으로 움켜잡고 있는 모습(彗星: 혜성)

475. 구름(云)의 형상을 본떠 만든 글자이나 云자가 '말하다'는 뜻으로 사용되자, 구름이란 의미를 확실히 하기 위하여 윗부분에 비 우(雨)자를 추가	
	• 雲集(운집): 많은 사람들이 모여듦을 비유적으로 이르는 말(集: 모일 집) • 雲海(운해): 산꼭대기나 비행기 등에서 내려다본 바다처럼 널리 깔린 구름(海: 바다 해) • 靑雲(청운): 푸른 빛깔의 구름. 높은 지위나 벼슬을 비유적으로 이르는 말(靑: 푸를 청) <div align="right">[5급 / 12획]</div>
구름 운	一 厂 厅 币 币 币 雪 雪 雪 雲 雲 雲

* 이를 운(云)자는 구름이 회전하는 형상을 본떠 만든 글자로, 말할 때 나오는 입김과 모습이 비슷해서 '말하다'는 의미로 사용됨

한자 Up 어휘력 Up 성적 Up

476. 비(雨)가 내릴 때 번개가 번쩍(申)하는 모습	
電	• **電燈**(전등): 전기의 힘으로 밝은 빛을 내는 등(燈: 등 등) • **充電**(충전): 축전지에 전기에너지를 축전하는 일(充: 채울 충) • **電光石火**(전광석화): 번갯불이나 부싯돌의 불과 같이 매우 짧은 시간이나 매우 재빠른 동작을 비유적으로 이르는 말(光: 빛 광, 石: 돌 석, 火: 불 화) [7급 / 13획]
번개 **전**	一 亅 宀 ⺬ 千 千 千 雨 雨 雷 雷 雷 電

477. 물방울(雨)이 서로(相) 얼어붙은 모습으로 '서리'를 의미	
霜	• **秋霜**(추상): 명령 따위가 기세등등하고 엄함을 비유적으로 이르는 말(秋: 가을 추) • **雪上加霜**(설상가상): 눈 위에 서리까지 더한다는 뜻으로, 어려운 일이나 불행이 겹쳐서 일어남을 비유(雪: 눈 설, 上: 윗 상, 加: 더할 가) [3급 / 17획]
서리 **상**	一 亅 宀 ⺬ 千 千 千 雨 雨 雩 霜 霜 霜 霜 霜 霜

478. 길(路)에 빗방울(雨)처럼 이슬이 어려 드러나는 모습	
露	• **寒露**(한로): 일 년 중 찬 이슬이 내리기 시작한다는 날로 이십사절기의 하나(寒: 찰 한) • **露出**(노출): 겉으로 드러내거나 드러남(出: 날 출) • **暴露**(폭로): 알려지지 않았거나 감춰져 있던 사실을 드러냄(暴: 사나울 폭) [3급 / 21획]
이슬/드러낼 **로**	一 亅 宀 ⺬ 千 千 千 雨 雨 雩 雪 雪 露 露 露 露 露 露 露

479. 활활 타오르는 불꽃을 본떠 만든 글자	
火	• **火災**(화재): 불로 인한 재난(災: 재앙 재) • **發火**(발화): 불이 일어나거나 타기 시작함(發: 필 발) • **消火**(소화): 불을 끔(消: 사라질 소) [8급 / 4획]
불 **화**	丶 ⺊ 少 火

480. 불꽃이 활활 타오르는 모습	
炎	• **暴炎**(폭염): 매우 심한 더위(暴: 사나울 폭) • **炎症**(염증): 세균 감염 등으로 몸의 어느 부분이 붉게 붓거나 아프거나 열이 나는 증세(症: 증세 증) • **鼻炎**(비염): 콧속 점막의 염증(鼻: 코 비) [3급 / 8획]
불꽃 **염**	丶 ⺊ 少 火 ⺦ 炏 炎 炎

481. 흙(土)을 발라 덮어(襾) 만든 아궁이에 불(火)을 피워 연기가 나는 모습

煙

- **煙氣**(연기): 무엇이 불에 탈 때에 생겨나는 흐릿한 기체나 기운(氣: 기운 기)
- **禁煙**(금연): 담배를 피우지 못하게 함(禁: 금할 금)
- **煙幕**(연막): 어떤 일을 숨기기 위하여 말이나 행동을 교묘하게 돌려서 하는 일을 비유적으로 이르는 말(幕: 장막 막)

[4급 / 13획]

| 연기 연 | 丶 | 丶 | ナ | 火 | 灯 | 灯 | 炉 | 炉 | 炳 | 烟 | 煙 | 煙 | 煙 |

482. 불(火)을 켜서 높은 곳에 올려(登) 놓아 비추게 하는 '등'을 의미

燈

- **電燈**(전등): 전기의 힘으로 밝은 빛을 내는 등(電: 번개 전)
- **消燈**(소등): 등불을 끔(消: 사라질 소)
- **街路燈**(가로등): 밤거리를 밝히기 위해서 설치한 조명 시설(街:거리 가, 路: 길 로)

[4급 / 16획]

| 등 등 | 丶 | 丶 | ナ | 火 | 火 | 火 | 火 | 火 | 炒 | 焓 | 烧 | 燈 | 燈 | 燈 | 燈 | 燈 |

483. 불(灬)길이 여러 갈래로 퍼져나가(列) 맹렬하다는 의미

烈

- **猛烈**(맹렬): 기세가 몹시 사납고 세참(猛: 사나울 맹)
- **強烈**(강렬): 강하고 세참(強: 강할 강)
- **熾烈**(치열): 기세나 세력 등이 불길같이 맹렬함(熾: 불땔 치)

[4급 / 10획]

| 매울 렬 | 一 | 丆 | 歹 | 歹 | 列 | 列 | 列 | 烈 | 烈 | 烈 |

484. 까마귀는 몸과 눈을 구별하기 어려운 새(鳥)라서 눈의 표시(一)를 지운 모습

烏

- **烏合之卒**(오합지졸): 까마귀가 모인 것처럼 무질서한 병졸(合: 합할 합, 卒: 군사 졸)
- **烏飛梨落**(오비이락): 까마귀 날자 배 떨어진다는 뜻으로, 아무 관계도 없이 한 일이 공교롭게도 때가 같아 억울하게 의심을 받거나 난처한 위치에 서게 됨을 이르는 말(飛: 날 비, 梨: 배 리, 落: 떨어질 락)

[3급 / 10획]

| 까마귀 오 | 丿 | 亻 | 丆 | 户 | 乌 | 烏 | 烏 | 烏 | 烏 | 烏 |

485. 무성한 수풀(無)이 불(灬)에 타서 사라진 모습

無

- **無線**(무선): 통신이나 방송을 전선 없이 전파로 함(線: 줄 선)
- **無能**(무능): 어떤 일을 해결하는 능력이 없음(能: 능할 능)
- **無料**(무료): 요금이 없음(料: 헤아릴 료)

[5급 / 12획]

| 없을 무 | 丿 | 丿 | 亡 | 仁 | 仨 | 缶 | 無 | 無 | 無 | 無 | 無 | 無 |

486. 개(犬) 고기(月)를 불(灬)에 구워먹는 것은 당연하다는 의미	
然	• **自然**(자연): 사람의 힘을 더하지 않은 저절로 된 그대로의 현상(自: 스스로 자) • **當然**(당연): 일의 앞뒤 사정을 놓고 볼 때 마땅히 그러함(當: 마땅 당) • **天然**(천연): 사람의 힘을 가하지 않은 상태(天: 하늘 천) **[7급 / 12획]**
그러할 **연**	丿 ク 夕 夕 夕一 夘 夘 外 然 然 然 然

487. 불씨(灬)를 심어(埶) 놓은 듯 덥고 뜨거운 모습	
熱	• **熱氣**(열기): 뜨거운 기운(氣: 기운 기) • **熱情**(열정): 어떤 일에 열렬한 애정을 가지고 열중하는 마음(情: 뜻 정) • **以熱治熱**(이열치열): 열로써 열을 다스림(以: 써 이, 治: 다스릴 치) **[5급 / 15획]**
더울 **열**	一 十 土 𡗗 去 坴 坴 坴 坴 埶 埶 埶 熱 熱 熱

* 심을 예(埶)자는 두 손을 내밀고 꿇어 앉아 있는 사람(丸)이 땅(土) 위에 나무(木)를 심는 모습으로, 나무를 잘 심고 가꾸는 사람이 재주가 있어서 재주라는 의미로도 사용

488. 사람(大→土)이 불(火)을 쬐고 있는 모습으로, 얼굴이 붉다는 의미	
赤	• **赤色**(적색): 붉은 빛깔(色: 빛 색) • **赤信號**(적신호): 어떤 일이나 몸 따위의 상태가 위험함을 알리는 징후나 조짐을 비유적으로 이르는 말(信: 믿을 신, 號: 부르짖을 호) **[5급 / 7획]**
붉을 **적**	一 十 土 𡗗 𣍝 赤 赤

489. 나무틀 모양(井)의 광산에서 불똥(丶) 같은 붉은 광석을 캐는 모습	
丹	• **丹楓**(단풍): 늦가을에 식물의 잎이 붉은빛이나 누런빛으로 변하는 현상(楓: 단풍 풍) • **丹粧**(단장): 얼굴, 머리, 옷차림 따위를 곱게 꾸밈(粧: 화장할 장) • **丹心**(단심): 속에서 우러나오는 정성스러운 마음(心: 마음 심) **[3급 / 4획]**
붉을 **단**	丿 冂 月 丹

490. 등잔(王) 위에서 불이 타고 있는(丶) 모양을 본떠 만든 글자로, 집의 불씨를 관리하는 사람이 주인이라는 의미	
主	• **主人**(주인): 집안이나 단체 따위를 책임감을 가지고 이끄는 사람. 물건의 임자(人: 사람 인) • **主客**(주객): 주인과 손님(客: 손 객) • **主語**(주어): 술어가 나타내는 동작이나 상태의 주체가 되는 문장 성분(語: 말씀 어) **[7급 / 5획]**
주인 **주**	丶 亠 十 丰 主

2-②. 山(뫼 산), 川/巛(내 천), 谷(골 곡), 厂(언덕 엄), 阜/阝(언덕 부), 邑/阝(고을 읍), 里(마을 리), 囗(에울 위), 石(돌 석), 金(쇠 금), 玉(구슬 옥)

---

491. 산의 모양을 본떠 만든 글자

山

- **山林**(산림): 산과 숲 또는 산에 있는 숲(林: 수풀 림)
- **山脈**(산맥): 큰 산들이 한 방향으로 길게 뻗쳐 있는 줄기(脈: 줄기 맥)
- **山川草木**(산천초목): 자연을 이르는 말(川: 내 천, 草: 풀 초, 木: 나무 목)

[8급 / 3획]

뫼 산	丨 山 山

---

492. 새(鳥)가 날아서 갈 수 있는 바다 위의 산(山)인 섬을 의미

島

- **獨島**(독도): 경상북도 울릉군에 속하는 화산섬(獨: 홀로 독)
- **半島**(반도): 삼면이 바다로 둘러싸이고 한 면은 육지에 이어진 땅(半: 절반 반)
- **列島**(열도): 길게 줄을 지은 모양으로 늘어서 있는 여러 개의 섬(列: 벌일 렬)

[5급 / 10획]

섬 도	′ ⺊ ⼾ ⼾ 自 自 鳥 鳥 島 島

---

493. 산(山)이 크고 높다(宗)는 의미

崇

- **崇尙**(숭상): 높여 소중히 여김(尙: 높일 상)
- **崇拜**(숭배): 우러러 공경함(拜: 절 배)
- **崇高**(숭고): 뜻이 높고 고상함(高: 높을 고)

[4급 / 11획]

높을 숭	′ ⼭ ⼭ 屮 屵 崇 崇 崇 崇 崇 崇

* 높을 종(宗)자는 제사(示)를 지내는 집(宀)으로 종묘(宗廟)를 의미하며, 종묘는 매우 높이 모셔서 높다는 의미가 생겨남

---

494. 산(山) 위에서 굳세게(嚴) 버티고 있는 거대한 돌을 의미

巖

- **巖石**(암석): 지각을 구성하는 천연 광물로, 부피가 매우 큰 돌(石: 돌 석)
- **巖壁**(암벽): 깎아지른 듯 높이 솟은 벽 모양의 바위(壁: 벽 벽)
- **巖穴**(암혈): 바위에 뚫린 굴(穴: 구멍 혈)

[3급 / 23획]

바위 암	′ ⼭ ⼭ 巖 … 巖

---

495. 굽이굽이 흐르는 냇물을 본떠 만든 글자

川

- **川邊**(천변): 냇물의 가장자리(邊: 가 변)
- **河川**(하천): 강과 시내를 아울러 이르는 말(河: 물 하)
- **晝夜長川**(주야장천): 밤낮으로 쉬지 않고 계속하여(晝: 낮 주, 夜: 밤 야, 長: 길 장)

[7급 / 3획]

내 천	丿 川 川

496. 물이 좌우로 흐르는 골짜기의 모양을 본떠 만든 글자	
谷	• **深谷**(심곡): 깊은 골짜기(深: 깊을 심) • **溪谷**(계곡): 물이 흐르는 골짜기(溪: 시내 계) [3급 / 7획]
골 **곡**	ノ ハ 父 父 谷 谷 谷

497. 언덕(厂)이 흙과 돌 등으로 두텁게(旱) 쌓여 있는 모습	
厚	• **厚德**(후덕): 어질고 덕이 많음(德: 덕 덕) • **重厚**(중후): 태도 따위가 정중하고 무게가 있음(重: 무거울 중) • **濃厚**(농후): 어떤 경향이나 기색 따위가 뚜렷함(濃: 짙을 농) [4급 / 9획]
두터울 **후**	一 厂 厂 厂 厚 厚 厚 厚 厚

* 두터울 후(旱)자는 큰 수건(曰)으로 아이(子)를 두텁게 감싸는 모습

498. 언덕(厂) 밑에 있는 샘(泉)이 물줄기의 근원이라는 의미	
原	• **原因**(원인): 어떤 사물이나 상태를 변화시키거나, 일으키게 하는 근본이 된 일이나 사건(因: 인할 인) • **原油**(원유): 땅속에서 뽑아낸, 정제하지 아니한 그대로의 기름(油: 기름 유) • **原文**(원문): 베끼거나 번역한 글에 대하여 바탕이 된 본래의 글(文: 글월 문) [5급 / 10획]
근원 **원**	一 厂 厂 厂 厂 原 原 原 原 原

499. 물이 넘치는 쪽(方)에 언덕(阝)을 높이 만들어서 홍수를 막는다는 의미	
防	• **防水**(방수): 물이 스며들거나 새거나 넘쳐흐르는 것을 막음(水: 물 수) • **防止**(방지): 어떤 일이나 현상이 일어나지 못하게 막음(止: 그칠 지) • **攻防**(공방): 서로 공격하고 방어함(攻: 칠 공) [4급 / 7획]
막을 **방**	` ß ß ß` ß⁻ 防 防

500. 험한 산언덕(阝)이 길을 막아 걸음을 멈추는(艮) 모습으로 '한계, 한정'을 의미	
限	• **限定**(한정): 수량이나 범위 따위를 제한하여 정함(定: 정할 정) • **限界**(한계): 사물이나 능력, 책임 따위가 실제 작용할 수 있는 범위(界: 경계 계) • **期限**(기한): 미리 한정하여 놓은 시기(期: 시기 기) [4급 / 9획]
한정할 **한**	` ß ß ßⁿ ßⁿ ßⁿ 阳 限 限

---

501. 언덕(阝) 위에서 걸어서 내려오는(夅) 모습으로, 적이 내려와 항복한다는 의미로도 사용

降

- **降雨量**(강우량): 일정 기간 동안 일정한 곳에 내린 비의 분량(雨: 비 우, 量: 헤아릴 량)
- **下降**(하강): 높은 곳에서 아래로 향하여 내려옴(下: 아래 하)
- **降伏**(항복): 싸움에 져서 굴복함(伏: 엎드릴 복)

[4급 / 9획]

내릴 **강** /
항복할 **항**

丆 丮 阝 阝' 阝夂 阝夂 陉 陉 降

---

502. 언덕(阝)에 남아(余)있는 적들을 제거한다는 의미

除

- **除去**(제거): 어떤 사물이나 현상 따위를 없어지게 함(去: 갈 거)
- **削除**(삭제): 깎아 없애거나 지워 버림(削: 깎을 삭)
- **免除**(면제): 책임이나 의무를 지우지 아니함(免: 면할 면)

[4급 / 10획]

덜 **제**

丆 丮 阝 阝' 阝八 阝今 阝全 阫 除 除

*나 여(余)자는 사람(人)이 혼자(一)서 가지가 많은 나무(木)에 앉아 있는 모습으로 일인칭대명사인 '나'를 뜻하며, '남다, 여분'이라는 의미로도 사용

---

503. 바다와 대비하여 언덕(阝)과 흙더미(坴)가 있는 육지를 의미

陸

- **陸路**(육로): 뭍 위에 나 있는 길(路: 길 로)
- **陸軍**(육군): 주로 땅위에서 공격과 방어의 임무를 수행하는 군대(軍: 군사 군)
- **陸地**(육지): 강이나 바다와 같이 물이 있는 곳을 제외한 지구의 겉면(地: 땅 지)

[5급 / 11획]

뭍 **륙**

丆 丮 阝 阝― 阝十 阫 陒 陒 陸 陸 陸

---

504. 언덕(阝)이 많은(今) 구름(云)에 가려져 그늘이 진다는 의미

陰

- **陰陽**(음양): 우주 만물을 만들어 내는 상반된 성질의 두 가지 기운(陽: 볕 양)
- **陰地**(음지): 볕이 잘 들지 아니하는 그늘진 곳(地: 땅 지)
- **光陰**(광음): 낮과 밤이라는 뜻으로, 시간이나 세월을 이르는 말(光: 빛 광)

[4급 / 11획]

그늘 **음**

丆 丮 阝 阝' 阝八 阝今 阝仐 陰 陰 陰 陰

---

505. 언덕(阝) 위로 햇살이 내리쬐는(昜) 모습으로 볕을 의미

陽

- **陽地**(양지): 볕이 바로 드는 곳(地: 땅 지)
- **太陽**(태양): 태양계의 중심에 있으며, 지구 등의 행성을 거느린 항성(太: 클 태)
- **陽曆**(양력): 지구가 태양의 둘레를 한 바퀴 도는 데 걸리는 시간을 일 년으로 정한 역법(曆: 책력 력)

[6급 / 12획]

볕 **양**

丆 丮 阝 阝' 阝冂 阝日 阝旦 阹 阹 陽 陽 陽

---

506. 일정한 구역(口) 안에 사람들(巴)이 모여 사는 '고을'을 의미	
邑	• 都邑(도읍): 한 나라의 중앙 정부가 있는 곳. 수도(都: 도읍 도) • 邑內(읍내): 읍의 구역 안(內: 안 내) • 邑長(읍장): 지방 행정구역인 읍의 행정사무를 총괄하는 우두머리(長: 길 장) [7급 / 7획]
고을 읍	` ﾛ ﾛ ﾛ 吊 吊 吊 邑

507. 임금(君)이 다스리는 고을(阝)을 의미	
郡	• 郡守(군수): 군의 행정을 맡아보는 으뜸 직위에 있는 사람(守: 지킬 수) • 郡民(군민): 군에 사는 사람(民: 백성 민) [6급 / 10획]
고을 군	ﾏ ﾖ ﾖ 尹 尹 君 君 君' 君3 郡

508. 고을(阝)을 잘 지키는 어질고(良) 훌륭한 사내를 의미	
郎	• 新郎(신랑): 갓 결혼하였거나 결혼하는 남자(新: 새로울 신) • 花郎徒(화랑도): 신라 때 청소년으로 조직되었던 수양단체(花: 꽃 화, 徒: 무리 도) [3급 / 10획]
사내 랑	` ﾗ ﾖ ﾖ 自 良 良 良' 良3 郎

509. 나라를 다스리기 위하여 여러 고을(阝)로 나눠(咅) 사람들을 무리지어 살게 한다는 의미	
部	• 部分(부분): 전체를 몇 개로 나눈 것의 하나(分: 나눌 분) • 部首(부수): 한자 자전에서 글자를 찾는 길잡이 역할을 하는 공통되는 글자의 한 부분(首: 머리 수) • 全部(전부): 어떤 대상을 이루는 낱낱의 전체(全: 온전할 전) [6급 / 11획]
떼 부	` ﾗ ﾗ ﾗ 立 立 咅 咅 咅' 咅3 部

* 가를 부(咅)자는 사람들이 서서(立) 침을 튀기며 말다툼(口)하다가 갈라진다는 의미

510. 많은 사람들(者)이 함께 모여 살아가는 고을(阝)로 '도읍'을 의미	
都	• 首都(수도): 한 나라의 중앙 정부가 있는 도시(首: 머리 수) • 古都(고도): 옛 도읍(古: 옛 고) • 都農(도농): 도시와 농촌을 아울러 이르는 말(農: 농사 농) [5급 / 12획]
도읍 도	一 十 土 ﾅ 夬 者 者 者 者' 者3 都

511. 두 사람이 마주 앉아(幺 阝) 흰 쌀밥(白)을 숟가락(匕)으로 먹는 정겨운 고향의 모습	
鄕	• 故鄕(고향): 자기가 태어나서 자란 곳(故: 옛 고) • 鄕愁(향수): 고향을 그리워하는 마음이나 시름(愁: 근심 수) • 歸鄕(귀향): 고향으로 돌아가거나 돌아옴(歸: 돌아갈 귀) [4급 / 13획]
시골 향	乚 乡 纟 纟 纟 纟 纟 纟 纟 纟 纟 鄕 鄕 鄕

512. 밭(田)과 토지(土)가 있는 '마을'을 의미	
里	• 洞里(동리): 지방 행정 구역인 동과 리를 아울러 이르는 말(洞: 마을 동) • 里長(이장): 지방 행정 구역인 리를 대표하여 일을 맡아보는 사람(長: 길 장) • 千里眼(천리안): 사물을 잘 꿰뚫어 보는 뛰어난 능력(千: 일천 천, 眼: 눈 안) [7급 / 7획]
마을 리	丶 冂 曰 日 甲 甲 里

513. 사람(人)이 무거운 짐(東)을 짊어지고 있는 모습	
重	• 重大(중대): 가볍게 여길 수 없을 만큼 매우 중요하고 큼(大: 큰 대) • 重要(중요): 귀중하고 요긴함(要: 중요할 요) • 危重(위중): 어떤 사태가 매우 위태롭고 중함(危: 위태할 위) [7급 / 9획]
무거울 중	丿 一 二 仨 旨 旨 重 重 重

514. 사람이 사는 마을(里)에 먹을 곡식을 키워 주는(予) 들판이라는 의미	
野	• 野生(야생): 산이나 들에서 저절로 나서 자람(生: 날 생) • 野望(야망): 앞날에 큰일을 이루고자 하는 소망(望: 바랄 망) • 平野(평야): 지표면이 평평하고 너른 들(平: 평평할 평) [6급 / 11획]
들 야	丶 冂 曰 日 甲 甲 里 野 野 野 野

* 줄 여(予)자는 베틀에서 사용하는 북의 모습을 본떠 만든 글자로, 씨줄의 실 꾸러미가 들어있는 북을 날줄 사이로 주고받는 모습에서 준다는 의미

515. 곡물을 넣는 자루(東) 위에 깔때기를 댄 모양을 본떠 만든 글자로, 자루에 곡식을 담으며 양을 헤아린다는 의미	
	• 計量(계량): 수량을 헤아림(計: 셀 계) • 減量(감량): 수량이나 무게를 줄임(減: 덜 감) • 測量(측량): 기기를 써서 물건의 높이, 깊이, 거리 등을 잼(測: 잴 측) [5급 / 12획]
헤아릴 량	丶 冂 曰 日 旦 昌 昌 昌 昌 量 量 量

516. 에워싼 부분(口)을 사방으로 나눈다(八)는 의미

四

- **四角形**(사각형): 네 개의 선분으로 둘러싸인 평면 도형(角: 뿔 각, 形: 모양 형)
- **四方**(사방): 동·서·남·북 네 방위를 통틀어 이르는 말(方: 방향 방)
- **四季**(사계): 봄·여름·가을·겨울의 네 계절(季: 계절 계)

[8급 / 5획]

넉 사	丨 冂 冂 四 四

517. 사람(大)이 돗자리(口)로 인하여 누워 있는 모습으로, 돗자리에 의지한다는 의미

因

- **因果**(인과): 원인과 결과(果: 열매 과)
- **因緣**(인연): 사람들 사이에 맺어지는 관계(緣: 인연 연)
- **敗因**(패인): 싸움에서 지거나 일에 실패한 원인(敗: 패할 패)

[5급 / 6획]

인할 인	丨 冂 冂 冈 因 因

518. 물이 일정한 곳을 중심으로 빙빙 도는 모양을 본떠 만든 글자

回

- **回甲**(회갑): 나이 예순한 살의 생일을 이르는 말(甲: 갑옷 갑)
- **回收**(회수): 도로 거두어들임(收: 거둘 수)
- **回轉**(회전): 어떤 축을 중심으로 그 둘레를 빙빙 돎(轉: 구를 전)

[4급 / 6획]

돌아올 회	丨 冂 冂 冋 冋 回

519. 나무(木)가 좁은 곳(口)에 갇혀서 자라지 못하는 모습으로 '곤하다, 괴롭다'는 의미

困

- **困難**(곤란): 사정이 몹시 딱하고 어려움(難: 어려울 난)
- **貧困**(빈곤): 가난하여 살기가 어려움(貧: 가난할 빈)
- **疲困**(피곤): 몸이나 마음이 지치어 고달픔(疲: 지칠 피)

[4급 / 7획]

곤할 곤	丨 冂 冂 用 用 困 困

520. 좁은 곳(口)에 오래(古) 두면 굳어 버린다는 의미

固

- **固執**(고집): 자기 의견을 바꾸거나 고치지 않고 굳게 버팀(執: 잡을 집)
- **固體**(고체): 일정한 모양과 부피가 있으며 쉽게 변형되지 않는 물체(體: 몸 체)
- **堅固**(견고): 굳세고 단단함(堅: 굳을 견)

[5급 / 8획]

굳을 고	丨 冂 冂 用 用 用 固 固

521. 창(戈)을 들고 국경선 안(口)에서 백성(口)과 땅(一)을 지키는 모습으로 국가를 의미	
	• **國家**(국가): 일정한 영토와 거기에 사는 사람들로 구성되고, 주권에 의한 하나의 통치 조직을 가지고 있는 사회 집단(家: 집 가) • **建國**(건국): 나라를 세움(建: 세울 건) • **愛國**(애국): 자기 나라를 사랑함(愛: 사랑 애) [8급 / 11획]
나라 국	丨 冂 冂 冃 冃 回 回 国 國 國 國

522. 긴 옷이 치렁거리듯(袁) 주렁주렁 과일나무들이 울타리에 둘러싸여(口) 있는 모습으로 '동산'을 의미	
	• **公園**(공원): 공중의 보건·휴양·놀이 등을 위해 마련된 정원이나 동산(公: 공평할 공) • **樂園**(낙원): 안락하게 살 수 있는 즐거운 곳. 이상향(樂: 즐길 락) • **果樹園**(과수원): 과실나무를 재배하는 농원(果: 열매 과, 樹: 나무 수) [6급 / 13획]
동산 원	丨 冂 冂 冃 冃 冃 冑 周 周 周 園 園 園 園

523. 둥근(口) 화폐(貝)를 중심으로 사람들이 둥글게 에워싸는(口) 모습	
	• **圓形**(원형): 둥근 모양(形: 모양 형) • **圓滿**(원만): 성격이 모난 데가 없이 부드럽고 너그러움(滿: 찰 만) • **圓滑**(원활): 거침이 없이 잘되어 나감(滑: 미끄러울 활) [4급 / 13획]
둥글 원	丨 冂 冂 冃 冃 冑 同 周 周 圓 圓 圓 圓

524. 어떤 지역(口) 내에 마을(啚)을 그린 지도의 모습으로 '그림'을 의미	
	• **圖書**(도서): 그림, 글씨, 책 따위를 통틀어 이르는 말(書: 글 서) • **圖表**(도표): 자료를 분석하여 그 관계를 그림으로 나타낸 표(表: 겉 표) • **圖畫紙**(도화지): 그림을 그리는 데 쓰는 종이(畫: 그림 화, 紙: 종이 지) [6급 / 14획]
그림 도	丨 冂 冂 冃 冃 冃 冎 圕 圖 圖 圖 圖 圖 圖

* 마을 비(啚)자는 집이나 담, 길이 있는 마을의 모양을 본떠 만든 글자로, 나중에 원래의 뜻을 확실히 하기 위해 고읍 읍(阝)을 더하여 마을 비(鄙)자가 생겨남

525. 언덕(厂) 아래에 있는 큰 돌(口)을 본떠 만든 글자	
	• **石器**(석기): 돌로 만든 여러 가지 생활 도구(器: 그릇 기) • **石造**(석조): 돌로 물건을 만드는 일(造: 지을 조) • **一石二鳥**(일석이조): 한 가지 일로 동시에 두 가지 이득을 얻음(鳥: 새 조) [6급 / 5획]
돌 석	一 丁 ア 石 石

526. 돌(石)로 짐승의 가죽(皮)을 찍고 뼈를 부순다는 의미	
	• **破壞**(파괴): 때려 부수거나 깨뜨려 헐어 버림(壞: 무너질 괴) • **破損**(파손): 깨뜨려 못 쓰게 함(損: 덜 손) • **破竹之勢**(파죽지세): 대나무의 한끝을 갈라 내리 쪼개듯, 거침없이 적을 물리치며 진군하는 기세를 이르는 말(竹: 대나무 죽, 勢: 기세 세) [4급 / 10획]
깨뜨릴 **파**	一 ﾁ 丆 石 石 矴 矴 砂 破 破

527. 돌(石)을 평평하게(开) 되도록 갈고 닦는다는 의미	
	• **研究**(연구): 어떤 일이나 사물에 대해 깊이 있게 조사하고 생각하여 이치나 진리를 알아냄(究: 연구할 구) • **研磨**(연마): 학문이나 기술 따위를 힘써 배우고 닦음(磨: 갈 마) • **研修**(연수): 학업이나 실무 따위를 배워 갈고 닦음(修: 닦을 수) [4급 / 11획]
갈 **연**	一 ﾁ 丆 石 石 石 矴 矴 研 研 研

* 평평할 견(开)자는 나란히 세워진 방패(干) 두 개의 면이 평평하다는 의미

528. 흙(土) 속에 덮여있는(△) 광물(두 개의 점)의 하나인 금을 의미	
	• **金庫**(금고): 돈, 귀중품, 중요 서류 등을 화재나 도난으로부터 안전하게 보관하는 데 쓰이는 쇠붙이 따위로 만든 궤나 창고(庫: 창고 고) • **黃金**(황금): 누런빛의 금이라는 뜻으로, 돈이나 재물을 비유적으로 이름(黃: 누를 황) • **金銀寶貨**(금은보화): 금, 은, 옥 등의 귀한 보물(銀: 은 은, 寶: 보배 보, 貨: 재물 화) [8급 / 8획]
쇠 **금** / 성 **김**	丿 𠂇 人 仐 全 全 金 金

529. 쇠(金)로 만든 실을 꿴 바늘(十)의 모습	
針	• **針葉**(침엽): 바늘처럼 가늘고 길며 끝이 뾰족한 잎(葉: 잎 엽) • **針小棒大**(침소봉대): 작은 바늘을 큰 몽둥이라고 한다는 뜻으로, 작은 일을 크게 부풀려서 말함을 비유적으로 이르는 말(棒: 몽둥이 봉) [4급 / 10획]
바늘 **침**	丿 人 仁 仁 牟 全 余 金 金 針

530. 눈알을 반대로 굴릴(艮) 때의 흰 눈동자처럼 흰색의 빛을 내는 광물을 의미	
銀	• **銀貨**(은화): 은으로 만든 돈(貨: 재물 화) • **銀河**(은하): 구름 띠 모양으로 길게 분포되어 있는 수많은 천체의 무리(河: 물 하) • **銀盤**(은반): 은 쟁반이란 뜻으로 달이나 얼음판을 아름답게 이르는 말(盤: 쟁반 반) [6급 / 14획]
은 **은**	丿 人 仁 仁 牟 全 余 金 釒 釘 釘 鈤 鈤 銀

531. 쇠(金)를 창 모양으로 깎아(戔) 줄에 엮은 돈을 의미	
錢	• 銅錢(동전): 구리로 만든 동그랗게 생긴 돈(銅: 구리 동) • 本錢(본전): 꾸어 주거나 맡긴 돈에 이자를 붙이지 않은 돈(本: 근본 본) [4급 / 16획]
돈 전	ノ ノ ヒ 宀 宀 牟 牟 牟 金 金 釒 錢 錢 錢 錢 錢

532. 쇠북(金) 소리가 아이(童) 소리처럼 맑고 깨끗하다는 의미	
鐘	• 鐘閣(종각): 큰 종을 달아 두기 위하여 지은 누각(閣: 누각 각) • 招人鐘(초인종): 사람을 부르는 신호로 울리는 종(招: 부를 초, 人: 사람 인) [4급 / 20획]
종 종	ノ ノ ヒ 宀 宀 牟 牟 牟 金 金` 釒 鉦 鉅 鐘 鐘 鐘 鐘 鐘 鐘 鐘

533. 창(戈)을 만드는 데 으뜸(王)이 되는 좋은(吉) 금속(金)이 쇠라는 의미	
鐵	• 鐵甲(철갑): 쇠로 만든 갑옷(甲: 갑옷 갑) • 鐵道(철도): 열차가 다니도록 철제를 두 줄로 깔아 놓은 길(道: 길 도) • 鐵面皮(철면피): 쇠로 만든 낯가죽이라는 뜻으로, 염치가 없고 뻔뻔스러운 사람을 낮잡아 　이르는 말(面: 낯 면, 皮: 가죽 피)　　　　　　　　　　　　　　　　[5급 / 21획]
쇠 철	ノ ノ ヒ 宀 宀 牟 牟 牟 金 金 釒 鉦 鉄 鐵 鐵 鐵 鐵 鐵 鐵 鐵 鐵

534. 하늘과 땅과 사람(三)을 연결(丨)하는 매개체인 왕을 의미	
王	• 王冠(왕관): 임금이 머리에 쓰는 관(冠: 갓 관) • 王子(왕자): 임금의 아들(子: 아들 자) • 女王(여왕): 여자 임금(女: 계집 녀) [8급 / 4획]
임금 왕	一 丁 千 王

535. 구슬 세 개(三)를 끈으로 꿴(丨) 모양으로 임금 왕(王)과 구별하기 위하여 점(丶)을 추가	
玉	• 玉石(옥석): 옥과 돌이라는 뜻으로, 좋은 것과 나쁜 것을 비유적으로 이름(石: 돌 석) • 玉手(옥수): 여성의 아름답고 고운 손(手: 손 수) • 白玉(백옥): 흰 빛깔의 옥(白: 흰 백) [4급 / 5획]
구슬 옥	一 丁 千 王 玉

536. 옥(王)을 가공할 때 여기저기 흩어진 마을(里)처럼, 흩어진 무늬가 잘 나타나도록 이치에 맞게 잘 다스린다는 의미	
理	• **管理**(관리): 시설이나 물건의 유지, 개량 따위의 일을 맡아 함(管: 관리할 관) • **合理**(합리): 이론이나 이치에 합당함(合: 합할 합) • **順理**(순리): 마땅한 이치나 도리(順: 순할 순) [6급 / 11획]
다스릴/ 이치 **리**	一 丁 F 王 玎 玑 珇 珇 理 理 理

537. 옥(王)을 갈고 닦으면 아름다운 빛깔이 나타난다(見)는 의미	
現	• **現在**(현재): 지금 이 시간(在: 있을 재) • **實現**(실현): 꿈, 기대 따위를 실제로 이룸(實: 열매 실) • **出現**(출현): 나타나거나 또는 나타나서 보임(出: 날 출) [6급 / 11획]
나타날 **현**	一 丁 F 王 玎 玑 玔 珇 珇 現 現

141

2-③. 木(나무 목), 竹(대나무 죽), 艸/艹(풀 초), 生(날 생), 小(작을 소), 氏(성씨 씨)

---

538. 나무가 서 있는 모습을 본떠 만든 글자

木	• **木工**(목공): 나무를 다루어서 물건을 만드는 일(工: 장인 공) • **木石**(목석): 나무나 돌처럼 아무런 감정도 없는 사람을 비유적으로 이름(石: 돌 석) • **伐木**(벌목): 나무를 벰(伐: 칠 벌) [8급 / 4획]
나무 **목**	一 十 才 木

---

539. 나무(木)의 끝에 가로획(一)을 그어 끝을 강조한 지사문자

末	• **末端**(말단): 맨 끄트머리. 조직에서 제일 아랫자리에 해당하는 부분(端: 끝 단) • **末期**(말기): 어떤 일이나 시대, 기간의 끝 무렵(期: 시기 기) • **結末**(결말): 어떤 일이 마무리되는 끝(結: 맺을 결) [5급 / 5획]
끝 **말**	一 二 十 才 末

---

540. 나무(木)에 어린 가지(一)가 난 모습으로 아직 자라지 않았다는 의미

未	• **未來**(미래): 앞으로 올 날이나 때(來: 올 래) • **未曾有**(미증유): 지금까지 한 번도 있어 본 적이 없음(曾: 일찍 증, 有: 있을 유) • **未成年**(미성년): 성년이 아닌 나이(成: 이룰 성, 年: 해 년) [4급 / 5획]
아닐 **미**	一 二 十 才 未

---

541. 나무(木) 아래에 뿌리(一) 부분을 표시하여 나무에서 제일 중요한 근본을 의미

本	• **根本**(근본): 사물의 본질이나 본바탕(根: 뿌리 근) • **基本**(기본): 사물이나 현상, 이론, 시설 따위의 기초와 근본(基: 터 기) • **本性**(본성): 사람이 본래 가지고 태어난 성질(性: 성품 성) [6급 / 5획]
근본 **본**	一 十 才 木 本

---

542. 가공하지 않은 나무껍질(木)이나 점(卜)칠 때 쓰는 거북 등처럼 갈라진 투박한 모습으로, 순박하고 꾸밈이 없음을 의미

朴	• **淳朴**(순박): 순수하고 꾸밈이 없음(淳: 순박할 순) • **素朴**(소박): 꾸밈이나 거짓이 없이 수수함(素: 흴 소) [6급 / 6획]
순박할 **박**	一 十 才 木 朴 朴

한자 Up 어휘력 Up 성적 Up

543. 나뭇(木)가지(一)에 달린 붉은 과일(丿)을 의미

朱	• **朱紅**(주홍): 누른빛을 약간 띤 붉은빛(紅: 붉을 홍) • **印朱**(인주): 도장을 찍는 데 쓰는 붉은빛의 재료(印: 도장 인) [4급 / 6획]
붉을 **주**	ノ ㅗ ㅡ 牛 牛 朱

544. 나무(木) 아래에서 아이들(子)이 좋아하는 자두를 따려고 서 있는 모습

李	• **瓜田不納履 李下不整冠**(과전불납리 이하부정관): 오이밭에서는 신이 벗어져도 고쳐 신지 말고 자두나무 밑에서 갓을 고쳐 쓰지 말라는 뜻으로, 남에게 오해받을 만한 일은 하지 말아야 함을 이르는 말(瓜: 오이 과, 田: 밭 전, 不: 아니 불, 納: 들일 납, 履: 신 리, 整: 가지런할 정, 冠: 갓 관) [6급 / 7획]
오얏 **리**	一 十 才 木 李 李 李

545. 집 지을 때 바탕(才)이 되는 나무(木)를 의미

材	• **材木**(재목): 건축이나 기구 제작의 재료가 되는 나무(木: 나무 목) • **材料**(재료): 물건을 만들 때 바탕으로 사용하는 것(料: 재료 료) • **敎材**(교재): 학문이나 기예 등을 가르치거나 학습하는 데 쓰이는 재료(敎: 가르칠 교) [5급 / 7획]
재목 **재**	一 十 才 木 杧 村 材

546. 큰 나무(木)가 있는 곳에 촌수(寸)가 가까운 사람들이 모여 사는 '마을'을 의미

村	• **村落**(촌락): 시골의 작은 마을(落: 떨어질 락) • **漁村**(어촌): 어민들이 모여 사는 바닷가 마을(漁: 고기잡을 어) • **農村**(농촌): 주민의 대부분이 농업에 종사하는 지역이나 마을(農: 농사 농) [7급 / 7획]
마을 **촌**	一 十 才 木 杧 村 村

547. 나무(木) 위에 열매(田)가 달려 있는 모습을 본떠 만든 글자

果	• **果實**(과실): 과일나무에 열리는 열매(實: 열매 실) • **結果**(결과): 어떤 원인으로 결말이 생김(結: 맺을 결) • **因果**(인과): 원인과 결과(因: 인할 인) [6급 / 8획]
열매 **과**	ノ 冂 甲 日 甲 甲 果 果

548. 나무(木) 사이로 아침 해(日)가 떠오르는 모습으로 동쪽을 의미

東	・東洋(동양): 유럽 대륙의 동쪽에 위치한 아시아 지역(洋: 큰바다 양) ・東海(동해): 동쪽에 있는 바다(海: 바다 해) ・東問西答(동문서답): 동쪽을 묻는데 서쪽을 대답한다는 뜻으로, 묻는 말에 대하여 전혀 엉뚱한 대답을 함(問: 물을 문, 西: 서녘 서, 答: 대답할 답) [8급 / 8획]
동녘 **동**	一 ㄅ ㄇ ㅂ 自 自 車 車 東

549. 나무(木)와 나무(木)가 모여 우거진 수풀의 모습

林	・林野(임야): 숲과 들을 아울러 이르는 말(野: 들 야) ・山林(산림): 산과 숲 또는 산에 있는 숲(山: 뫼 산) ・密林(밀림): 큰 나무들이 빽빽하게 들어선 깊은 숲(密: 빽빽할 밀) [7급 / 8획]
수풀 **림**	一 十 十 才 木 木 朴 材 林

550. 나무(木)로 만든 일반 그릇이 아닌(不) 잔을 의미

杯	・祝杯(축배): 축하하는 뜻으로 마시는 술(祝: 빌 축) ・乾杯(건배): 서로의 건강이나 행복 등을 빌면서 함께 술잔을 들어 마심(乾: 마를 건) ・苦杯(고배): 마음이 괴롭고 쓰라린 경험을 비유적으로 이르는 말(苦: 쓸 고) [3급 / 8획]
잔 **배**	一 十 十 才 木 木 杯 杯 杯

551. 사시사철 고르게(公) 늘 푸른 나무(木)인 소나무를 의미

	・松林(송림): 소나무가 우거진 숲(林: 수풀 림) ・松蟲(송충): 소나무 잎을 갉아먹는 솔나방의 애벌레(蟲: 벌레 충) ・青松(청송): 사시사철 잎이 푸른 소나무(青: 푸를 청) [4급 / 8획]
소나무 **송**	一 十 十 才 木 木 朴 松 松

* 공평할 공(公)자는 밭을 9등분해서 가운데 한 토지만 여덟(八)명의 개인(厶)들이 공동으로 경작하여 세금으로 바치게 했던 중국 주나라의 토지제도에서 유래한 글자

552. 나무(木)줄기에서 갈라져 나온(支) 나뭇가지를 의미

枝	・枝葉(지엽): 식물의 가지와 잎처럼, 사물이나 사건 따위에서 본질적인 것이 아닌 부차적인 부분을 비유적으로 이르는 말(葉: 잎 엽) ・剪枝(전지): 나뭇가지를 다듬거나 잘라 냄(剪: 자를 전) [3급 / 8획]
가지 **지**	一 十 十 才 木 木 枋 枝 枝

553. 토끼(卯)의 귀와 같이 긴 나뭇(木)가지가 죽 늘어진 모습으로 버드나무를 의미

柳	• 細柳(세류): 가지가 매우 가는 버드나무(細: 가늘 세) [4급 / 9획]
버들 **류**	一 十 才 木 木ノ 松 枊 枊丁 柳

554. 창(矛)의 자루로 쓰이는 나무(木)는 탄력이 있고 부드러워야 한다는 의미

柔	• 柔順(유순): 부드럽고 순함(順: 순할 순) • 柔軟(유연): 부드럽고 연함(軟: 연할 연) • 溫柔(온유): 성격, 태도 따위가 온화하고 부드러움(溫: 따뜻할 온) [3급 / 9획]
부드러울 **유**	フ マ ユ 予 矛 柔 柔 柔 柔

555. 나무(木)에 버팀대를 교차(交)하여 바로잡듯이 사람을 올바르게 인도하는 학교를 의미

校	• 學校(학교): 교사가 계속 학생에게 교육을 실시하는 기관(學: 배울 학) • 登校(등교): 학생이 학교에 감(登: 오를 등) • 校正(교정): 책으로 내기 위하여 잘못된 부분을 고쳐 바로잡음(正: 바를 정) [8급 / 10획]
학교 **교**	一 十 才 木 木ノ 杧 栌 栌 校 校

556. 나무(木)를 땅에 고정시키는(艮) 뿌리를 의미

根	• 根幹(근간): 뿌리와 줄기를 아울러 이르는 말로, 사물의 바탕이나 중심이 되는 중요한 것(幹: 줄기 간) • 根本(근본): 사물의 본질이나 본바탕(本:근본 본) • 根源(근원): 물줄기가 나오기 시작하는 곳. 사물이 비롯되는 근본이나 원인(源: 근원 원) [6급 / 10획]
뿌리 **근**	一 十 才 木 木ノ 栌 栌 栌 栌 根

* 그칠 간(艮)자는 눈(目)과 반대로 선 사람(匕)을 합친 글자로, 눈알을 반대로 굴리는 것은 신체적으로 한계가 있다는 뜻으로 '한정하다, 그치다'를 의미

557. 편안한(安) 자세로 책을 볼 수 있게 나무(木)로 만든 책상을 의미

案	• 案件(안건): 토의하거나 연구해야 할 사항(件: 사건 건) • 案內(안내): 어떤 내용을 소개하여 알려 줌(內: 안 내) • 考案(고안): 연구하여 새로운 안을 생각해 냄(考: 생각할 고) [5급 / 10획]
책상 **안**	` ´´ 宀 宀 安 安 安 宨 案 案

---

558. 뿌리가 땅에 잘 내리도록 잔가지(十)를 잘라내고(戈) 나무(木)를 심는다는 의미

栽

- **栽培**(재배): 식물을 심어 가꿈(培: 북돋을 배)
- **盆栽**(분재): 화초나 나무 등을 화분에 심어 줄기나 가지를 보기 좋게 가꿈(盆: 동이 분)
- **植栽**(식재): 초목을 심어 재배함(植: 심을 식)

[3급 / 10획]

| 심을 **재** | 一 十 士 𡗗 圭 丰 耒 栽 栽 栽 |

---

559. 나무(木)를 곧게(直) 심는다는 의미

植

- **植木**(식목): 나무를 심음(木: 나무 목)
- **植樹**(식수): 나무를 심음(樹: 나무 수)
- **植物**(식물): 생물을 동물과 함께 둘로 분류한 것의 하나(物: 물건 물)

[7급 / 12획]

| 심을 **식** | 一 十 才 木 朾 朾 枯 桔 柿 桔 植 植 |

---

560. 나무(木)가 위아래 끝까지 닿아 있는 모습으로 '한계, 다하다'는 의미

極

- **極盡**(극진): 마음과 힘을 다하여 애를 쓰는 것이 매우 지극함(盡: 다할 진)
- **極甚**(극심): 매우 심함(甚: 심할 심)
- **南極**(남극): 지축의 남쪽 끝(南: 남녘 남)

[4급 / 12획]

| 다할 **극** | 一 十 才 木 朾 朽 朽 柯 柯 極 極 極 |

---

561. 종이나 북을 매달기 위해 마주 세운 대를 본떠 만든 글자로, 이것에 무늬 새기는 것을 일삼는다는 의미

業

- **商業**(상업): 상품을 사고파는 행위를 통하여 이익을 얻는 일(商: 장사 상)
- **作業**(작업): 일정한 목적과 계획을 세워 일을 함(作: 지을 작)
- **自業自得**(자업자득): 자기가 저지른 일의 결과를 자기가 받음(自: 스스로 자, 得: 얻을 득)

[6급 / 13획]

| 일 **업** | ᐟ ᐟᐟ ᐟᐟᐟ ᐟᐟᐟᐟ 业 业 业 业 业 丵 丵 業 業 |

---

562. 나무(木) 위에 불(火)처럼 활활 타는 듯한 꽃이 달려 있는 모습으로 '번영, 영화'를 의미

榮

- **榮光**(영광): 빛나고 아름다운 영예(光: 빛 광)
- **榮華**(영화): 몸이 귀하게 되어 이름이 세상에 드러나고 빛남(華: 빛날 화)
- **繁榮**(번영): 번성하고 발전하여 영화롭게 됨(繁: 번성할 번)

[4급 / 14획]

| 영화 **영** | ` ` ᶜ ᶜ ᶜ 炏 炏 炏 炏 炏 炏 炏 榮 榮 |

563. 나무(木)로 된 선반 위에 실(絲)로 만든 현악기와 큰 북(白)이 놓여있는 모습으로 '음악, 즐기다, 좋아하다'를 의미

樂	• 樂園(낙원): 안락하게 살 수 있는 즐거운 곳. 이상향(園: 동산 원) • 音樂(음악): 목소리나 악기를 통하여 사상 또는 감정을 나타내는 예술(音: 소리 음) • 樂山樂水(요산요수): 산수의 자연을 즐기고 좋아함(山: 뫼 산, 水: 물 수) [6급 / 15획]
즐길 **락** / 음악 **악** / 좋아할 **요**	´ ｨ ｨ ｨ 白 白 約 約 絈 絈 紴 樂 樂 樂 樂

564. 나무(木)로 높이(喬) 걸쳐 만든 다리를 의미

橋	• 橋脚(교각): 다리를 받치는 기둥(脚: 다리 각) • 架橋(가교): 다리를 놓음. 서로 떨어져 있는 두 대상을 이어 주는 사물이나 사실을 비유적으로 이르는 말(架: 시렁 가) [5급 / 16획]
다리 **교**	一 十 才 木 木 栌 栌 栌 杯 杯 桥 桥 橋 橋 橋 橋

565. 나무(木)를 똑바로 세워(尌) 심는다는 의미

樹	• 植樹(식수): 나무를 심음(植: 심을 식) • 果樹園(과수원): 과실나무를 재배하는 농원(果: 열매 과, 園: 동산 원) • 樹立(수립): 국가나 정부, 제도, 계획 따위를 이룩하여 세움(立: 설 립) [6급 / 16획]
나무/세울 **수**	一 十 才 木 木 柎 柎 柎 桔 桔 桔 桔 桔 桔 樹 樹

* 세울 주(尌)자는 북(壴)을 손으로 잡아(寸) 세운다는 의미

566. 황새(雚)가 눈을 두리번거리며 먹이를 찾듯이, 나무(木)로 만든 저울대의 눈금을 살피는 모습으로 저울을 뜻하며, 저울은 무게를 지배하는 것이므로 권세를 의미

權	• 權力(권력): 남을 자신의 뜻대로 움직이거나 지배할 수 있는 공인된 힘(力: 힘 력) • 權勢(권세): 권력과 세력을 아울러 이르는 말(勢: 기세 세) • 主權(주권): 국가의 의사를 최종적으로 결정하는 권력(主: 주인 주) [4급 / 22획]
권세 **권**	一 十 才 木 才 杧 杧 杧 栌 栌 榨 榨 榨 榨 榨 榨 榨 權 權

567. 대나무 가지와 잎을 본떠 만든 글자

竹	• 竹刀(죽도): 대나무로 만든 칼(刀: 칼 도) • 竹簡(죽간): 종이가 발명되기 전에 글자를 적던 대나무 조각(簡: 편지 간) • 竹馬故友(죽마고우): 대나무로 만든 말을 타고 놀던 옛 친구라는 뜻으로, 어릴 때부터 같이 놀며 자란 친한 벗(馬: 말 마, 故: 옛 고, 友: 벗 우) [4급 / 6획]
대나무 **죽**	ｨ ｨ ｨ 午 竹 竹 竹

568. 바람에 대나무(竹)가 구부러지며(夭) 잎이 스치는 소리가 마치 사람이 허리를 구부리며 웃는 모양과 닮았다고 해 '웃다'는 의미

笑	• 微笑(미소): 소리를 내지 않고 빙긋이 웃음(微: 작을 미) • 誹笑(비소): 비웃음(誹: 헐뜯을 비) • 談笑(담소): 웃고 즐기면서 이야기함(談: 말씀 담) [4급 / 10획]
웃을 소	ノ ト ト 竹 竹 竹 竹 竺 笑 笑

569. 글을 쓴 죽간(竹)을 순서대로 엮는(弟) 모습으로 '차례'를 의미

第	• 第一(제일): 여럿 가운데서 첫째가는 것 • 第三者(제삼자): 이해관계가 있는 당사자 이외의 사람(者: 놈 자) • 落第(낙제): 일정한 기준에 이르지 못하여 떨어지거나 통과하지 못함(落: 떨어질 락) [6급 / 11획]
차례 제	ノ ト ト 竹 竹 竹 竹 竿 笃 第 第

570. 죽간(竹)에 써 온 글의 내용에 맞게(合) 답을 한다는 의미

答	• 答紙(답지): 문제에 대한 답을 쓰도록 마련된 종이(紙: 종이 지) • 對答(대답): 묻는 말에 답함(對: 대할 대) • 誤答(오답): 잘못된 대답(誤: 그르칠 오) [7급 / 12획]
대답할 답	ノ ト ト 竹 竹 竹 竹 竺 答 答 答 答

571. 관청(寺)에서 관리가 죽간에 쓴 문서(竹)를 같은 종류끼리 분류하고 등급을 매긴다는 의미

等	• 等級(등급): 신분, 품질, 각종 평가 등의 높고 낮음이나 좋고 나쁨을 여러 단계로 나누는 구분(級: 등급 급) • 均等(균등): 고르고 가지런하여 차별이 없음(均: 고를 균) • 平等(평등): 권리, 의무, 자격 등이 차별 없이 고르고 한결같음(平: 평평할 평) [6급 / 12획]
무리/같을 등	ノ ト ト 竹 竹 竹 竹 竺 笙 笙 等 等

572. 대나무(竹)로 만든 붓(聿)을 의미

筆	• 筆記(필기): 글씨를 씀(記: 기록할 기) • 筆答(필답): 글로 써서 대답함(答: 대답할 답) • 鉛筆(연필): 흑연과 점토의 혼합물인 심을 나무판 속에 넣어 만든 필기도구(鉛: 납 연) [5급 / 12획]
붓 필	ノ ト ト 竹 竹 竹 竹 竺 笋 笋 筆 筆

* 붓 율(聿)자는 한 손(크)으로 작은 나무 막대기(丨)를 잡고 글을 쓰거나 그림을 그리는 모양을 본떠 만든 글자

한자 Up 어휘력 Up 성적 Up

573. 두 손(廾)으로 대나무(竹)로 만든 주판(目)을 가지고 셈하는 모습

算

- **算數**(산수): 수와 양의 성질과 셈을 다루는 수학적 계산방법을 가르치던 학과목(數: 셈 수)
- **計算**(계산): 수를 헤아림. 어떤 일을 예상하거나 고려함(計: 셀 계)
- **合算**(합산): 합하여 계산함(合: 합할 합)

[7급 / 14획]

| 셈할 **산** | ノ ト ⺮ ⺮ ⺮ ⺮ ⺮ ⺮ 笛 筲 笪 笪 算 算 |

574. 대나무(竹)는 싹이 나면 곧(卽) 마디가 생겨난다는 의미

節

- **季節**(계절): 일 년을 봄, 여름, 가을, 겨울의 넷으로 나눈 그 한동안(季: 계절 계)
- **節約**(절약): 돈이나 물건을 꼭 필요한 데에만 써서 아낌(約: 묶을 약)
- **節槪**(절개): 신념, 신의 따위를 굽히거나 바꾸지 않는 강직한 태도(槪: 절개 개)

[5급 / 15획]

| 마디 **절** | ノ ト ⺮ ⺮ ⺮ ⺮ ⺮ ⺮ 笞 笞 笞 笩 箹 箹 節 |

575. 대나무(竹)를 쪼갠 작은 조각(扁)을 엮어 만든 책을 의미

篇

- **玉篇**(옥편): 한자를 모아서 부수와 획수에 따라 배열하고 글자 하나하나의 뜻과 음을 풀이한 책(玉: 구슬 옥)
- **千篇一律**(천편일률): 천 권의 책이 하나의 법령처럼 똑같다는 말로써 여러 사물이 개성이 없이 모두 비슷비슷함을 비유적으로 이르는 말(律: 법 률) [4급 / 15획]

| 책 **편** | ノ ト ⺮ ⺮ ⺮ ⺮ ⺮ ⺮ 笁 笝 笝 篇 篇 篇 篇 |

576. 풀(艹)의 싹이 변화(化)하여 꽃이 된다는 의미

花

- **花園**(화원): 꽃이 많이 피어 있는 동산이나 꽃을 파는 가게(園: 동산 원)
- **花草**(화초): 꽃이 피는 풀과 나무(草: 풀 초)
- **開花**(개화): 풀이나 나무의 꽃이 핌(開: 열 개)

[7급 / 8획]

| 꽃 **화** | ` 十 卄 卄 艹 花 花 花 |

577. 오래된(古) 풀(艹)은 쓰다는 의미

苦

- **苦杯**(고배): 마음이 괴롭고 쓰라린 경험을 비유적으로 이르는 말(杯: 잔 배)
- **忍苦**(인고): 괴로움을 참음(忍: 참을 인)
- **同苦同樂**(동고동락): 괴로울 때나 즐거울 때나 항상 함께함(同: 같을 동, 樂: 즐길 락)

[6급 / 9획]

| 쓸 **고** | ` 十 卄 卄 艹 苦 苦 苦 苦 |

578. 풀(艹)이 무성하게(戊) 우거진 모습

茂	·茂盛(무성): 풀이나 나무 따위가 자라서 우거질 정도로 빽빽함(盛: 성할 성) ·茂林(무림): 나무가 울창하게 우거진 숲(林: 수풀 림) [3급 / 9획]
무성할 **무**	丶 十 丨 艹 艹 芧 芧 茂 茂

579. 손(右)으로 골라 캐는 나물(艹)이 어려서 그 모양이 비슷비슷하다는 의미

若	·若干(약간): 얼마 되지 않음(干: 방패 간) ·明若觀火(명약관화): 불을 보는 것처럼 분명하고 뻔함(明: 밝을 명, 觀: 볼 관, 火: 불 화) [3급 / 9획]
같을 **약**	丶 十 丨 艹 艹 艹 艿 若 若

580. 초목(艹)에서 가장 화려하고 아름답게 보이는 꽃의 중심부(央)인 꽃부리를 의미

英	·英才(영재): 뛰어난 재주 또는 그런 사람(才: 재주 재) ·英雄(영웅): 지혜와 재능이 뛰어나고 용맹하여 보통 사람이 하기 어려운 일을 해내는 사람(雄: 수컷 웅) ·育英(육영): 인재를 교육하여 길러 냄(育: 기를 육) **[6급 / 9획]**
꽃부리 **영**	丶 十 丨 艹 芍 苎 苎 苂 英

581. 이른(早) 봄에 돋아나는 초목(艹)으로 풀을 의미

草	·草食(초식): 주로 풀이나 푸성귀만 먹고 삶(食: 먹을 식) ·水草(수초): 물속이나 물가에 자라는 풀(水: 물 수) ·伐草(벌초): 산소의 잡초를 베는 일(伐: 칠 벌) [7급 / 10획]
풀 **초**	丶 十 丨 艹 芍 芍 苩 苩 苩 草

* 일찍 조(早)자는 해(日)가 지평선(一) 위로 떠오를(丨) 때의 모습으로 '일찍, 아침'을 의미

582. 해(日)의 위아래에 풀(艹)이 있는 모습으로 '저물다, 없다'를 의미

莫	·莫重(막중): 더할 나위 없이 중요함(重: 무거울 중) ·莫大(막대): 더할 수 없을 만큼 많거나 큼(大: 큰 대) ·莫上莫下(막상막하): 더 낫고 더 못함의 차이가 거의 없음 [3급 / 11획]
없을 **막**	丶 十 丨 艹 芍 苩 苩 苩 苩 莫 莫

583. 캐서(采) 먹일 수 있는 풀(艹)인 나물을 의미

菜

- **菜食**(채식): 채소나 과일 따위의 식물성 음식물을 위주로 먹음(食: 먹을 식)
- **菜蔬**(채소): 밭에서 가꾸는 온갖 푸성귀(蔬: 나물 소)
- **山菜**(산채): 산에서 나는 나물(山: 뫼 산)

[3급 / 12획]

나물 채	丶	十	卄	艹	艹	艹	苹	苹	莖	荜	茥	菜

584. 화초(艹)가 만개하여 흐드러지게 핀 모습을 본떠 만든 글자

華

- **華麗**(화려): 환하게 빛나며 곱고 아름다움(麗: 고울 려)
- **榮華**(영화): 몸이 귀하게 되어 이름이 세상에 드러나고 빛남(榮: 영화 영)
- **華婚**(화혼): 남의 혼인을 아름답게 이르는 말(婚: 혼인 혼)

[4급 / 12획]

빛날 화	丶	十	卄	艹	艹	茸	蓳	莘	荜	苹	荜	華

585. 풀(艹)이 시들고 물(氵)이 방울지면 각각(各) 땅에 떨어진다는 의미

落

- **落葉**(낙엽): 나뭇잎이 떨어짐, 또는 그 나뭇잎(葉: 잎 엽)
- **下落**(하락): 값이나 등급 따위가 낮은 상태로 떨어짐(下: 아래 하)
- **脫落**(탈락): 범위에 들지 못하고 떨어지거나 빠짐(脫: 벗을 탈)

[5급 / 13획]

떨어질 락	丶	十	卄	艹	艹	芦	沙	汸	莎	茨	落	落	落

586. 전갈의 모양을 본떠 만든 글자로, 전갈이 알을 많이 낳는다고 하여 '일만'을 의미

萬

- **萬一**(만일): 만약. 혹시 있을지도 모르는 뜻밖의 경우
- **萬事**(만사): 여러 가지 온갖 일(事: 일 사)
- **億萬**(억만): 셀 수 없을 만큼 아주 많은 수효의 비유(億: 억 억)

[8급 / 13획]

일만 만	丶	十	卄	艹	艹	芇	苩	苩	莒	萵	萬	萬	萬

587. 풀(艹)과 나무(木)에 많이(世) 달려 있는 '잎'을 의미

葉

- **落葉**(낙엽): 나뭇잎이 떨어짐, 또는 그 나뭇잎(落: 떨어질 락)
- **枝葉**(지엽): 식물의 가지와 잎처럼, 사물이나 사건 따위에서 본질적인 것이 아닌 부차적인
  부분을 비유적으로 이르는 말(枝: 가지 지)
- **針葉**(침엽): 바늘처럼 가늘고 길며 끝이 뾰족한 잎(針: 바늘 침) [5급 / 13획]

잎 엽	丶	十	卄	艹	艹	芏	苹	蕻	莖	莖	莘	葉

588. 사람(者)이 풀(艹)로 옷을 만들어 몸에 달라붙게 입었다는 의미

著	• 著者(저자): 지은이(者: 놈 자) • 著書(저서): 직접 써서 지은 책(書: 글 서) • 著陸(착륙): 비행기 따위가 땅위에 내림(陸: 뭍 륙) 　　　　　　　　　　　　　　　　　　　　　　[3급 / 13획]
지을 **저** / 붙을 **착**	ヽ 十 十 艹 艹 芦 芏 芧 茅 著 著 著 著

589. 풀(艹)의 뿌리나 잎으로 만든 약이 병을 낫게 하여 사람을 즐겁게(樂) 해준다는 의미

藥	• 藥局(약국): 약사가 약을 조제하거나 파는 곳(局: 판 국) • 藥師(약사): 국가의 면허를 받아 약에 관한 일을 직업적으로 하는 사람(師: 스승 사) • 妙藥(묘약): 신통하게 잘 치유되는 약(妙: 묘할 묘) 　　　　　　　　　　　　　　　　　　　　　　[6급 / 19획]
약 **약**	ヽ 十 十 艹 艹 芦 芦 苩 苩 笝 菬 痩 痩 藥 藥 藥 藥 藥

590. 초목(艹)을 심어(埶) 잘 키우려면 재주가 있어야 한다는 의미이며, 이를 운(云)자를 추가하여 말이나 글재주로 의미를 확대

藝	• 藝能(예능): 연극, 영화, 음악, 미술 등의 예술과 관련된 능력을 통틀어 이르는 말(能: 능할 능) • 藝術(예술): 특별한 재료, 기교, 양식 따위로 감상의 대상이 되는 아름다움을 표현하려는 인간의 활동 및 그 작품(術: 재주 술) • 書藝(서예): 글씨를 붓으로 쓰는 예술(書: 글 서) 　　　　　　　　　　　　　　　　　　　　　　[4급 / 19획]
재주 **예**	ヽ 十 十 艹 艹 艿 茾 茾 芸 莽 葬 萟 埶 埶 埶 藝 藝 藝

591. 땅(土)을 뚫고 싹(屮)이 나오는 모양을 본떠 만든 글자

生	• 生活(생활): 사람이나 동물이 일정한 환경에서 활동하며 살아감(活: 살 활) • 生命(생명): 목숨. 생물로서 살아 있게 하는 힘(命: 목숨 명) • 生氣(생기): 활발하고 생생한 기운(氣: 기운 기) 　　　　　　　　　　　　　　　　　　　　　　[8급 / 5획]
날 **생**	ノ ⺊ ⼂ 牛 生

592. 언덕(厂)에서 물이 솟아나거나(立) 풀이 나는(生) 모습으로 '생기다, 낳다'를 의미

産	• 産卵(산란): 알을 낳음(卵: 알 란) • 生産(생산): 인간이 생활하는 데 필요한 각종 물건을 만들어 냄 • 出産(출산): 아이를 낳음(出: 날 출) 　　　　　　　　　　　　　　　　　　　　　　[5급 / 11획]
낳을 **산**	ヽ 亠 亠 亠 立 产 产 产 産 産 産

593. 점(ヽ) 세 개로 물건의 작은 모양을 의미		
	• **小食**(소식): 음식을 적게 먹음(食: 먹을 식) • **大小**(대소): 사물의 크고 작음(大: 큰 대) • **小貪大失**(소탐대실): 작은 것을 탐하다가 큰 것을 잃음(貪: 탐낼 탐, 失: 잃을 실) [8급 / 3획]	
작을 **소**	亅 小 小	

594. 작은 물체의 일부가 떨어져(丿) 나가 적어짐을 의미		
	• **多少**(다소): 분량이나 정도의 많음과 적음. 적기는 하지만 어느 정도로(多: 많을 다) • **少年**(소년): 아직 완전히 성숙하지 아니한 어린 사내아이(年: 해 년) • **減少**(감소): 줄어서 적어짐(減: 덜 감) [7급 / 4획]	
적을 **소**	丨 小 小 少	

595. 창문(向)을 열 때 연기나 김이 위로 올라가는(八) 모습		
	• **高尙**(고상): 품위가 있고 수준이 높음(高: 높을 고) • **崇尙**(숭상): 높여 소중히 여김(崇: 높을 숭) • **尙武**(상무): 무예를 중히 여겨 높이 받듦(武: 무사 무) [3급 / 8획]	
높일 **상**	丨 小 小 小 尚 尚 尚 尚	

596. 나무뿌리를 본떠 만든 글자로, 뿌리에서 나온 사람들을 의미		
	• **姓氏**(성씨): 성을 높여 이르는 말(姓: 성씨 성) • **氏族**(씨족): 원시 사회에서 공동의 조상을 가진 혈족 집단(族: 겨레 족) [4급 / 4획]	
성씨 **씨**	乁 乚 乕 氏	

597. 한쪽 눈을 바늘로 찔러 애꾸눈이 된 노예의 모습으로, 이후 의미가 확대돼 일반사람을 뜻하게 됨		
民	• **民族**(민족): 일정한 지역에서 오랜 세월 동안 공동생활을 하면서 언어와 문화상의 공통성 　에 기초하여 역사적으로 형성된 사회 집단(族: 겨레 족) • **住民**(주민): 일정한 지역에 살고 있는 사람(住: 살 주) [8급 / 5획]	
백성 **민**	乛 コ 尸 尸 民	

2-④. 鳥(새 조), 隹(새 추), 羽(깃 우), 非(아닐 비), 虫(벌레 충), 風(바람 풍), 飛(날 비), 魚(물고기 어), 貝(조개 패)

---

598. 새의 모양을 본떠 만든 글자

鳥

- **鳥瞰圖**(조감도): 높은 곳에서 내려다본 상태의 그림이나 지도(瞰: 볼 감, 圖: 그림 도)
- **鳥足之血**(조족지혈): 매우 적은 분량을 비유적으로 이르는 말(足: 발 족, 血: 피 혈)
- **一石二鳥**(일석이조): 한 가지 일로 동시에 두 가지 이득을 얻음(石: 돌 석)

[4급 / 11획]

| 새 조 | ´ ´ ´ ´ ´ ´ ´ 鳥 鳥 鳥 鳥 鳥 |

---

599. 새(鳥)가 입(口)을 벌려 울고 있는 모습

鳴

- **悲鳴**(비명): 몹시 놀랍거나 위험하거나 괴로울 때 지르는 외마디 소리(悲: 슬플 비)
- **孤掌難鳴**(고장난명): 외손뼉만으로는 소리가 울리지 않는다는 뜻으로, 혼자의 힘만으로 어떤 일을 이루기 어려움을 이름(孤: 외로울 고, 掌: 손바닥 장, 難: 어려울 난)

[4급 / 14획]

| 울 명 | ˈ ㅁ ㅁ ㅁ´ ㅁ′ ㅁ′ 呞 呞 唣 鳴 鳴 鳴 鳴 鳴 |

---

600. 사람(大)의 손(爫)에 끈(糸)으로 묶여서 키우는 새(鳥)로 닭을 의미

- **鷄卵**(계란): 닭이 낳은 알(卵: 알 란)
- **群鷄一鶴**(군계일학): 닭의 무리 가운데에서 한 마리의 학이란 뜻으로, 많은 사람 가운데 가장 뛰어난 인물을 이르는 말(群: 무리 군, 鶴: 학 학)

[4급 / 21획]

| 닭 계 | ´ ´ ´ ´ ´ ´ ´ ´ 奚 奚 奚 鷄 鷄 鷄 鷄 鷄 鷄 鷄 鷄 鷄 |

---

601. 암컷보다 날개가 넓은(厷) 새(隹)인 수컷을 의미

雄

- **雌雄**(자웅): 승부, 우열, 강약 따위를 비유적으로 이르는 말(雌: 암컷 자)
- **英雄**(영웅): 지혜와 재능이 뛰어나고 용맹하여 보통 사람이 하기 어려운 일을 해내는 사람(英: 꽃부리 영)
- **雄飛**(웅비): 기운차게 난다는 뜻으로, 매우 힘차고 왕성하게 활동함을 이름(飛: 날 비)

[5급 / 12획]

| 수컷 웅 | 一 ナ 九 厷 厷 厷 雄 雄 雄 雄 雄 雄 |

---

602. 새들(隹)이 나무(木) 위로 모여드는 모습

- **集中**(집중): 한 가지 일에 모든 힘을 쏟아부음(中: 가운데 중)
- **雲集**(운집): 많은 사람들이 모여듦을 비유적으로 이르는 말(雲: 구름 운)
- **詩集**(시집): 여러 편의 시를 모아서 엮은 책(詩: 시 시)

[6급 / 12획]

| 모일 집 | ´ ´ ´ ´ ´ ´ ´ 隹 隹 隼 集 集 |

---

603. 벌레(虫)나 새(隹)가 주둥이(口)로 비록 곡식을 먹더라도 해가 크지는 않는다는 의미	
雖	• **雖乞食厭拜謁**(수걸식염배알): 비록 빌어먹을망정 절하고 보기는 싫다는 뜻으로 아무리 궁해도 몸을 굽혀 지조를 버리지 않겠다는 말(乞: 빌 걸, 食: 밥 식, 厭: 싫을 염, 拜: 절 배, 謁: 아뢸 알) [3급 / 17획]
비록 **수**	`丶 冂 冂 口 吕 吕 吊 吊 吊 虽 虽 虽 虽 虽 虽 雖 雖`

604. 진흙(堇) 속에 빠진 새(隹)가 나오기 어려워하는 모습	
難	• **難易度**(난이도): 어려움과 쉬움의 정도(易: 쉬울 이, 度: 정도 도) • **困難**(곤란): 사정이 몹시 딱하고 어려움(困: 곤할 곤) • **衆口難防**(중구난방): 뭇사람의 말을 막기가 어렵다는 뜻으로, 막기 어려울 정도로 여럿이 마구 지껄임을 이르는 말(衆: 무리 중, 口: 입 구, 防: 막을 방)　　[4급 / 19획]
어려울 **난**	`一 十 廾 廾 廾 苂 苂 苔 堇 堇 堇 菓 菓 菓 難 難 難 難 難`

605. 새끼 새가 날개(羽)를 퍼덕여 스스로(自→白) 날기를 연습한다는 의미	
習	• **習慣**(습관): 오랫동안 되풀이하여 몸에 익은 채로 굳어진 개인적 행동(慣: 버릇 관) • **復習**(복습): 배운 것을 다시 익혀 공부함(復: 돌아올 복) • **學習**(학습): 배우고 익힘(學: 배울 학) [6급 / 11획]
익힐 **습**	`フ ヲ ヲ ヲ ヲヲ ヲヲ ヲヲ 羽 習 習 習`

606. 새의 양 날개가 서로 반대 방향으로 펴진 모습으로 '어긋나다, 아니다'의 의미	
非	• **是非**(시비): 옳음과 그름(是: 옳을 시) • **非常**(비상): 평상시와 다르거나 일상적이지 않아 특별함(常: 항상 상) • **非凡**(비범): 평범한 수준보다 훨씬 뛰어남(凡: 무릇 범) [4급 / 8획]
아닐 **비**	`丿 丿 刁 扌 非 非 非 非`

607. 벌레가 여러 마리 모여 있는 모양을 본떠 만든 글자	
蟲	• **蟲齒**(충치): 벌레가 파먹은 것처럼 이가 침식되는 질환(齒: 이 치) • **害蟲**(해충): 사람이나 농작물, 과수 등에 해를 끼치는 벌레(害: 해할 해) • **松蟲**(송충): 소나무 잎을 갉아먹는 솔나방의 애벌레(松: 소나무 송) [4급 / 18획]
벌레 **충**	`丶 冂 口 中 虫 虫 虫 虫 蛍 蚤 蚤 蚤 蟲 蟲 蟲 蟲 蟲`

608. 배의 돛(凡)과 벌레(虫)는 바람의 영향을 많이 받는다는 의미

- **風速**(풍속): 바람의 속도(速: 빠를 속)
- **風俗**(풍속): 옛부터 그 지방에 전해오는 의식주 및 그 밖의 모든 생활에 관한 습관(俗: 풍속 속)
- **淸風**(청풍): 부드럽고 맑은 바람(淸: 맑을 청)

[6급 / 9획]

바람/풍속
풍

丿 几 凡 凡 凩 凮 風 風 風

609. 새가 양 날개를 펴고 하늘을 나는 모양을 본떠 만든 글자

- **飛上**(비상): 높이 날아오름(上: 윗 상)
- **飛行**(비행): 공중으로 날아가거나 날아다님(行: 다닐 행)
- **雄飛**(웅비): 기운차게 난다는 뜻으로, 매우 힘차고 왕성하게 활동함을 이름(雄: 수컷 웅)

[4급 / 9획]

날 비

乙 乙 飞 飞 飞 飛 飛 飛 飛

610. 물고기의 모양을 본떠 만든 글자

- **活魚**(활어): 살아 있는 물고기(活: 살 활)
- **魚肉**(어육): 생선의 살코기(肉: 고기 육)
- **水魚之交**(수어지교): 물과 물고기의 관계처럼 서로 떨어질 수 없는 매우 친밀한 사이를 비유적으로 이르는 말(水: 물 수, 交: 사귈 교)

[5급 / 11획]

물고기 어

丿 勹 勹 勹 鱼 鱼 魚 魚 魚 魚 魚

611. 제사상에 올리는 물고기(魚)와 양고기(羊)는 곱고 싱싱해야 한다는 의미

- **新鮮**(신선): 생기가 있어 싱싱함(新: 새로울 신)
- **鮮明**(선명): 표가 나게 뚜렷하여 다른 것과 혼동되지 않음(明: 밝을 명)
- **生鮮**(생선): 먹기 위해 잡은 신선한 물고기(生: 날 생)

[5급 / 17획]

고울 선

丿 勹 勹 勹 鱼 鱼 魚 魚 魚 魚 魚 魚 鮮 鮮 鮮 鮮 鮮

612. 열려있는 조개껍데기의 모양을 본떠 만든 글자

- **貝類**(패류): 연체동물 중에서 조개에 속한 종류를 통틀어 이르는 말(類: 무리 류)
- **貝塚**(패총): 선사시대 사람들이 먹고 버린 조개껍데기가 쌓여 무덤처럼 이루어진 무더기(塚: 무덤 총)

[3급 / 7획]

조개 패

丨 冂 冂 月 貝 目 貝 貝

613. 점을 칠 때(卜) 대가(貝)를 정직하게 지불해야 곧은 점괘가 나온다는 의미

貞

- **貞淑**(정숙): 행실이 곧고 마음씨가 맑고 고움(淑: 맑을 숙)
- **貞潔**(정결): 정조가 굳고 행실이 깨끗함(潔: 깨끗할 결)

[3급 / 9획]

곧을 **정**　｜　丨　ㅏ　占　占　自　自　貞　貞

614. 사람이 생활하는 데에 바탕(才)이 되는 재물(貝)을 의미

財

- **財産**(재산): 교환 가치를 지니는 자기 소유의 모든 돈과 사물(産: 낳을 산)
- **財物**(재물): 돈이나 그 밖의 값나가는 모든 물건(物: 물건 물)
- **蓄財**(축재): 재물을 모아 쌓음(蓄: 쌓을 축)

[5급 / 10획]

재물 **재**　｜　冂　月　月　目　貝　貝　財　財

615. 재산(貝)이 나누어져(分) 가난하다는 의미

貧

- **貧弱**(빈약): 형태나 내용이 충실하지 못하고 보잘것없음(弱: 약할 약)
- **貧民**(빈민): 살림이 어렵고 가난한 백성(民: 백성 민)
- **貧困**(빈곤): 가난하여 살기가 어려움(困: 곤할 곤)

[4급 / 11획]

가난할 **빈**　丿　八　今　分　分　㑒　㑒　貧　貧　貧　貧

* 나눌 분(分)자는 칼(刀)로 물건을 나누는(八) 모습

616. 빌려준 돈(貝)을 갚으라고 가시나무(束→主)로 때리면서 조르거나 꾸짖는다는 의미

責

- **責任**(책임): 맡아서 해야 할 임무나 의무(任: 맡길 임)
- **自責**(자책): 자신의 결함이나 잘못을 스스로 꾸짖고 책망함(自: 스스로 자)
- **問責**(문책): 잘못을 캐묻고 꾸짖음(問: 물을 문)

[5급 / 11획]

맡을 **책**　一　二　キ　丰　丰　青　青　青　青　責　責

617. 돈(貝)으로 바꿀(化) 수 있는 물품으로 재물을 의미

貨

- **貨物**(화물): 운반할 수 있는 물품을 통틀어 이르는 말(物: 물건 물)
- **雜貨**(잡화): 일상생활에서 쓰는 여러 가지 잡다한 물품(雜: 섞일 잡)
- **貨幣**(화폐): 상품 교환 가치의 척도가 되며, 지불의 수단과 가치의 척도 및 저장·축적의 수단이 되는 주화, 지폐, 은행권 따위의 돈(幣: 화폐 폐)

[4급 / 11획]

재물 **화**　丿　亻　亻　化　化　㑥　㑥　貨　貨　貨　貨

618. 귀중품을 보관하는 고리짝(串)에 재물(貝)을 담는 모습으로 귀하다는 의미

貴

- **貴賤**(귀천): 신분이나 일 따위의 귀함과 천함(賤: 천할 천)
- **貴重**(귀중): 매우 가치가 크고 중요함(重: 무거울 중)
- **高貴**(고귀): 훌륭하고 귀중함(高: 높고 고)

[5급 / 12획]

귀할 귀	丶	丿	口	口	中	虫	串	虫	串	貴	貴	貴

619. 돈(貝)으로 산 물건을 그물망(罒)에 담는다는 의미

買

- **賣買**(매매): 물건을 팔고 사는 일(賣: 팔 매)
- **買收**(매수): 금품이나 그 밖의 수단으로 남의 마음을 사서 자기편으로 만듦(收: 거둘 수)
- **購買**(구매): 물건 따위를 사들임(購: 살 구)

[5급 / 12획]

살 매	丶	冂	罒	罒	罒	罒	罘	胃	胃	胃	買	買

620. 집(宀)에서 고무래(丁)로 곡식을 긁어모으듯이 재물(貝)을 모아 쌓는다는 의미

貯

- **貯蓄**(저축): 절약하여 모아 둠(蓄: 쌓을 축)
- **貯金**(저금): 금융 기관에 돈을 맡김(金: 쇠 금)
- **貯藏**(저장): 물건이나 재화 따위를 모아서 간수함(藏: 감출 장)

[5급 / 12획]

쌓을 저	丨	冂	冃	目	目	貝	貝	貝丶	貝丶	貯	貯	貯

621. 돈이나 물건(貝)을 보태며(加) 축하해준다는 의미

賀

- **祝賀**(축하): 남의 좋은 일을 기뻐하고 즐거워한다는 뜻으로 인사함(祝: 빌 축)
- **賀客**(하객): 축하하러 온 손님(客: 손 객)
- **致賀**(치하): 남이 한 일에 대하여 고마움이나 칭찬의 뜻을 표시함(致: 이를 치)

[3급 / 12획]

축하할 하	フ	力	加	加	加	扣	犳	智	智	賀	賀

622. 사들인(買) 물건을 내놓아(出→士) 판다는 의미

賣

- **賣買**(매매): 물건을 팔고 사는 일(買: 살 매)
- **賣店**(매점): 어떤 기관이나 단체 안에서 물건을 파는 작은 가게(店: 가게 점)
- **賣盡**(매진): 표나 상품 따위가 남김없이 다 팔림(盡: 다할 진)

[5급 / 15획]

팔 매	一	十	士	吉	吉	吉	壱	壱	壱	壱	壱	賣	賣	賣	賣

	623. 공로가 있는 사람에게 재물(貝)을 주어 높여주는(尙) 모습으로 상주다는 의미		
賞	• **賞狀**(상장): 잘한 일에 대한 칭찬의 뜻을 글로 담아 주는 증서(狀: 문서 장) • **施賞**(시상): 상장이나 상금, 상품 따위를 줌(施: 베풀 시) • **受賞**(수상): 상을 받음(受: 받을 수) <div align="right">[5급 / 15획]</div>		
상줄 **상**	⎸　⎸⎸　⎴　⎴　⎴　⎴　⎴　⎿　常　常　賞　賞　賞　賞		

* 높일 상(尙)자는 창문(向)을 열 때 연기나 김이 위로 올라가는(八) 모습

	624. 물건(貝)을 쌓을 때 밑에 받치는 나무토막인 모탕(所)의 모습으로 '바탕'을 의미		
質	• **素質**(소질): 본디부터 가지고 있는 성질(素: 흴 소) • **良質**(양질): 좋은 바탕이나 품질(良: 좋을 량) • **品質**(품질): 물품의 성질과 바탕(品: 물건 품) <div align="right">[5급 / 15획]</div>		
바탕 **질**	⎸　⎸　⎸　⎸　⎸　所　所　所　所　質　質　質　質　質		

	625. 손(又)으로 재물(貝)을 잘 관리하고, 베풀어 착한 일을 하는 신하(臣)가 어질다는 의미		
賢	• **賢明**(현명): 어질고 슬기로워 사리에 밝음(明: 밝을 명) • **賢人**(현인): 어질고 총명하여 성인에 견줄 만큼 뛰어난 사람(人: 사람 인) • **賢母良妻**(현모양처): 어진 어머니이면서 착한 아내(母: 어미 모, 良: 좋을 량, 妻: 아내 처) <div align="right">[4급 / 15획]</div>		
어질 **현**	⎺　⎺　⎾　⎾　⎾　臣　臣　臤　臤　賢　賢　賢　賢　賢　賢		

2-⑤. 犬/犭(개 견), 牛(소 우), 馬(말 마), 羊(양 양), 虎(범 호), 角(뿔 각), 血(피 혈)

626. 앞발을 들고 짖어대는 개의 옆 모양을 본떠 만든 글자	
犬	• **忠犬**(충견): 주인에게 충성스러운 개(忠: 충성 충) • **愛玩犬**(애완견): 주로 실내에서 애완용으로 기르는 개(愛: 사랑 애, 玩: 갖고놀 완) • **犬馬之勞**(견마지로): 개나 말 정도의 하찮은 힘이라는 뜻으로, 윗사람에게 충성을 다하는 자신의 노력을 낮추어 이르는 말(馬: 말 마, 勞: 일할 로)　　　[4급 / 4획]
개 견	一　ナ　大　犬

627. 짐승(犭)처럼 미개생활을 하는 조직의 우두머리(酋)가 간단한 일도 쉽게 결정하지 못하고 오히려 망설인다는 의미	
猶	• **猶豫**(유예): 일을 실행하는 데 날짜나 시간을 미룸(豫: 미리 예) • **過猶不及**(과유불급): 정도를 지나침은 미치지 못함과 같다는 뜻으로, 중용(中庸)이 중요함을 이르는 말(過: 지날 과, 不: 아니 불, 及: 미칠 급)　　　[3급 / 12획]
오히려 유	ノ　犭　犭　犭　犭　犭　犭　犷　犷　猶　猶　猶

628. 사나운 개(犭)나 징그러운 벌레(蜀)는 사람들이 싫어해 따로 있다는 의미	
獨	• **獨立**(독립): 남에게 의지하지 않고 따로 섬(立: 설 립) • **孤獨**(고독): 세상에 홀로 떨어져 있는 듯이 매우 외롭고 쓸쓸함(孤: 외로울 고) • **單獨**(단독): 단 한 사람(單: 홑 단)　　　[5급 / 16획]
홀로 독	ノ　犭　犭　犭　犷　犷　犷　犷　犷　獨　獨　獨　獨　獨　獨　獨

629. 뿔이 있는 소의 모양을 본떠 만든 글자	
牛	• **牛乳**(우유): 소의 젖(乳: 젖 유) • **牛耳讀經**(우이독경): 쇠귀에 경 읽기라는 뜻으로, 아무리 가르치고 일러 주어도 알아듣지 못함을 이르는 말(耳: 귀 이, 讀: 읽을 독, 經: 글 경)　　　[5급 / 4획]
소 우	ノ　レ　ヒ　牛

630. 부정한 것이 없는(勿) 깨끗한 소(牛)를 제물로 바치는 물건이라는 의미	
物	• **物件**(물건): 일정한 형체를 갖춘 모든 물질적 대상(件: 물건 건) • **植物**(식물): 생물을 동물과 함께 둘로 분류한 것의 하나(植: 심을 식) • **古物**(고물): 옛 물건. 낡은 물건(古: 옛 고)　　　[7급 / 8획]
물건 물	ノ　レ　ヰ　牛　牛　牞　物　物

한자 Up 어휘력 Up 성적 Up

631. 제물로 바치는 소(牛)는 특별하게 모셔야(寺) 한다는 의미	
特	• **特別**(특별): 보통과 구별되게 다름(別: 다를 별) • **特技**(특기): 자신만이 가진 특별한 기술이나 기능(技: 재주 기) • **特出**(특출): 남보다 특별히 뛰어남(出: 날 출) [6급 / 10획]
특별할 **특**	ノ ト ヒ 牛 牛 牜 牜 牪 牪 特 特

632. 곧게 서 있는 말을 본떠 만든 글자	
馬	• **馬車**(마차): 말이 끄는 수레(車: 수레 차) • **馬夫**(마부): 말을 부려 마차나 수레를 모는 사람(夫: 지아비 부) • **犬馬之勞**(견마지로): 개나 말 정도의 하찮은 힘이라는 뜻으로, 윗사람에게 충성을 다하는 　　　　　　　 자신의 노력을 낮추어 이르는 말(犬: 개 견, 勞: 일할 로)　[5급 / 10획]
말 **마**	l 厂 厂 厈 馬 馬 馬 馬 馬 馬

633. 동물 중에서 조심성(敬)이 많은 말(馬)이 특히 잘 놀란다는 의미	
驚	• **驚歎**(경탄): 몹시 놀라며 감탄함(歎: 탄식할 탄) • **驚異**(경이): 놀랍고 신기하게 여김(異: 다를 이) • **驚天動地**(경천동지): 하늘을 놀라게 하고 땅을 흔든다는 뜻으로, 세상을 몹시 놀라게 함을 　　　　　　　 비유적으로 이르는 말(天: 하늘 천, 動: 움직일 동, 地: 땅 지) [4급 / 23획]
놀랄 **경**	` ´ ๋ 艹 芍 芍 苟 苟 苟 苟 荀 敬 敬 敬 警 警 警 警 驚 驚 驚 驚 驚

634. 양의 모양을 본떠 만든 글자	
羊	• **羊毛**(양모): 양의 털(毛: 털 모) • **羊頭狗肉**(양두구육): 양의 머리를 걸어 놓고 개고기를 판다는 뜻으로, 겉보기만 그럴듯하 　　　　　　　 게 보이고 속은 보잘것없음을 이르는 말(頭: 머리 두, 狗: 개 구) [4급 / 6획]
양 **양**	` ´ ๋ ๋ ๋ 羊

635. 사람(大)이 머리에 양(羊)가죽을 쓰고, 꾸미고 있는 모습이 아름답다는 의미	
	• **美人**(미인): 용모가 아름다운 여자(人: 사람 인) • **美觀**(미관): 아름답고 훌륭한 풍경(觀: 볼 관) • **美談**(미담): 사람을 감동시킬 만큼 아름다운 내용을 가진 이야기(談: 말씀 담) [6급 / 9획]
아름다울 **미**	` ´ ๋ ๋ 芦 羊 兰 美 美

---

636. 양(羊)처럼 나(我)의 마음씨를 착하게 하고, 나를 희생시키는 모습으로 '옳다, 의리'를 의미

義

- **正義**(정의): 사회나 공동체를 위한 옳고 바른 도리(正: 바를 정)
- **義理**(의리): 사람으로서 마땅히 지켜야 할 도리(理: 도리 리)
- **意義**(의의): 말이나 글의 속뜻(意: 뜻 의)

[4급 / 13획]

옳을 **의**   `  ヽ  ヽ  ゛  ゛  ゛  芏  羊  差  羊  羊  義  義  義`

---

637. 호랑이의 모습을 본떠 만든 글자

虎

- **猛虎**(맹호): 사나운 호랑이(猛: 사나울 맹)
- **虎死留皮**(호사유피): 호랑이는 죽어서 가죽을 남긴다는 뜻으로, 사람은 죽어서 명성을 남겨야 함을 이르는 말(死: 죽을 사, 留: 머무를 유, 皮: 가죽 피)

[3급 / 8획]

범 **호**   `ı  ├  ┝  广  庐  虍  虏  虎`

---

638. 아름다운 무늬(虍)가 있는 안석(几)같이 편안한 곳으로 걸어가(夊) 쉬는 모습

處

- **近處**(근처): 가까운 곳(近: 가까울 근)
- **傷處**(상처): 다친 자리(傷: 상할 상)
- **處地**(처지): 처하여 있는 사정이나 형편(地: 땅 지)

[4급 / 11획]

곳 **처**   `ı  ├  ┝  广  庐  虍  虏  虏  虞  處  處`

---

639. 호랑이(虍)가 사는 언덕(丘)은 다른 동물이 모두 도망가서 비어버린다는 의미

虛

- **虛空**(허공): 텅 빈 공중(空: 빌 공)
- **虛想**(허상): 아무 쓸모 없이 헛된 생각(想: 생각할 상)
- **虛弱**(허약): 힘이나 기운이 없고 약함(弱: 약할 약)

[4급 / 12획]

빌 **허**   `ı  ├  ┝  广  庐  虍  虏  虏  虚  虛  虛  虛`

---

640. 입(口)을 크게(大→丂) 벌리고 호랑이(虎)처럼 부르짖는 모습

號

- **口號**(구호): 집회나 시위 등에서 어떤 요구나 주장을 나타내는 간결한 말(口: 입 구)
- **號令**(호령): 부하나 동물 따위를 지휘하여 명령함(令: 명령할 령)
- **番號**(번호): 차례를 나타내거나 식별하기 위해 붙이는 숫자(番: 차례 번)

[6급 / 13획]

이름/
부르짖을 **호**   `ı  ㅁ  ㅁ  号  号'  号'  号'  號  號  號  號`

---

641. 소나 양의 뿔을 본떠 만든 글자	
角	• **角度**(각도): 한 점에서 갈려 나간 두 직선의 벌어진 정도(度: 정도 도) • **四角形**(사각형): 네 개의 선분으로 둘러싸인 평면 도형(形: 모양 형) • **頭角**(두각): 뛰어난 학식이나 재능을 비유적으로 이르는 말(頭: 머리 두) <div align="right">[6급 / 7획]</div>
뿔 **각**	ノ ク ク 角 角 角 角

642. 소(牛)에게서 뿔(角)을 칼(刀)로 잘라 분해하는 모습으로 '해부하다, 풀다'를 의미	
解	• **解決**(해결): 어떤 문제나 사건 따위를 풀거나 잘 처리함(決: 정할 결) • **解氷**(해빙): 얼음이 녹아 풀림. 국제간의 긴장이 완화됨(氷: 얼음 빙) • **誤解**(오해): 그릇되게 해석하거나 뜻을 잘못 앎(誤: 그르칠 오) <div align="right">[4급 / 13획]</div>
풀 **해**	ノ ク ク 角 角 角 角 角′ 角′ 解′ 解′ 解′ 解

643. 제사를 지낼 때 희생된 동물의 피를 그릇에 담아둔 모습	
血	• **止血**(지혈): 흐르는 피를 멈추게 함(止: 그칠지) • **血肉**(혈육): 부모와 자식, 형제, 자매처럼 한 핏줄을 가진 사람(肉: 고기 육) • **血液**(혈액): 동물의 순환 기관을 통해 전신에 흐르는 붉은색의 체액(液: 진액 액) <div align="right">[4급 / 6획]</div>
피 **혈**	ノ ィ 白 白 血 血

644. 태양(日) 아래 많은 사람들(人)이 모여 있는 모습에서 무리를 의미	
衆	• **聽衆**(청중): 강연, 설교, 음악 따위를 듣기 위하여 모인 사람들(聽: 들을 청) • **大衆**(대중): 수많은 사람의 무리(大: 큰 대) • **衆口難防**(중구난방): 뭇사람의 말을 막기가 어렵다는 뜻으로, 막기 어려울 정도로 여럿이 마구 지껄임을 이르는 말(口: 입 구, 難: 어려울 난, 防: 막을 방) <div align="right">[4급 / 12획]</div>
무리 **중**	ノ ィ 白 白 血 血 衆 衆 衆 衆 衆 衆

* 갑골문자에서는 해(日) 아래에 사람 인(人)자가 3개 있는 모습이었는데 후에 해(日)가 혈(血)로 바뀜

3-1. 衣/衤(옷 의), 糸(실 사), 幺(작을 요), 巾(수건 건), 革(가죽 혁), 韋(가죽 위), 文(글월 문), 白(흰 백), 靑(푸를 청), 黃(누를 황)

3-2. 食(밥 식), 皿(그릇 명), 田(밭 전), 禾(벼 화), 香(향기 향), 米(쌀 미), 气(기운 기), 麥(보리 맥), 酉(술 유), 斗(말 두), 厶(사사로울 사), 耒(쟁기 뢰), 力(힘 력), 示(보일 시), 豆(콩 두)

3-3. 宀(집 면), 广(집 엄), 穴(구멍 혈), 戶(지게 호), 門(문 문), 片(조각 편), 瓦(기와 와), 工(장인 공)

3-①. 衣/衤(옷 의), 糸(실 사), 幺(작을 요), 巾(수건 건), 革(가죽 혁), 韋(가죽 위), 文(글월 문), 白(흰 백), 靑(푸를 청), 黃(누를 황)

---

645. 윗도리를 본떠 만든 글자

衣

- **衣服**(의복): 옷(服: 옷 복)
- **衣食住**(의식주): 인간 생활의 기본이 되는 옷과 음식과 집을 통틀어 이르는 말(住: 살 주)
- **好衣好食**(호의호식): 부유한 생활을 함(好: 좋을 호, 食: 밥 식)

[6급 / 6획]

옷 의	` 一 ナ 衣 衣 衣

---

646. 털(毛) 옷(衣)이 겉에 입는 겉옷으로 사용되어 '겉'을 의미

表

- **表面**(표면): 사물의 가장 바깥쪽. 겉으로 나타나거나 눈에 띄는 부분(面: 낯 면)
- **表情**(표정): 얼굴에 드러나는 여러 가지 마음속의 심리와 감정의 모습(情: 뜻 정)
- **表現**(표현): 생각이나 느낌 등을 말이나 행동으로 드러내어 나타냄(現: 나타날 현)

[6급 / 8획]

겉 표	一 十 キ 主 丰 丢 表 表

---

647. 옷(衣)을 다듬어 만든다(制)는 의미

製

- **製作**(제작): 물건이나 작품 따위를 일정한 재료를 사용하여 만듦(作: 지을 작)
- **製品**(제품): 판매를 목적으로 원료를 이용하여 만들어 낸 물품(品: 물건 품)
- **手製**(수제): 손으로 직접 만듦(手: 손 수)

[4급 / 14획]

지을 제	' ´ ⌐ ⼁ ⼁ 制 制 制 制 製 製 製 製 製

* 마름질할 제(制)자는 잔가지가 많은 나무(未)를 칼(刂)로 쳐서 깨끗하게 다듬는다는 의미

---

648. 실(糸)로 작은 물건을 싸서(勹) 단단히 묶는 모습으로 맺는다는 의미

- **約束**(약속): 다른 사람과 앞으로의 일을 어떻게 할 것인가를 미리 정하여 둠(束: 묶을 속)
- **言約**(언약): 말로 약속함(言: 말씀 언)
- **佳約**(가약): 아름다운 약속. 부부가 되기로 한 약속(佳: 아름다울 가)

[5급 / 9획]

맺을 약	⼃ ⼃ ⼃ ⼃ ⼃ 糸 糽 約 約

---

649. 실(糸)을 붉은 색으로 가공(工)하는 모습

紅

- **紅顔**(홍안): 젊어서 혈색이 좋은 얼굴을 이르는 말(顔: 얼굴 안)
- **紅蔘**(홍삼): 수삼을 쪄서 말린 붉은 빛깔의 인삼(蔘: 인삼 삼)
- **紅一點**(홍일점): 많은 남자 사이에 끼어 있는 하나뿐인 여자를 이르는 말(點: 점 점)

[4급 / 9획]

붉을 홍	⼃ ⼃ ⼃ ⼃ ⼃ 糸 紅 紅 紅

650. 주된(主) 실(糸)의 색은 희다는 의미

素

흴 소

- **素服**(소복): 하얗게 차려입은 옷으로 흔히 상복으로 입음(服: 옷 복)
- **儉素**(검소): 사치하지 않고 꾸밈없이 수수함(儉: 검소할 검)
- **素朴**(소박): 꾸밈이나 거짓이 없이 수수함(朴: 순박할 박)

[4급 / 10획]

一 二 丰 主 丰 丰 表 素 素 素

651. 막 돋아난 새싹(屯) 같은 실(糸)로, 가공하지 않아 순수하다는 의미

純

순수할 **순**

- **純粹**(순수): 전혀 다른 것의 섞임이 없음(粹: 순수할 수)
- **純眞**(순진): 마음이 꾸밈이 없고 참됨(眞: 참 진)
- **單純**(단순): 복잡하지 않고 간단함(單: 홑 단)

[4급 / 10획]

ㄴ ㄠ ㄠ 幺 糸 糸 糸 紂 紃 純

* 진칠 둔(屯)자는 땅(一)을 뚫고 새싹(屮)이 나오는 모습

652. 뿌리(氏)가 엉기듯이 실(糸)로 짠 '천으로 만든 종이'를 의미

紙

종이 **지**

- **紙面**(지면): 기사나 글이 실리는 인쇄물의 면(面: 낯 면)
- **答紙**(답지): 문제에 대한 답을 쓰도록 마련된 종이(答: 대답할 답)
- **圖畫紙**(도화지): 그림을 그리는 데 쓰는 종이(圖: 그림 도, 畫: 그림 화)

[7급 / 10획]

ㄴ ㄠ ㄠ 幺 糸 糸 糸 紅 紙 紙

653. 실(糸)과 누에머리(囟)를 합친 글자로, 누에가 토해내는 실이 가늘다는 의미

細

가늘 세

- **微細**(미세): 눈에 보이지 않을 정도로 매우 가늘고 작음(微: 작을 미)
- **細心**(세심): 작은 일에도 꼼꼼하게 주의를 기울여 빈틈이 없음(心: 마음 심)
- **細密**(세밀): 자세하고 빈틈없이 꼼꼼함(密: 빽빽할 밀)

[4급 / 11획]

ㄴ ㄠ ㄠ 幺 糸 糸 紵 紀 細 細 細

654. 실(糸)을 묶어 매듭을 마무리(冬) 짓는다는 의미

終

마칠 **종**

- **終結**(종결): 일이나 사건, 사태 따위를 매듭지어 끝냄(結: 맺을 결)
- **終末**(종말): 계속되어 온 일이나 현상의 맨 끝(末: 끝말)
- **始終一貫**(시종일관): 일 따위를 처음부터 끝까지 한결같이 함(始: 비로소 시, 貫: 꿸 관)

[5급 / 11획]

ㄴ ㄠ ㄠ 幺 糸 糸 紵 終 終 終 終

* 사계절 중 겨울이 마지막 계절이기 때문에 끝내다는 의미로 겨울 동(冬)자를 추가함

655. 실(糸)을 연결하듯 좋은(吉) 인연을 맺는다는 의미	
結	•**結果**(결과): 어떤 원인으로 결말이 생김(果: 열매 과) •**結婚**(결혼): 남녀가 부부관계를 맺음(婚: 혼인 혼) •**結末**(결말): 어떤 일이 마무리되는 끝(末: 끝 말) **[5급 / 12획]**
맺을 **결**	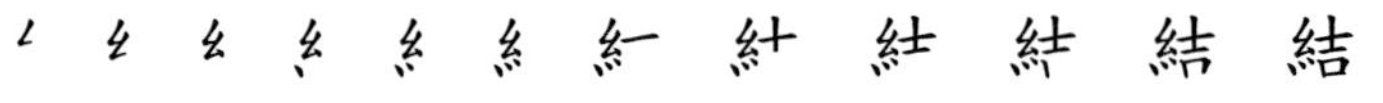

656. 실(糸)을 모아(合) 길게 이은 줄로, 실이 이어지듯 물건을 계속 준다는 의미	
給	•**供給**(공급): 요구나 필요에 따라 물품 따위를 제공함(供: 이바지할 공) •**給食**(급식): 식사를 공급함(食: 밥 식) •**月給**(월급): 일한 대가로 매달 받는 급여(月: 달 월) **[5급 / 12획]**
줄 **급**	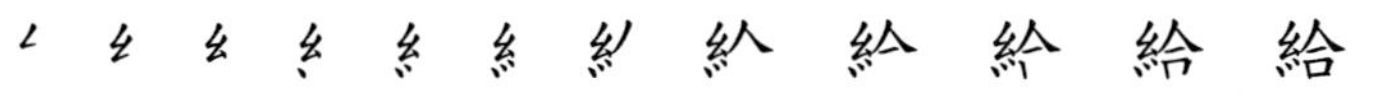

* 합할 합(合)자는 그릇(口)에 뚜껑(△)을 덮어 서로 합한 모습

657. 두 묶음의 꼰 실을 본떠 만든 글자	
絲	•**鐵絲**(철사): 쇠로 만든 가는 줄(鐵: 쇠 철) •**一絲不亂**(일사불란): 한 오라기 실도 엉키지 아니함이란 뜻으로, 질서나 체계 따위가 잘 잡혀 조금도 흐트러지거나 어지러운 데가 없음(亂: 어지러울 란) **[4급 / 12획]**
실 **사**	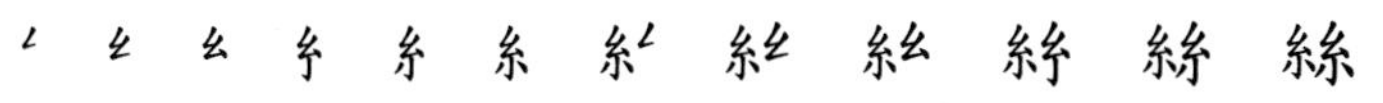

658. 사람이 무릎을 꿇고(㔾) 칼(刀)로 실(糸)을 자르는 모습	
絶	•**絶交**(절교): 사귀어 오던 교제를 끊음(交: 사귈 교) •**根絶**(근절): 어떤 사물이나 현상을 다시는 발생할 수 없도록 뿌리째 없애 버림(根: 뿌리 근) •**絶頂**(절정): 사물의 진행이나 발전이 최고의 경지에 달한 상태(頂: 정수리 정) **[4급 / 12획]**
끊을 **절**	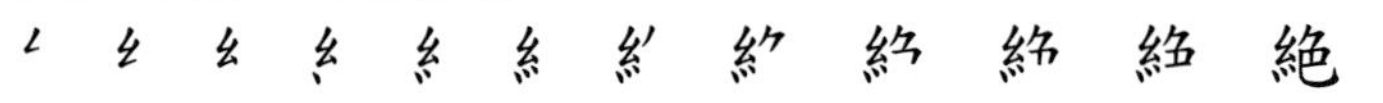

659. 여러 가닥의 실(糸)을 모아(充) 한 가닥으로 만들 듯이 하나로 모이게 이끈다는 의미	
統	•**統率**(통솔): 조직이나 집단, 사람들을 거느리고 다스림(率: 거느릴 솔) •**統制**(통제): 일정한 방침이나 목적에 따라 행위를 제한하거나 제약함(制: 제어할 제) •**大統領**(대통령): 모든 행정을 다스리고 국가를 대표하는 원수(領: 거느릴 령) **[4급 / 12획]**
거느릴 **통**	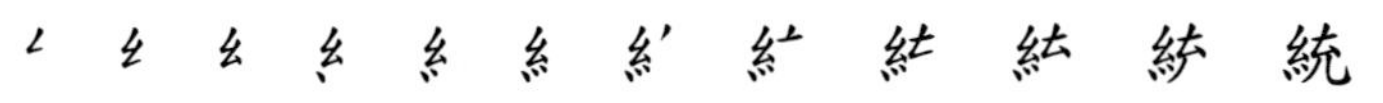

660. 베를 짤 때 물줄기(巠)같이 세로줄을 이루는 날줄(糸)을 뜻하며, 날줄은 씨줄을 거느려서 다스리다 는 의미로도 사용	
經	• **經濟**(경제): 인간 생활에 필요한 재화나 용역을 생산·분배·소비하는 모든 활동. 경세제민 의 줄임말(濟: 구제할 제) • **經書**(경서): 옛 성현들이 유교의 사상과 교리를 써 놓은 책(書: 글 서) • **佛經**(불경): 불교의 가르침을 적은 경문(佛: 부처 불)　　　　　　　　　　[4급 / 13획]
다스릴/글 **경**	𝄁 𝄁 𝄁 𝄁 𝄁 𝄁 𝄁 𝄁 𝄁 𝄁 𝄁 經 經 經

* 다스릴 경(巠)자는 날줄이 걸려 있는 베틀의 모양을 본떠 만든 글자

661. 칼로 벗긴(彔) 나무껍질의 색처럼 실(糸)이 푸르다는 의미	
綠	• **綠陰**(녹음): 푸른 잎이 우거진 나무나 수풀(陰: 그늘 음) • **草綠同色**(초록동색): 풀색과 녹색은 같은 색이라는 뜻으로, 같은 처지에 있는 사람들끼리 　　　　　　　　 같이 어울리게 마련이라는 의미(草: 풀 초, 同: 같을 동, 色: 빛 색) 　　　　　　　　　　　　　　　　　　　　　　　　　　　　　　　　　[6급 / 14획]
푸를 **록**	𝄁 𝄁 𝄁 𝄁 𝄁 𝄁 𝄁 𝄁 𝄁 綠 綠 綠 綠 綠

662. 실(糸)을 삶아 불순물을 가려내어(柬) 좋은 실을 만드는 일을 오랫동안 반복하는 모습으로 '익히다' 를 의미	
練	• **練習**(연습): 학문이나 기예 따위를 익숙하도록 되풀이하여 익힘(習: 익힐 습) • **練兵**(연병): 전투에 필요한 여러 가지 동작이나 작업 따위를 훈련함(兵: 군사 병) • **訓練**(훈련): 가르쳐서 익히게 함(訓: 가르칠 훈)　　　　　　　　　　[5급 / 15획]
익힐 **련**	𝄁 𝄁 𝄁 𝄁 𝄁 𝄁 𝄁 𝄁 𝄁 𝄁 𝄁 𝄁 練 練 練

* 가릴 간(柬)자는 어떤 대상이나 사물을 다른 것과 구별하여 나누어서(八) 묶어놓는(束) 모습

663. 샘(泉)에서 물이 끊임없이 나오듯이 줄(糸)이 길게 나온다는 의미	
線	• **直線**(직선): 꺾이거나 굽은 데가 없는 곧은 선(直: 곧을 직) • **曲線**(곡선): 부드럽게 굽은 선(曲: 굽을 곡) • **無線**(무선): 통신이나 방송을 전선 없이 전파로 함(無: 없을 무)　　　　[6급 / 15획]
줄 **선**	𝄁 𝄁 𝄁 𝄁 𝄁 𝄁 𝄁 𝄁 𝄁 𝄁 𝄁 線 線 線 線

664. 실(糸)이 길게 이어지는 것이 상품을 사고파는(賣) 것처럼 이어진다는 의미	
續	• **續出**(속출): 잇달아 나옴(出: 날 출) • **接續**(접속): 서로 맞대어 이음(接: 닿을 접) • **持續**(지속): 어떤 일이나 상태가 오래 계속됨(持: 가질 지)　　　　　　[4급 / 21획]
이을 **속**	𝄁 𝄁 𝄁 𝄁 𝄁 𝄁 𝄁 𝄁 𝄁 續 續 續 續 續 續 續 續 續 續 續

665. 힘(力)이 약한(幺) 어린이를 의미

幼	• **幼兒**(유아): 생후 1년부터 만 6세까지의 어린아이(兒: 아이 아)
	• **幼稚**(유치): 수준이 낮거나 미숙함(稚: 어릴 치)
	• **長幼有序**(장유유서): 오륜의 하나로써 어른과 어린이 또는 윗사람과 아랫사람 사이에는 지켜야 할 차례와 질서가 있음을 뜻함(長: 길 장, 序: 차례 서) **[3급 / 5획]**
어릴 유	ㄴ ㄠ ㄠ 幻 幼

666. 창(戈)을 든 사람(人)이 적군의 작은(幺) 기미를 살피고 병력이 얼마인지 살피는 모습

幾	• **幾微**(기미): 어떤 일을 알아차릴 수 있는 눈치(微: 작을 미)
	• **幾年**(기년): 몇 해(年: 해 년)
	[3급 / 12획]
몇 기	ㄴ ㄠ ㄠ ㄠ ㄠㄠ ㄠㄠ ㄠㄠ 丝 丝 幾 幾 幾

667. 머리(亠)에 수건(巾)을 두르고 시장에서 일하는 모습

市	• **市場**(시장): 여러 가지 상품을 사고파는 일정한 장소(場: 마당 장)
	• **門前成市**(문전성시): 찾아오는 사람이 많아 집 문 앞이 시장을 이루다시피 함을 이르는 말(門: 문 문, 前: 앞 전, 成: 이룰 성)
	[7급 / 5획]
시장 시	丶 亠 宀 宀 市

668. 손(屮)으로 베(巾)를 만들어 좍 편다는 의미

布	• **宣布**(선포): 어떤 일이나 법규 따위를 세상에 널리 알림(宣: 베풀 선)
	• **布石**(포석): 바둑을 둘 때, 앞으로 집을 차지하는 데 유리하도록 처음에 돌을 벌여 놓음(石: 돌 석)
	[4급 / 5획]
펼 포	丿 ナ ナ 右 布

669. 무늬(爻)와 수가 놓인 천(巾)은 흔하지 않아 누구나 갖고 싶어 한다는 의미

希	• **希望**(희망): 어떤 일을 이루거나 얻고자 기대하고 바람(望: 바랄 망)
	• **希求**(희구): 바라고 구함(求: 구할 구)
	[4급 / 7획]
바랄 희	丿 メ ㄨ 产 产 希 希

한자 Up 어휘력 Up 성적 Up

670. 임금이 면류관을 쓴 모양을 본떠 만든 글자	
	• **皇帝**(황제): 제국에서 군주의 칭호(皇: 임금 황) • **帝王**(제왕): 황제와 국왕을 아울러 이르는 말(王: 임금 왕) • **女帝**(여제): 여자 황제(女: 계집 여) <div align="right">[4급 / 9획]</div>
임금 제	` 一 亠 兯 产 产 产 帝 帝

671. 많은 제자들에게 빙 둘러(帀) 싸여(𠂤) 있는 스승을 의미	
	• **師弟**(사제): 스승과 제자(弟: 아우 제) • **恩師**(은사): 가르침을 받은 은혜로운 스승(恩: 은혜 은) • **敎師**(교사): 학교에서 일정한 자격을 가지고 학생을 가르치는 사람(敎: 가르칠 교) <div align="right">[4급 / 10획]</div>
스승 사	′ ⺊ ⼊ ⼐ ⼧ 𠂤 𠂤 師 師 師 師

* 두를 잡(帀)자는 머리(一)에 수건(巾)을 두른 모습

672. 여러(庶) 사람이 앉는 깔개(巾)로 '자리'를 의미	
	• **着席**(착석): 자리에 앉음(着: 붙을 착) • **缺席**(결석): 수업이나 모임 따위에 참석하지 않음(缺: 이지러질 결) • **席卷**(석권): 자리를 말 듯이 무서운 기세로 영토를 휩쓸거나 세력 범위를 넓힘(卷: 책 권) <div align="right">[6급 / 10획]</div>
자리 석	` 一 广 广 广 庐 庐 庐 庐 席 席

* 여러 서(庶)자는 집(广) 마당에 불(灬)를 피우고 여러(廿) 명이 모인 모습

673. 사람은 옷(巾) 입는 것을 항상 높게(尙) 여긴다는 의미	
	• **常備**(상비): 늘 갖추어 둠(備: 갖출 비) • **恒常**(항상): 언제나 변함없이. 늘(恒: 항상 항) • **非常**(비상): 평상시와 다르거나 일상적이지 않아 특별함(非: 아닐 비) <div align="right">[4급 / 11획]</div>
항상 상	` ⺊ ⼎ ⺍ ⺍ 尚 尚 常 常 常 常

674. 완전히 벗긴 짐승의 가죽을 본떠 만든 글자	
	• **革帶**(혁대): 가죽으로 만든 띠. 허리띠(帶: 띠 대) • **革新**(혁신): 낡은 것을 바꾸거나 고쳐서 아주 새롭게 함(新: 새로울 신) • **改革**(개혁): 제도나 기구 따위를 새롭게 뜯어고침(改: 고칠 개) <div align="right">[4급 / 9획]</div>
가죽 혁	一 十 廿 廿 廿 甘 苗 苗 苗 革

675. 아침 햇빛이 아름답게 빛나고(휼) 단단하게 둘러싸인(韋) '한나라'를 뜻하며, 우리나라를 의미하기도 함	
	• **韓國**(한국): 대한민국(國: 나라 국) • **韓食**(한식): 우리나라 고유의 음식이나 식사(食: 밥 식) • **韓服**(한복): 예부터 전해 오는 우리나라의 전통적 의복(服: 옷 복) [8급 / 17획]
나라 **한**	一 十 十 古 吉 吉 卓 卓 卓' 韩" 韩 韩 韩 韩 韩 韓 韓

676. 사람 몸에 그린 문신 모양을 본떠 만든 글자	
	• **文書**(문서): 글이나 기호 따위로 의사나 관념 또는 사상을 나타낸 것(書: 글 서) • **文字**(문자): 말의 음과 뜻을 표시하는 시각적인 기호(字: 글자 자) • **例文**(예문): 보기로 든 글(例: 보기 례) [7급 / 4획]
글월 **문**	` 亠 ナ 文

677. 햇빛(日)이 위를 향해 비추는 모습으로 '희다'를 의미	
	• **白雪**(백설): 하얀 눈(雪: 눈 설) • **潔白**(결백): 행동이나 마음씨가 깨끗하여 아무 허물이 없음(潔: 깨끗할 결) • **告白**(고백): 사실대로 숨김없이 말함(告: 알릴 고) [8급 / 5획]
흰/아뢸 **백**	' 亻 卢 白 白

678. 하나(一)에서 일백까지 세면 크게 외쳐(白) 계수를 마친다는 의미	
	• **百姓**(백성): 일반 국민을 예스럽게 이르는 말(姓: 성씨 성) • **一當百**(일당백): 한 사람이 백 사람을 당해낸다는 뜻으로, 매우 용감함을 이름(當: 마땅 당) • **百發百中**(백발백중): 백 번 쏘아 백 번 맞힌다는 뜻으로, 무슨 일이든지 틀리지 않고 꼭 들어맞음(發: 쏠 발, 中: 가운데 중) [7급 / 6획]
일백 **백**	一 丆 丆 万 百 百

679. 흰(白) 바탕의 과녁(勺)을 본떠 만든 글자	
的	• **的中**(적중): 예상이나 추측 또는 목표 따위에 정확히 들어맞음(中: 가운데 중) • **標的**(표적): 목표로 삼는 대상(標: 표시할 표) • **目的**(목적): 일을 이루려고 하는 목표나 나아가는 방향(目: 눈 목) [5급 / 8획]
과녁 **적**	' 亻 卢 白 白 白' 的 的

680. 나란히 서있는 사람들(比)의 말(白)이 모두 다 같다는 의미

皆

- **皆勤**(개근): 학교나 직장 따위에 일정한 기간 동안 하루도 빠짐없이 출석하거나 출근함(勤: 부지런할 근)
- **皆兵**(개병): 국민 모두가 병역의 의무를 지는 일(兵: 군사 병)
- **皆骨山**(개골산): 겨울에는 기암괴석의 산체가 뼈처럼 드러난다는 뜻으로 금강산을 달리 이르는 말(骨: 뼈 골, 山: 뫼 산)

[3급 / 9획]

모두 개	一 𠂆 比 比 比 皆 皆 皆 皆

681. 밝게 빛나는(白) 면류관을 쓰고 있는 왕(王)의 모습

皇

- **皇帝**(황제): 제국에서 군주의 칭호(帝: 임금 제)
- **皇后**(황후): 황제의 정실부인(后: 황후 후)
- **敎皇**(교황): 가톨릭교회의 최고위 성직자(敎: 가르칠 교)

[3급 / 9획]

임금 황	′ ′ ′ 竹 白 白 白 皁 皁 皇

682. 우물(井) 옆에서 자라나는(生) 초목이 맑고 푸르다는 의미

靑

- **靑年**(청년): 신체적·정신적으로 한창 성장하거나 무르익은 시기에 있는 사람(年: 해 년)
- **靑松**(청송): 사시사철 잎이 푸른 소나무(松: 소나무 송)
- **靑出於藍**(청출어람): 쪽에서 뽑아낸 푸른 물감이 쪽보다 더 푸르다는 뜻으로, 제자가 스승보다 나음을 비유적으로 이름(出: 날 출, 於: 어조사 어, 藍: 쪽 람)

[8급 / 8획]

푸를 청	一 十 丰 主 丰 靑 靑 靑

683. 다툼(爭)이 끝나 마음이 맑고 깨끗한(靑) 안정된 상태로, 고요하다는 의미

靜

- **靜肅**(정숙): 조용하고 엄숙함(肅: 엄숙할 숙)
- **靜寂**(정적): 고요하여 잠잠함(寂: 고요할 적)
- **冷靜**(냉정): 생각이나 행동이 감정에 좌우되지 않고 침착함(冷: 찰 랭)

[4급 / 16획]

고요할 정	一 十 丰 主 丰 靑 靑 靑 靜 靜 靜 靜 靜 靜 靜 靜

684. 고대 중국의 귀족들이 허리에 누런빛의 옥을 차고 있는 모습을 본떠 만든 글자

黃

- **朱黃**(주황): 빨간빛과 누런빛의 중간 빛깔(朱: 붉을 주)
- **黃砂**(황사): 누런 모래(砂: 모래 사)
- **黃金**(황금): 누런빛의 금이라는 뜻으로, 돈이나 재물을 비유적으로 이름(金: 쇠 금)

[6급 / 12획]

누를 황	一 十 卄 艹 芢 芢 芇 苗 苗 苗 黃 黃

3-②. 食(밥 식), 皿(그릇 명), 田(밭 전), 禾(벼 화), 香(향기 향), 米(쌀 미), 气(기운 기), 麥(보리 맥), 酉(술 유), 斗(말 두), 厶(사사로울 사), 耒(쟁기 뢰), 力(힘 력), 示(보일 시), 豆(콩 두)

---

685. 그릇(艮)에 음식물을 가득 담고 뚜껑(△)을 덮은 모양을 본떠 만든 글자

- **食事**(식사): 끼니로 음식을 먹음(事: 일 사)
- **食堂**(식당): 건물 안에 식사를 할 수 있게 시설을 갖춘 장소(堂: 집 당)
- **試食**(시식): 음식의 맛이나 요리 솜씨를 보려고 시험 삼아 먹어 봄(試: 시험할 시)

[7급 / 9획]

밥/먹을 **식**	ノ 人 ㅅ 今 今 今 食 食 食

---

686. 소화가 잘되도록 밥(食)을 입안에서 이리저리 뒤집으며(反) 씹어 먹는 모습

飯

- **飯饌**(반찬): 밥에 곁들여 먹는 음식을 통틀어 이르는 말(饌: 반찬 찬)
- **白飯**(백반): 음식점에서 흰밥에 국과 몇 가지 반찬을 끼워 파는 한 상의 음식(白: 흰 백)

[3급 / 13획]

밥 **반**	ノ 𠆢 ⻌ 乍 乍 乍 乍 食 食 食 飠 飣 飯 飯

---

687. 입을 벌리고(欠) 술이나 국 같은 음식(食)을 마시는 모습

飲

- **飮料**(음료): 갈증을 풀거나 맛을 즐기기 위하여 마시는 액체(料: 재료 료)
- **飮酒**(음주): 술을 마심(酒: 술 주)
- **飮食**(음식): 사람이 먹고 마실 수 있도록 만든 모든 것(食: 밥 식)

[6급 / 13획]

마실 **음**	ノ 𠆢 ⻌ 乍 乍 乍 食 食 食 飠 飠 飲 飲

---

688. 양(羊)에게 풀을 먹여(食) 기른다는 의미

- **養育**(양육): 아이를 잘 자라도록 기르고 보살핌(育: 기를 육)
- **養成**(양성): 가르쳐서 유능한 사람을 키워 냄(成: 이룰 성)
- **奉養**(봉양): 웃어른을 받들어 모심(奉: 받들 봉)

[5급 / 15획]

기를 **양**	` ´ ⍩ ⍩ ⍩ 羊 羊 羊 美 美 𦎧 𦎧 𦎧 𦎧 養

---

689. 음식(食)을 먹고도 남을 만큼 많다(余)는 의미

- **餘暇**(여가): 일이 없어 남는 시간(暇: 한가할 가)
- **餘恨**(여한): 풀지 못하고 남은 원한(恨: 한 한)
- **餘裕**(여유): 경제적·시간적으로 넉넉하여 남음이 있는 상태(裕: 넉넉할 유)

[4급 / 16획]

남을 **여**	ノ 𠆢 ⻌ 乍 乍 乍 食 食 食 飠 飠 飠 飠 飠 飠 餘

한자 Up 어휘력 Up 성적 Up

690. 가득 찬 그릇(皿)에 물(氺)을 붓는 모습으로 더하다는 의미	
益	• **利益**(이익): 정신적·물질적으로 이롭고 보탬이 되는 일(利: 이로울 리) • **公益**(공익): 사회 전체의 이익(公: 공평할 공) • **多多益善**(다다익선): 많으면 많을수록 더욱 좋음(多: 많을 다, 善: 착할 선) **[4급 / 10획]**
더할 **익**	丶 丷 䒑 兴 兴 关 益 益 益 益

691. 이루어진(成) 음식을 그릇(皿)에 가득 담아 신에게 바치는 모습에서 '많다, 성하다'를 의미	
盛	• **豊盛**(풍성): 넉넉하고 많음(豊: 풍성할 풍) • **茂盛**(무성): 풀이나 나무 따위가 자라서 우거질 정도로 빽빽함(茂: 무성할 무) • **昌盛**(창성): 일이나 기세 따위가 크게 일어나 잘 뻗어 나감(昌: 번성할 창) **[4급 / 12획]**
성할 **성**	丿 厂 𠂆 万 成 成 成 成 盛 盛 盛 盛

692. 그릇(皿) 속의 찌꺼기(灬)를 솔(聿)로 깨끗하게 씻어서 비우는 모습으로 다하다는 의미	
盡	• **盡力**(진력): 있는 힘을 다함(力: 힘 력) • **極盡**(극진): 마음과 힘을 다하여 애를 쓰는 것이 매우 지극함(極: 다할 극) • **賣盡**(매진): 표나 상품 따위가 남김없이 다 팔림(賣: 팔 매) **[4급 / 14획]**
다할 **진**	㇕ 彐 彐 聿 聿 聿 聿 聿 盡 盡 盡 盡 盡 盡

693. 구획된 밭의 모양을 본떠 만든 글자	
田	• **田畓**(전답): 논과 밭(畓: 논 답) • **田園**(전원): 도시에서 떨어진 시골이나 교외를 이르는 말(園: 동산 원) • **我田引水**(아전인수): 자기 논에 물 대기라는 뜻으로, 무슨 일을 자기에게만 이롭게 되도록 생각하거나 행동함을 이르는 말(我: 나 아, 引: 끌 인, 水: 물 수) **[4급 / 5획]**
밭 **전**	丨 冂 冂 田 田

694. 단단한 거북이 등껍질의 모양을 본떠 만든 글자로 단단한 '갑옷'을 의미	
甲	• **甲富**(갑부): 첫째가는 큰 부자(富: 부유할 부) • **回甲**(회갑): 나이 예순한 살의 생일을 이르는 말(回: 돌아올 회) • **鐵甲**(철갑): 쇠로 만든 갑옷(鐵: 쇠 철) **[4급 / 5획]**
갑옷 **갑**	丨 冂 日 日 甲

695. 번개가 번쩍 치는 모습으로 위에서 아래로 퍼지는 모양을 본떠 만든 글자

申	• 申請(신청): 어떤 일이나 물건을 단체나 기관에 신고하여 청구함(請: 청할 청)
	• 申告(신고): 회사, 학교, 관청 등의 기관 또는 그 기관의 상사 등에 일정한 사실을 진술하여 보고함(告: 알릴 고)
	[4급 / 5획]
펼 **신**	丨 冂 日 日 申

696. 꼭지(')에 매달린 열매(田)의 모양으로, 열매는 꼭지로 말미암아 매달린다는 의미

由	• 理由(이유): 어떤 일을 일어나게 하는 까닭이나 근거(理: 다스릴 리)
	• 自由(자유): 외부적인 구속이나 무엇에 얽매이지 아니하고 자기 마음대로 할 수 있는 상태(自: 스스로 자)
	• 由來(유래): 사물이 어떤 것으로 말미암아 일어나거나 전하여 온 내력(來: 올 래)
	[6급 / 5획]
말미암을 **유**	丨 冂 冂 由 由

697. 밭(田)에서 힘써(力) 일하는 남자의 모습

男	• 男女老少(남녀노소): 모든 사람(女: 계집 녀, 老: 늙을 로, 少: 적을 소)
	• 甲男乙女(갑남을녀): 평범한 사람들을 이르는 말(甲: 갑옷 갑, 乙: 새 을, 女: 계집 녀)
	• 次男(차남): 둘째 아들(次: 버금 차)
	[7급 / 7획]
사내 **남**	丨 冂 冂 田 田 罗 男

698. 밭(田)과 밭 사이에 끼여(介) 구분을 짓기 위한 경계를 의미

界	• 世界(세계): 지구 위의 모든 나라. 대상이나 현상의 모든 범위(世: 세상 세)
	• 境界(경계): 어떤 지역과 다른 지역 사이에 일정한 기준으로 구별되는 한계(境: 경계 경)
	• 限界(한계): 사물이나 능력, 책임 따위가 실제 작용할 수 있는 범위(限: 한정할 한)
	[6급 / 9획]
경계 **계**	丨 冂 冂 田 田 炅 界 界 界

699. 토끼(卯)가 풀밭(田)에 머물러 한가하게 풀을 뜯고 있는 모습

留	• 留學(유학): 외국에 머물면서 공부함(學: 배울 학)
	• 保留(보류): 어떤 일을 당장 처리하지 아니하고 나중으로 미루어 둠(保: 지킬 보)
	• 停留(정류): 자동차 따위가 가다 잠시 머무름(停: 머무를 정)
	[4급 / 10획]
머무를 **류**	𠂆 𠃌 𠂤 𠂤 卯 卯 留 留 留

700. 밭(田)은 함께(共) 있어도 심어진 곡식은 다르다는 의미	
異	• **相異**(상이): 서로 다름(相: 서로 상) • **異口同聲**(이구동성): 여러 사람의 말이 한결같음(口: 입 구, 同: 같을 동, 聲: 소리 성) • **大同小異**(대동소이): 큰 차이 없이 거의 같음(大: 큰 대, 同: 같을 동, 小: 작을 소) **[4급 / 11획]**
다를 **이**	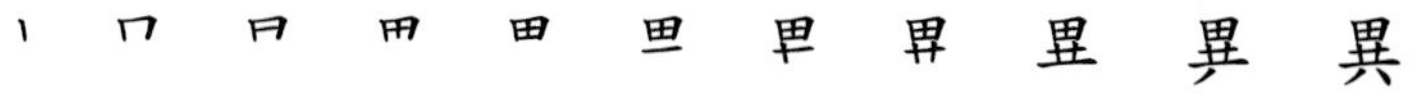

701. 밭(田)에 동물의 발자국(釆)이 차례로 찍혀 있는 모습	
番	• **番號**(번호): 차례를 나타내거나 식별하기 위해 붙이는 숫자(號: 번호 호) • **順番**(순번): 순서대로 매겨지는 번호(順: 순할 순) • **番地**(번지): 땅을 일정한 기준에 따라 나누어 그 각각에 매긴 번호(地: 땅 지) **[6급 / 12획]**
차례 **번**	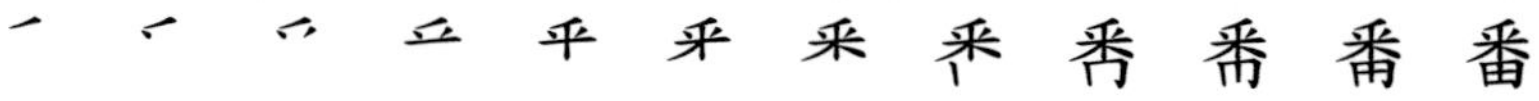

702. 붓(聿)으로 밭의 경계(田)를 종이(一)에 그린다는 의미	
畫	• **畫家**(화가): 그림 그리기를 직업으로 하는 사람(家: 집 가) • **肖像畫**(초상화): 사람의 얼굴이나 모습을 그린 그림(肖: 닮을 초, 像: 모양 상) • **墨畫**(묵화): 먹으로 짙고 엷음을 이용하여 그린 그림(墨: 먹 묵) **[6급 / 12획]**
그림 **화**	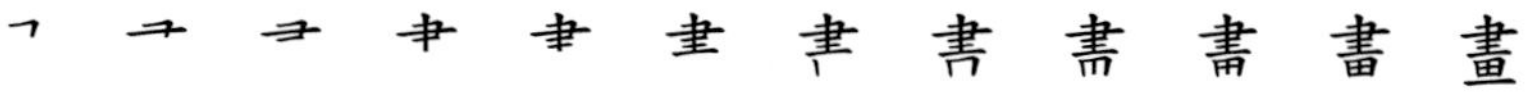

703. 자신의 밭(田)에서 높은(尙) 수확을 바라는 것은 마땅하다는 의미	
當	• **當爲**(당위): 마땅히 그렇게 하거나 되어야 하는 것(爲: 할 위) • **當然**(당연): 일의 앞뒤 사정을 놓고 볼 때 마땅히 그러함(然: 그러할 연) • **正當**(정당): 이치에 맞아 바르고 마땅함(正: 바를 정) **[5급 / 13획]**
마땅 **당**	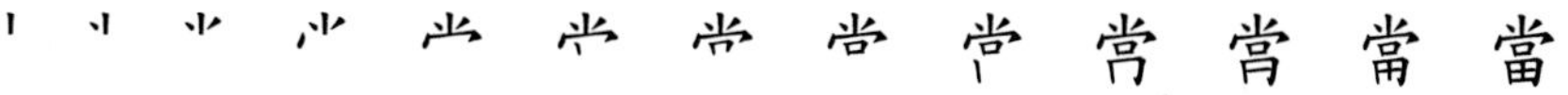

704. 볏단(禾)을 자기 팔에 끌어안은(厶) 모습	
私	• **公私**(공사): 공적인 일과 사적인 일을 아울러 이르는 말(公: 공평할 공) • **私心**(사심): 자기 욕심을 채우려는 사사로운 마음(心: 마음 심) • **私利**(사리): 개인의 사사로운 이익(利: 이로울 리) **[4급 / 7획]**
개인 **사**	

* 사사로울 사(厶)자는 팔꿈치를 구부려 물건을 자기 쪽으로 감싸는 모양을 본떠 만든 글자로, '사사롭다, 개인'을 의미

705. 벼(禾) 이삭 중에서 쭉정이가 아닌 알이 통통(孕)하게 여문 이삭이 빼어나다는 의미	
秀	• **秀麗**(수려): 경치나 용모가 빼어나게 아름다움(麗: 고울 려) • **秀才**(수재): 머리가 좋고 재주가 뛰어난 사람(才: 재주 재) • **優秀**(우수): 여럿 가운데 뛰어나고 빼어남(優: 뛰어날 우) <div align="right">[4급 / 7획]</div>
빼어날 수	ﾉ 二 千 禾 禾 秀 秀

706. 말(斗)로 벼(禾)를 달아 검사해서 품질별로 분류하는 모습으로 '과목, 과정'을 의미	
科	• **科目**(과목): 배워야 할 지식의 각 분야를 세분한 교과 영역(目: 눈 목) • **科程**(과정): 학교에서 학생들이 공부하는 과목의 내용과 체계(程: 정도 정) • **眼科**(안과): 눈에 관계된 질환을 연구하고 치료하는 의학 분야(眼: 눈 안) <div align="right">[6급 / 9획]</div>
과목 과	ﾉ 二 千 禾 禾 禾 禾 科 科

707. 불(火)에 익듯이 곡식(禾)이 익어서 수확하는 계절인 '가을'을 의미	
秋	• **秋收**(추수): 가을에 익은 곡식을 거두어들임(收: 거둘 수) • **晩秋**(만추): 늦은 가을 무렵(晩: 늦을 만) • **秋毫**(추호): 가을 털끝만큼 매우 조금을 비유적으로 이르는 말(毫: 털 호) <div align="right">[7급 / 9획]</div>
가을 추	ﾉ 二 千 禾 禾 禾 禾 秋 秋

708. 볏모(禾)가 모판에서 자라 무성(多)해지면 논으로 옮겨 심는다는 의미	
移	• **移徙**(이사): 사는 곳을 다른 데로 옮김(徙: 옮길 사) • **移住**(이주): 개인이나 종족, 민족 따위의 집단이 본래 살던 지역을 떠나 다른 지역으로 이동하여 머물러 삶(住: 살 주) • **移民**(이민): 자기 나라를 떠나 다른 나라로 옮겨가서 삶(民: 백성 민) [4급 / 11획]
옮길 이	ﾉ 二 千 禾 禾 禾 移 移 移 移 移

709. 다른 곡식을 수확했어도 벼(禾)로 바꾸어서(兌) 세금을 낸다는 의미	
稅	• **稅金**(세금): 국가의 필요한 경비를 위하여 국민이 소득의 일부를 의무적으로 내는 돈(金: 쇠 금) • **課稅**(과세): 세금을 매김(課: 매길 과) • **免稅**(면세): 세금을 면하여 줌(免: 면할 면) [4급 / 12획]
세금 세	ﾉ 二 千 禾 禾 禾 禾 禾 稅 稅 稅 稅

한자 Up 어휘력 Up 성적 Up

710. 거둔 곡식(禾) 중에서 알차고 무거운(重) 것을 골라 다음 해 종자로 사용한다는 의미	
種	• **種類**(종류): 일정한 특질에 따라 나뉘는 사물의 갈래(類: 무리 류) • **種子**(종자): 성숙한 식물의 씨앗. 동물의 혈통이나 품종(子: 아들 자) • **各種**(각종): 여러 종류(各: 각각 각) [5급 / 14획]
씨/종류 **종**	丿 二 千 千 禾 秆 秆 秆 稆 稆 稆 種 種 種

711. 껍질(殼)에 쌓인 곡물(禾)을 의미	
穀	• **穀食**(곡식): 사람의 식량이 되는 쌀, 보리, 콩, 밀, 옥수수 따위를 통틀어 이르는 말(食: 밥 식) • **五穀**(오곡): 쌀, 보리, 콩, 조, 기장의 다섯 가지 곡식. 온갖 곡식 • **雜穀**(잡곡): 쌀 이외의 모든 곡식(雜: 섞일 잡) [4급 / 15획]
곡식 **곡**	一 十 士 声 吉 吉 吉 壴 幸 睾 睾 殼 穀 穀

712. 쌀(禾)을 입(曰)에 넣고 오래 씹으면 향기가 난다는 의미	
香	• **香氣**(향기): 꽃이나 향 따위에서 나는 좋은 냄새(氣: 기운 기) • **香水**(향수): 향료를 알코올 등에 용해해서 만든 액체 화장품의 하나(水: 물 수) • **芳香**(방향): 꽃다운 향내나 좋은 냄새(芳: 꽃다울 방) [4급 / 9획]
향기 **향**	丿 二 千 千 禾 禾 香 香 香

713. 많은 쌀알들이 흩어져 있는 모습을 본떠 만든 글자	
米	• **米穀**(미곡): 벼의 껍질을 벗긴 알갱이(穀: 곡식 곡) • **白米**(백미): 깨끗하고 희게 찧은 쌀(白: 흰 백) • **玄米**(현미): 벼의 겉껍질만 벗겨 낸 쌀(玄: 검을 현) [6급 / 6획]
쌀 **미**	丶 丷 二 半 米 米

714. 쌀(米)을 푸른(靑) 빛이 나도록 정성을 들여 세밀하게 찧는 모습	
精	• **精密**(정밀): 세밀한 곳까지 빈틈이 없고 정확함(密: 빽빽할 밀) • **精讀**(정독): 글의 뜻을 새기면서 자세히 읽음(讀: 읽을 독) • **精米**(정미): 기계로 벼를 찧어 쌀을 만듦(米: 쌀 미) [4급 / 14획]
정밀할 **정**	丶 丷 二 半 米 米 粁 料 粘 精 精 精 精

* 푸를 청(靑)자는 우물(井) 옆에서 자라나는(生) 초목이 맑고 푸르다는 의미

II. 부문별 배정한자

715. 쌀(米)로 밥을 지을 때 올라오는 증기(气)처럼 살아 움직이는 힘을 의미

氣	• 氣體(기체): 일정한 형태가 없고 유동성이 큰 물질의 기본적인 집합 상태(體: 몸 체) • 氣分(기분): 마음에 저절로 느껴지는 유쾌함이나 불쾌함 따위의 감정(分: 나눌 분) • 氣溫(기온): 대기의 온도(溫: 따뜻할 온) [7급 / 10획]
기운 기	氣

716. 원래 보리를 의미했던 '來'자가 '오다'라는 뜻으로 쓰이자, 뿌리(夊) 모양을 추가하여 새롭게 보리를 의미하게 됨

麥	• 麥秀之歎(맥수지탄): 기자가 은나라가 망한 후에도 보리만은 잘 자람을 보고 한탄했다는 고사에서 나온 말로, 고국의 멸망을 한탄함을 이름(秀: 빼어날 수, 歎: 탄식할 탄) [3급 / 11획]
보리 맥	麥

717. 술을 빚어 담은 술병의 모양을 본떠 만든 글자로, 후에 십이지지의 하나로 사용되자 술이 액체라는 점에 착안하여 물 수(氵)자를 더해서 술 주(酒)자가 생겨남

酉	• 丁酉再亂(정유재란): 1597년 정유년(선조 30년)에 임진왜란 휴전 교섭이 결렬된 뒤, 일본이 재침입하여 일으킨 난리(丁: 고무래 정, 再: 다시 재, 亂: 어지러울 란) [3급 / 7획]
술/닭 유	酉

718. 술병(酉)에 담긴 술(氵)을 의미

酒	• 飮酒(음주): 술을 마심(飮: 마실 음) • 酒店(주점): 술을 파는 집(店: 가게 점) • 酒量(주량): 마시고 견딜 정도의 술의 분량(量: 헤아릴 량) [4급 / 10획]
술 주	酒

719. 앓는 소리(殹)를 내는 환자에게 약초 술(酉)을 먹여 병을 고치는 의원을 의미

醫	• 醫師(의사): 면허를 얻어 의술과 약으로 병을 진찰하고 치료하는 사람(師: 스승 사) • 醫術(의술): 병이나 상처를 고치는 기술(術: 재주 술) • 醫院(의원): 진료 시설을 갖추고 의사가 의료 행위를 하는 곳(院: 집 원) [6급 / 18획]
의원 의	醫

* 앓는 소리 예(殹)자는 화살(矢)을 맞아 몸속(匚)에 화살이 있거나 창에 찔린(殳) 환자가 앓는 소리를 내는 모습

720. 곡식 따위의 양을 재는 긴 자루가 달린 국자의 모양을 본떠 만든 글자	
斗	• 斗量(두량): 되나 말로 곡식의 분량을 헤아려서 셈(量: 헤아릴 량) • 北斗七星(북두칠성): 국자 모양의 일곱 개의 별(北: 북녘 북, 星: 별 성) [4급 / 4획]
말 두	` ` ` ` ` `二` `斗`

721. 쌀(米)의 양을 말(斗)로 재는 모습으로 헤아린다는 의미	
料	• 思料(사료): 깊이 생각하여 헤아림(思: 생각할 사) • 材料(재료): 물건을 만들 때 바탕으로 사용하는 것(材: 재목 재) • 調味料(조미료): 음식의 맛을 알맞게 맞추는 데 쓰는 재료(調: 고를 조, 味: 맛 미) [5급 / 10획]
헤아릴/ 재료 료	` ` `丷` `二` `半` `并` `米` `米` `米` `料` `料`

722. 사람(大→土)이 문(口→厶) 밖으로 나가는 모습	
去	• 過去(과거): 지나간 일이나 때(過: 지날 과) • 去來(거래): 서로 오고 가거나 주고받음(來: 올 래) • 除去(제거): 어떤 사물이나 현상 따위를 없어지게 함(除: 덜 제) [5급 / 5획]
갈 거	`一` `十` `土` `去` `去`

723. 사람이 머리(彡)에 장식을 한 비녀(厶)를 꽂고 의식에 참가하는 모습	
參	• 參與(참여): 어떤 일이나 모임에 참가하여 관계함(與: 더불어 여) • 參觀(참관): 어떤 자리에 직접 나아가서 봄(觀: 볼 관) • 參拾(삼십): 30을 갖은자로 표기(拾: 열 십) [5급 / 11획]
석 삼 / 참여할 참	`厶` `厽` `厽` `厽` `厽` `厽` `厽` `厽` `參` `參` `參`

724. 쟁기(耒)로 구획된(井) 밭을 가는 모습	
耕	• 耕作(경작): 땅을 갈아서 농사를 지음(作: 지을 작) • 休耕(휴경): 농사를 짓던 논밭을 얼마 동안 경작하지 않고 내버려둠(休: 쉴 휴) • 晝耕夜讀(주경야독): 낮에는 농사짓고 밤에는 글을 읽는다는 뜻으로, 어려운 여건 속에서도 꿋꿋이 공부함을 이르는 말(晝: 낮 주, 夜: 밤 야, 讀: 읽을 독) [3급 / 10획]
밭갈 경	`一` `二` `三` `丰` `耒` `耒` `耒` `耒` `耕` `耕`

Ⅱ. 부문별 배정한자

725. 팔에 힘을 주는 모습을 본떠 만든 글자		
力	• **力作**(역작): 온 힘을 기울여 만든 작품(作: 지을 작) • **能力**(능력): 일을 감당해 낼 수 있는 힘(能: 능할 능) • **視力**(시력): 물체의 존재나 형상을 인식하는 눈의 능력(視: 볼 시) [7급 / 2획]	
힘 력	フ 力	

726. 힘써(力) 일을 돕고 말(口)로도 곁들여서 도와준다는 의미		
加	• **加減**(가감): 더하거나 뺌(減: 덜 감) • **加速**(가속): 점점 속도를 더함(速: 빠를 속) • **增加**(증가): 양이나 수가 늘어나거나 많아짐(增: 더할 증) [5급 / 5획]	
더할 가	フ 力 加 加 加	

727. 힘(力)을 다해 일하여(工) 이루어진 결과로 '공로'를 의미		
功	• **成功**(성공): 목적하는 바를 이룸(成: 이룰 성) • **功過**(공과): 공로와 허물을 아울러 이르는 말(過: 허물 과) • **功勞**(공로): 어떤 목적을 이루는 데에 들인 노력이나 수고(勞: 일할 로) [6급 / 5획]	
공 공	一 T 工 기 功	

728. 힘(力)을 또(且) 더하여 도와준다는 의미		
助	• **助言**(조언): 도움이 되도록 말로 거들거나 깨우쳐 줌(言: 말씀 언) • **相扶相助**(상부상조): 서로서로 도움(相: 서로 상, 扶: 도울 부) • **協助**(협조): 힘을 모아 서로 도움(協: 화합할 협) [4급 / 7획]	
도울 조	l ㄇ ㅔ 目 且 助 助	

729. 힘들고 고된 일을 면(免)하기 위하여 부지런히 힘(力)을 쓴다는 의미		
勉	• **勤勉**(근면): 부지런히 일하며 힘씀(勤: 부지런할 근) • **勉學**(면학): 학문에 힘씀(學: 배울 학) [4급 / 9획]	
힘쓸 면	′ ⺈ ⺈ 孑 ⺈ 免 免 勉 勉	

* 면할 면(免)자는 덫에 걸린 토끼(兎)가 꼬리(ヽ)만 잘리고 죽음을 면한다는 의미

182

730. 힘(力)이 용솟음(甬)쳐서 행동이 날쌔고 용감하다는 의미

勇	•**勇敢**(용감): 두려움을 모르며 기운차고 씩씩함(敢: 굳셀 감) •**勇猛**(용맹): 씩씩하고 날래며 사나움(猛: 사나울 맹) •**勇氣**(용기): 굳세고 씩씩한 기운(氣: 기운 기) **[6급 / 9획]**
날쌜 **용**	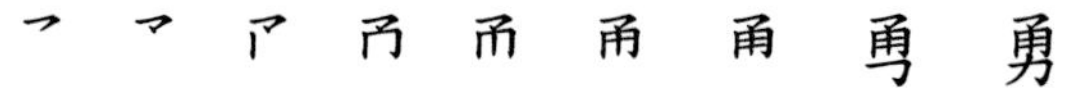

* 솟아오를 용(甬)자는 꽃봉오리가 부풀어 솟아오르는 모양을 본떠 만든 글자

731. 힘(力)을 가하여 무거운(重) 물체를 움직인다는 의미

動	•**動作**(동작): 몸이나 손발 따위를 움직임(作: 지을 작) •**運動**(운동): 사람이 몸을 단련하거나 건강을 위하여 몸을 움직이는 일(運: 움직일 운) •**活動**(활동): 몸을 움직여 행동함(活: 살 활) **[7급 / 11획]**
움직일 **동**	

732. 창(矛)으로 적을 치듯이(攵) 죽도록 힘써(力) 일한다는 의미

務	•**業務**(업무): 직장 같은 곳에서 맡아서 하는 일(業: 일 업) •**勤務**(근무): 직장에 적을 두고 맡은 바 임무에 종사함(勤: 부지런할 근) •**休務**(휴무): 일정 기간 업무를 쉼(休: 쉴 휴) **[4급 / 11획]**
힘쓸 **무**	

733. 칠흑으로 덮인(冖) 곳에서 밤늦도록 불(火)을 켜놓고 힘써(力) 일하는 모습

勞	•**勞力**(노력): 힘을 들여 일함(力: 힘 력) •**功勞**(공로): 어떤 목적을 이루는 데에 들인 노력이나 수고(功: 공 공) •**勤勞**(근로): 힘을 들여 부지런히 일함(勤: 부지런할 근) **[5급 / 12획]**
일할 **로**	

734. 몸(月)을 구부려(卷) 힘써서(力) 이긴다는 의미

勝	•**勝利**(승리): 겨루거나 싸워서 이김(利: 이로울 리) •**大勝**(대승): 싸움이나 경기에서 크게 이김(大: 큰 대) •**連戰連勝**(연전연승): 싸울 때마다 연달아 계속 이김(連: 이을 연, 戰: 싸울 전) **[6급 / 12획]**
이길 **승**	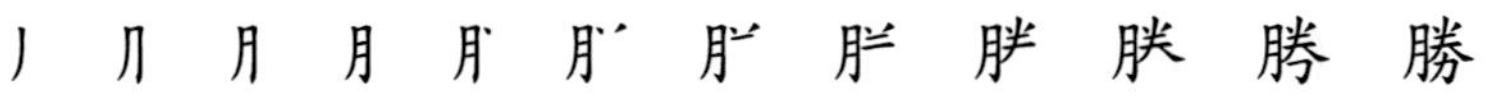

735. 진흙(堇)밭은 힘(力)을 더 들여 부지런히 일해야 한다는 의미

勤

부지런할
근

- **勤勞**(근로): 힘을 들여 부지런히 일함(勞: 일할 로)
- **勤勉**(근면): 부지런히 일하며 힘씀(勉: 힘쓸 면)
- **夜勤**(야근): 퇴근 시간이 지나 밤늦게까지 직장에서 일을 함(夜: 밤 야)

[4급 / 13획]

一 十 卄 廿 甘 苗 莭 莭 莭 莭 堇 堇 勤 勤

* 노란 진흙 근(堇)자는 누를 황(黃)과 흙 토(土)를 합쳐 노란 진흙을 의미

736. 심은(埶) 나무가 힘차게(力) 자라나는 모습으로 '기세'를 의미

勢

기세 **세**

- **威勢**(위세): 사람을 두렵게 하여 복종하게 하는 힘(威: 위엄 위)
- **權勢**(권세): 권력과 세력을 아울러 이르는 말(權: 권세 권)
- **破竹之勢**(파죽지세): 대나무의 한끝을 갈라 내리 쪼개듯, 거침없이 적을 물리치며 진군하는 기세를 이르는 말(破: 깨뜨릴 파, 竹: 대나무 죽)

[4급 / 13획]

一 十 土 坴 坴 坴 埶 埶 埶 執 勢 勢

737. 황새(雚)처럼 소리를 지르며 힘껏(力) 하도록 권한다는 의미

勸

권할 **권**

- **勸誘**(권유): 남에게 어떤 일을 권하여 하도록 함(誘: 꾈 유)
- **勸告**(권고): 남에게 무엇을 하도록 권함(告: 알릴 고)
- **勸學**(권학): 학문에 힘쓰도록 권함(學: 배울 학)

[4급 / 20획]

丶 ⺊ 丬 ⺾ 芍 芍 茧 茧 茸 茸 萑 萑 萑 萑 雚 雚 雚 勸 勸

738. 신에게 희생물을 바치는 제단의 모습을 본떠 만든 글자로 귀신과 제사, 복을 비는 글자에 들어가며, 귀신이 미래를 보거나 안다는 뜻으로 '보인다'는 의미로도 사용

示

보일 **시**

- **明示**(명시): 분명하게 나타내어 보임(明: 밝을 명)
- **展示**(전시): 여러 가지 물품을 한곳에 벌여 놓고 사람들에게 보임(展: 펼 전)
- **例示**(예시): 예를 들어 보여줌(例: 보기 례)

[5급 / 5획]

一 二 亍 亓 示

739. 번개(申) 칠 때마다 신령(示)이 온다고 생각해서 두 글자를 합쳐 '귀신, 천신'을 의미

神

귀신 **신**

- **鬼神**(귀신): 죽은 사람의 넋(鬼: 귀신 귀)
- **神童**(신동): 여러 가지 재주와 지혜가 남달리 뛰어난 아이(童: 아이 동)
- **神仙**(신선): 도를 닦아서 인간 세상을 떠나 자연과 벗하여 늙지 않고 오래 산다는 상상의 사람(仙: 신선 선)

[6급 / 10획]

丶 亠 亍 礻 礻 礻 祀 礻 神 神

740. 제단(示) 위에 음식이 든 제사 그릇(且)을 올려놓고 조상에게 제사를 지내는 모습

祖

- **祖上**(조상): 이미 돌아가신, 어버이 위로 대대의 어른(上: 윗 상)
- **祖父**(조부): 할아버지(父: 아비 부)
- **元祖**(원조): 어떤 일을 처음 시작한 사람(元: 으뜸 원)

[7급 / 10획]

할아버지 **조**

` ㄴ ㅋ ㅋ ㅊ ㅊ ㅊ ㅊ 初 祖 祖 祖

741. 제단(示) 앞에서 사람(儿)이 입(口)으로 복을 빌며 축하하는 모습

祝

- **祝賀**(축하): 남의 좋은 일을 기뻐하고 즐거워한다는 뜻으로 인사함(賀: 축하할 하)
- **祝歌**(축가): 축하의 뜻을 담은 노래(歌: 노래 가)
- **慶祝**(경축): 경사스러운 일을 축하함(慶: 경사 경)

[5급 / 10획]

빌 **축**

` ㄴ ㅋ ㅋ ㅊ ㅊ ㅊ 初 祝 祝 祝

742. 손(又)으로 고기(月)를 제사상(示)에 올리는 모습으로 제사를 의미

祭

- **祭祀**(제사): 신령이나 죽은 사람의 넋에게 음식을 차려 정성을 표하는 의식(祀: 제사 사)
- **祭器**(제기): 제사에 쓰는 그릇(器: 그릇 기)
- **祭物**(제물): 제사 지낼 때 바치는 물건이나 짐승(物: 물건 물)

[4급 / 11획]

제사 **제**

ノ ク タ タ タ 外 奴 奴 祭 祭 祭

743. 수풀(林) 속에 귀신(示)을 모시는 곳으로, 아무나 출입할 수 없다는 뜻으로 금지를 의미

禁

- **禁止**(금지): 어떤 일이나 행동 등을 하지 못하게 막음(止: 그칠 지)
- **禁食**(금식): 치료나 종교적 이유 등으로 일정 기간 음식을 먹지 않음(食: 밥 식)
- **禁煙**(금연): 담배를 피우지 못하게 함(煙: 연기 연)

[4급 / 13획]

금할 **금**

一 十 才 木 朴 朴 材 林 杕 苂 禁 禁 禁

744. 제단(示)에 술이 가득 담긴 항아리를 올리며 신에게 복을 비는 모습

福

- **祝福**(축복): 행복을 빎(祝: 빌 축)
- **幸福**(행복): 생활에서 기쁨과 만족감을 느껴 흐뭇한 상태(幸: 다행 행)
- **多福**(다복): 복이 많음(多: 많을 다)

[5급 / 14획]

복 **복**

` ㄴ ㅋ ㅋ ㅊ ㅊ ㅊ 补 祁 祁 福 福 福 福

745. 제사(示)를 지낼 때는 음식을 풍족(豊)하게 하여 예의를 갖추어야 한다는 의미	
禮	• **禮儀**(예의): 존경의 뜻을 표하기 위해서 예로써 나타내는 말투나 몸가짐(儀: 예의 의) • **禮遇**(예우): 예의를 다하여 정중히 대우함(遇: 대접할 우) • **目禮**(목례): 눈짓으로 가볍게 하는 인사(目: 눈 목) [6급 / 18획]
예도 **례**	ˉ 亍 亍 示 示 和 和 神 神 神 禮 禮 禮 禮 禮 禮 禮

746. 밑받침이 있는 제사 그릇을 본떠 만든 글자로, 제기처럼 둥글어서 콩이라는 뜻으로 사용	
豆	• **豆腐**(두부): 콩으로 만든 음식의 하나(腐: 썩을 부) • **豆乳**(두유): 물에 불린 콩을 간 다음, 물을 붓고 끓여 걸러서 만든 우유 같은 액체(乳: 젖 유) [4급 / 7획]
콩 두	ˉ 亠 冖 口 豆 豆 豆

747. 제사 그릇(豆)에 음식이 가득 담긴 모습으로 풍성하다는 의미	
豊	• **豊年**(풍년): 농사가 잘되어 수확이 많은 해(年: 해 년) • **豊富**(풍부): 넉넉하고 많음(富: 부유할 부) • **豊盛**(풍성): 넉넉하고 많음(盛: 성할 성) [4급 / 13획]
풍성할 **풍**	ヽ 口 日 由 曲 曲 曹 豊 豊 豊 豊 豊

3–③. 宀(집 면), 广(집 엄), 穴(구멍 혈), 戶(지게 호), 門(문 문), 片(조각 편), 瓦(기와 와), 工 (장인 공)

748. 집(宀)이나 건물을 손(寸)으로 막아 지킨다는 의미	
守	•守備(수비): 외부의 침략이나 공격을 막아 지킴(備: 갖출 비) •守護(수호): 어떤 대상이나 가치 등을 침범이나 침해로부터 지키고 보호함(護: 지킬 호) •嚴守(엄수): 명령이나 약속 따위를 꼭 지킴(嚴: 엄할 엄) [4급 / 6획]
지킬 **수**	` ` 宀 宀 守 守

749. 여자(女)가 집(宀)안에서 일을 잘 돌보아 집안이 편안하다는 의미	
安	•便安(편안): 몸이나 마음이 걱정 없이 편하고 좋음(便: 편할 편) •安否(안부): 편안하게 잘 지내고 있는지, 그렇지 아니한지에 대한 소식(否: 아닐 부) •問安(문안): 웃어른께 안부를 여쭘(問: 물을 문) [7급 / 6획]
편안할 **안**	` ` 宀 安 安 安

750. 지붕(宀)과 들보와 기둥(于)으로 이루어진 집의 모습	
宇	•宇宙(우주): 모든 천체를 포함하는 전 공간(宙: 집 주) [3급 / 6획]
집 **우**	` ` 宀 宀 宇 宇

751. 편안하게 몸을 맡기고(乇) 쉴 수 있는 집(宀)을 의미	
宅	•住宅(주택): 사람이 사는 집(住: 살 주) •宅地(택지): 집을 짓기 위해 마련된 땅(地: 땅 지) •宅內(댁내): 남의 집안을 높여 이르는 말(內: 안 내) [5급 / 6획]
집 **택/댁**	` ` 宀 宀 宅 宅

752. 집(宀)을 으뜸(元)으로 잘 지어 튼튼하고 완전하다는 의미	
完	•完全(완전): 필요한 것이 모두 갖추어져 모자람이나 흠이 없음(全: 온전할 전) •完成(완성): 완전히 다 이룸(成: 이룰 성) •補完(보완): 부족한 것을 보충하여 완전하게 함(補: 도울 보) [5급 / 7획]
완전할 **완**	` ` 宀 宀 宀 宇 完

* 으뜸 원(元)자는 머리(二)를 강조한 사람(儿)의 모습을 본떠 만든 글자로, 사람의 몸에서 머리가 으뜸이라는 의미

753. 많은 계층(目)의 사람들이 일하는 집(宀)으로 '관청, 벼슬'을 의미	
官	• 官吏(관리): 봉급을 받고 국가나 지방자치단체의 사무를 보는 사람(吏: 벼슬 리) • 官家(관가): 관리가 나랏일을 보는 곳을 이르던 말(家: 집 가) • 仕官(사관): 관리가 되어 봉사함(仕: 벼슬 사) <div align="right">[4급 / 8획]</div>
벼슬 관	`  ′  宀  宀  宀  官  官  官`

754. 집(宀)안에 물건의 위치를 바르게(正) 정한다는 의미	
定	• 定價(정가): 상품에 일정한 값을 매김(價: 값 가) • 限定(한정): 수량이나 범위 따위를 제한하여 정함(限: 한정할 한) • 選定(선정): 여럿 가운데서 어떤 것을 뽑아 정함(選: 가릴 선) <div align="right">[6급 / 8획]</div>
정할 정	`  ′  宀  宀  宇  宇  定  定`

755. 제사(示)를 지내는 집(宀)으로 종묘(宗廟)를 의미하며, 종묘는 매우 높이 모셔서 높다는 의미가 생겨남	
宗	• 宗廟(종묘): 역대 임금과 왕비의 위패를 모시던 왕실의 사당(廟: 사당 묘) • 宗家(종가): 한 문중에서 맏아들로만 이어 온 큰집(家: 집 가) • 宗孫(종손): 종가의 대를 이을 맏손자(孫: 손자 손) <div align="right">[4급 / 8획]</div>
높을 종	`  ′  宀  宀  宀  宇  宗  宗`

756. 지붕(宀)과 여러 방(由)으로 이루어진 집의 모습	
宙	• 宇宙(우주): 모든 천체를 포함하는 전 공간(宇: 집 우) <div align="right">[3급 / 8획]</div>
집 주	`  ′  宀  宀  宁  宙  宙  宙`

757. 제각각(各) 다른 곳에서 집(宀)으로 온 손님을 의미	
客	• 客室(객실): 손님을 거처하게 하거나 접대할 수 있도록 정해 놓은 방(室: 집 실) • 觀客(관객): 운동 경기, 공연, 영화 따위를 보거나 듣는 사람(觀: 볼 관) • 主客(주객): 주인과 손님(主: 주인 주) <div align="right">[5급 / 9획]</div>
손 객	`  ′  宀  宀  宄  安  客  客  客`

758. 사람이 이르러(至) 편안하게 머무는 집(宀)을 의미

室
집 실

- 室內(실내): 집이나 건물 따위의 안(內: 안 내)
- 敎室(교실): 교육 기관에서 학생들이 수업하는 방(敎: 가르칠 교)
- 浴室(욕실): 목욕할 수 있는 시설을 갖춘 방(浴: 목욕할 욕)

[8급 / 9획]

`丶 丷 宀 宀 宏 宏 宏 宰 室

759. 집(宀)안에 돼지(豕)가 있는 형상을 본떠 만든 글자

家
집 가

- 家屋(가옥): 사람이 사는 집(屋: 집 옥)
- 家訓(가훈): 집안의 어른이 자손들에게 일러 주는 가르침(訓: 가르칠 훈)
- 歸家(귀가): 집으로 돌아가거나 돌아옴(歸: 돌아갈 귀)

[7급 / 10획]

`丶 丷 宀 宀 宁 宁 宇 家 家 家

* 돼지는 가축 중에서 최초로 집안에서 길렀는데, 옛날 중국에는 뱀이 많아 집에서 돼지를 키웠음

760. 집(宀)이 골짜기(谷)처럼 넓어 많은 것을 담아두듯이 많은 표정이 담기는 얼굴을 의미

容
얼굴/
받아들일 용

- 容貌(용모): 얼굴 모습과 몸의 차림새(貌: 모양 모)
- 容恕(용서): 지은 죄나 잘못한 일을 꾸짖거나 벌하지 않고 덮어 줌(恕: 용서할 서)
- 許容(허용): 허락하여 너그럽게 받아들임(許: 허락할 허)

[4급 / 10획]

`丶 丷 宀 宀 宀 宍 宍 突 突 容 容

761. 집(宀)에서 사람을 헐뜯고 어지럽히는(丰) 말(口)을 하는 모습으로 '해하다'는 의미

害
해할 해

- 水害(수해): 장마나 홍수로 인한 피해(水: 물 수)
- 害蟲(해충): 사람이나 농작물, 과수 등에 해를 끼치는 벌레(蟲: 벌레 충)
- 傷害(상해): 남의 몸에 상처를 입힘(傷: 상할 상)

[5급 / 10획]

`丶 丷 宀 宀 宀 宔 宔 宝 害 害 害

762. 나무가 빽빽한(宓) 산속에서 남의 눈에 띄지 않게 일하는 모습으로 '빽빽하다, 비밀'을 의미

密
빽빽할 밀

- 密林(밀림): 큰 나무들이 빽빽하게 들어선 깊은 숲(林: 수풀 림)
- 密集(밀집): 빈틈없이 빽빽하게 모임(集: 모일 집)
- 親密(친밀): 지내는 사이가 매우 친하고 가까움(親: 친할 친)

[4급 / 11획]

`丶 丷 宀 宀 宓 宓 宓 宓 宻 密 密

---

763. 집(宀)에서 많은(百) 사람들(亻)이 잔다는 의미

宿

- **宿所**(숙소): 집을 떠난 사람이 임시로 묵는 곳(所: 곳 소)
- **宿食**(숙식): 자고 먹음(食: 먹을 식)
- **宿願**(숙원): 오래전부터 품어 온 소원(願: 원할 원)

[5급 / 11획]

잘 숙	丶 丶 宀 宀 宀 宀 宿 宿 宿 宿 宿

---

764. 양손(臼)으로 화살을 바로 펴고 있는 모양을 본떠 만든 글자로, 현재는 십이지지의 하나로 사용

寅

- **丙寅洋擾**(병인양요): 1866년 병인년(고종 3년)에 흥선 대원군의 천주교 탄압 사건에 대한 보복으로 프랑스 함대가 강화도에 침범한 사건(洋: 큰바다 양, 擾: 시끄러울 요)

[3급 / 11획]

셋째 지지 인	丶 丶 宀 宀 宀 宭 宭 宙 宙 寅 寅

* 十二地支(십이지지): 子丑寅卯辰巳午未申酉戌亥(자축인묘진사오미신유술해)

---

765. 재물이 가득 차 있는 항아리가 있는 집(宀)으로 부유하다는 의미

富

- **貧富**(빈부): 가난함과 부유함(貧: 가난할 빈)
- **富強**(부강): 부유하고 군사력이 강함(強: 강할 강)
- **豊富**(풍부): 넉넉하고 많음(豊: 풍성할 풍)

[4급 / 12획]

부유할 부	丶 丶 宀 宀 宀 宀 富 富 宮 宮 富 富

---

766. 집(宀)에서 사람(人)이 풀더미(艹)로 몸을 감싸 추위(冫)를 막고 있는 모습

寒

- **寒冷**(한랭): 날씨 따위가 춥고 참(冷: 찰 랭)
- **寒氣**(한기): 추운 기운(氣: 기운 기)
- **寒波**(한파): 겨울철에 온도가 갑자기 내려가면서 들이닥치는 추위(波: 물결 파)

[5급 / 12획]

찰 한	丶 丶 宀 宀 宀 宀 宲 宲 寒 寒 寒 寒

---

767. 집(宀)이 돈꿰미(貫)로 가득 차 있는 모습으로, '알참, 열매'를 의미

實

- **果實**(과실): 과일나무에 열리는 열매(果: 열매 과)
- **有實樹**(유실수): 먹을 수 있거나 유용한 열매가 열리는 나무(有: 있을 유, 樹: 나무 수)
- **實現**(실현): 꿈, 기대 따위를 실제로 이룸(現: 나타날 현)

[5급 / 14획]

열매 실	丶 丶 宀 宀 宀 宙 宙 審 審 實 實 實 實 實

---

768. 집(宀)에서 제사(祭)를 지낼 때는 정성껏 살펴야 한다는 의미	
	• **觀察**(관찰): 사물이나 현상을 주의하여 자세히 살펴봄(觀: 볼 관) • **考察**(고찰): 어떤 것을 깊이 생각하고 연구함(考: 생각할 고) • **警察**(경찰): 국가 사회의 공공질서와 안녕을 보장하고 국민의 안전과 재산을 보호하는 일 (警: 경계할 경) [4급 / 14획]
살필 **찰**	` 丶 宀 宀 宂 宆 宆 宆 宊 宊 宊 宊 宊 宊 宊 察

769. 베 짤 때 씨줄의 실 꾸러미가 들어있는 북을 날줄 사이로 주고받듯(予) 순서가 중요하듯 집(宀)에서 도 차례가 중요하다는 의미	
	• **序列**(서열): 일정한 기준에 따라 순서대로 늘어섬(列: 벌일 렬) • **順序**(순서): 정해진 기준에 따라 여럿을 선·후로 구분하여 나열한 것(順: 순할 순) • **秩序**(질서): 사물들의 규칙적인 순서나 차례(秩: 차례 질) [5급 / 7획]
차례 **서**	` 丶 亠 广 庐 庐 庐 序

* 줄 여(予)자는 베틀에서 사용하는 북의 모습을 본떠 만든 글자로, 씨줄의 실 꾸러미가 들어있는 북을 날줄 사이로 주고받는 모습에서 준다는 의미

770. 집(广)에서 사람(人)이 손(크)으로 별을 보면서 일하는 모습으로, 현재는 십천간의 하나로 사용	
	• **庚戌國恥**(경술국치): 1910년(경술년) 8월 29일, 우리나라 역사상 처음으로 국권을 상실한 치욕의 날을 이름(戌: 개 술, 國: 나라 국, 恥: 부끄러울 치) [3급 / 8획]
별 **경**	` 丶 亠 广 广 庐 庐 庚 庚

* 十天干(십천간): 甲乙丙丁戊己庚辛壬癸(갑을병정무기경신임계)

771. 집(广)에 점령하듯(占) 물건을 벌여 놓고 파는 가게를 의미	
	• **商店**(상점): 물건 파는 가게(商: 장사 상) • **支店**(지점): 본점에서 갈라져 나온 점포(支: 가지 지) • **露店**(노점): 길가에 물건을 벌여 놓고 장사하는 곳(露: 드러낼 로) [5급 / 8획]
가게 **점**	` 丶 亠 广 广 庁 店 店 店

772. 여러(庶) 사람이 손(又)으로 헤아려 정하는 모습으로 '정도, 법도'를 의미	
度	• **程度**(정도): 사물의 성질이나 가치를 양적 또는 질적으로 본 분량이나 수준(程: 정도 정) • **速度**(속도): 물체가 나아가거나 일이 진행되는 빠르기(速: 빠를 속) •**尺度**(척도): 자로 재는 길이의 표준. 판단이나 평가의 기준(尺: 자 척) [6급 / 9획]
정도 **도**	` 丶 亠 广 广 庐 庐 庐 庹 度

773. 조정(廷)의 신하들처럼 늘어선 나무와 꽃들이 있는 집(广)의 마당을 의미

庭

- **庭園**(정원): 집 안에 있는 뜰이나 꽃밭(園: 동산 원)
- **家庭**(가정): 부부를 중심으로 혈연관계자가 함께 살고 있는 사회의 가장 작은 집단(家: 집 가)
- **校庭**(교정): 학교의 마당이나 운동장(校: 학교 교)

[6급 / 10획]

뜰 정	` 亠 广 庐 庐 庄 庭 庭 庭 庭

* 조정 정(廷)자는 궁전의 긴 뜰을 걸어가(廴) 곧게 늘어서서(壬=人+土) 나랏일을 논의하는 '조정'을 의미

774. 누런 황금이나 곡식을 가득 넣을 수 있는 집(广)으로 '넓다, 크다'를 의미

廣

- **廣場**(광장): 많은 사람이 모일 수 있게 거리에 만들어 놓은 넓은 마당(場: 마당 장)
- **廣告**(광고): 상품 같은 것의 명칭이나 효능 등을 널리 알리는 것(告: 알릴 고)
- **廣野**(광야): 텅 비고 아득히 넓은 들(野: 들 야)

[5급 / 15획]

넓을 광	` 亠 广 广 广 广 广 庐 庐 庐 席 廣 廣 廣 廣

775. 굴(穴)속의 끝(九)까지 파고 들어가는 모습으로, 깊게 연구한다는 의미

究

- **學究熱**(학구열): 학문 연구에 대한 열의와 정열(學: 배울 학, 熱: 더울 열)
- **研究**(연구): 어떤 일이나 사물에 대해 깊이 있게 조사하고 생각하여 이치나 진리를 알아 냄(研: 갈 연)
- **探究**(탐구): 진리, 학문 따위를 파고들어 깊이 연구함(探: 찾을 탐)

[4급 / 7획]

연구할 구	` 宀 宀 穴 空 究 究

776. 땅을 파낸(工) 굴(穴)처럼 속이 비어있는 모습

空

- **空中**(공중): 하늘과 땅 사이의 빈 곳(中: 가운데 중)
- **空間**(공간): 아무것도 없는 빈 곳(間: 사이 간)
- **低空**(저공): 지면과 가까운 공중(低: 낮을 저)

[7급 / 8획]

빌 공	` 宀 宀 宀 穴 空 空 空

777. 벽에 구멍(穴)을 뚫어 창(厶)을 내면 몸과 마음(心)이 시원하고 밝아진다는 의미

窓

- **窓門**(창문): 공기나 빛 따위가 통하도록 벽이나 지붕에 만들어 놓은 문(門: 문 문)
- **同窓**(동창): 같은 학교에서 함께 공부한 사이(同: 같을 동)
- **車窓**(차창): 기차나 자동차 따위에 달려 있는 창문(車: 수레 차)

[6급 / 11획]

창문 창	` 宀 宀 宀 穴 空 空 空 窓 窓 窓

778. 외짝 문의 모양을 본떠 만든 글자	
戶	• **窓戶**(창호): 온갖 창과 문을 통틀어 이르는 말(窓: 창문 창) • **門戶**(문호): 집으로 드나드는 문. 외부와 교류하기 위한 통로나 수단을 비유적으로 이르는 말(門: 문 문) • **家家戶戶**(가가호호): 집집마다(家: 집 가)　　　　　　　　　　　　[4급 / 4획]
지게 **호**	´　丆　尸　戶

779. 집(戶) 안의 네모진(方) 공간으로 '방'을 의미	
房	• **獨房**(독방): 혼자서 쓰는 방(獨: 홀로 독) • **房門**(방문): 방으로 드나드는 문(門: 문 문) • **暖房**(난방): 실내의 온도를 높여 따뜻하게 하는 일(暖: 따뜻할 난)　[4급 / 8획]
방 **방**	´　丆　尸　戶　戶　房　房　房

780. 집(戶)에 도끼(斤)를 놓아두는 곳이란 의미	
所	• **場所**(장소): 일이나 사건이 이루어지거나 발생한 곳(場: 마당 장) • **住所**(주소): 살고 있는 곳(住: 살 주) • **所願**(소원): 어떤 일이 이루어지기를 바람(願: 원할 원)　　　　　[7급 / 8획]
곳/바 **소**	´　丆　斤　戶　戶　所　所　所

781. 좌우 두 개의 문짝이 붙은 문을 본떠 만든 글자	
門	• **房門**(방문): 방으로 드나드는 문(房: 방 방) • **門前成市**(문전성시): 찾아오는 사람이 많아 집 문 앞이 시장을 이루다시피 함을 이르는 말(前: 앞 전, 成: 이룰 성, 市: 시장 시)　　　　　　[8급 / 8획]
문 **문**	｜　门　门　门　門　門　門　門

782. 문(門)에 빗장을 끼워(才) 닫는 모습을 본떠 만든 글자	
閉	• **開閉**(개폐): 문 따위를 열고 닫음(開: 열 개) • **閉門**(폐문): 문을 닫음 • **閉店**(폐점): 가게가 그날의 장사를 마치고 문을 닫음(店: 가게 점)　[4급 / 11획]
닫을 **폐**	｜　门　门　门　門　門　門　門　閉　閉　閉

783. 문(門) 사이로 햇빛(日)이 들어오는 모습을 본떠 만든 글자

間	• 間食(간식): 끼니와 끼니 사이에 음식을 먹음(食: 밥 식) • 時間(시간): 어떤 시각에서 어떤 시각까지의 사이(時: 때 시) • 中間(중간): 두 사물의 사이. 공간이나 시간 따위의 가운데(中: 가운데 중) [7급 / 12획]
사이 **간**	丨 丨' 丨'' 闩 門 門' 門 門 門 閂 閂 間 間

784. 문(門)의 빗장(一)을 두 손으로 들어(廾) 여는 모습을 본떠 만든 글자

開	• 開學(개학): 방학이나 휴교 따위로 한동안 쉬었던 학업을 다시 시작함(學: 배울 학) • 開封(개봉): 봉하여 두었던 것을 떼거나 엶(封: 봉할 봉) • 開化(개화): 새로운 사상과 풍속 등을 받아들여 발전함(化: 될 화) [6급 / 12획]
열 **개**	丨 丨' 丨'' 闩 門 門' 門 門 門 閈 開 開

785. 문(門) 안에서 나무(木)를 심어 가꿀 정도로 한가하다는 의미

閑	• 閑暇(한가): 겨를이 생겨 여유가 있음(暇: 한가할 가) • 閑散(한산): 사람이 적어 한가하고 조용함(散: 흩어질 산) • 忙中閑(망중한): 바쁜 가운데 잠간 얻어 낸 틈(忙: 바쁠 망, 中: 가운데 중) [4급 / 12획]
한가할 **한**	丨 丨' 丨'' 闩 門 門' 門 門 門 閈 閑 閑

786. 문(門)에 맞춰 거는 빗장을 본떠 만든 글자

關	• 關門(관문): 국경이나 요새 따위를 드나들기 위하여 반드시 거쳐야 하는 길목(門: 문 문) • 關係(관계): 둘 또는 여러 대상이 서로 연결되어 얽혀 있음(係: 맬 계) • 關心(관심): 어떤 것에 마음이 끌려 신경을 쓰거나 주의를 기울임(心: 마음 심) [5급 / 19획]
빗장 **관**	丨 丨' 丨'' 闩 門 門' 門 門 門 門 閗 關 關 關 關 關 關 關

787. 높은 누각이나 성문을 본떠 만든 글자

高	• 高低(고저): 높낮이(低: 낮을 저) • 高等(고등): 등급이나 수준, 정도 따위가 높음(等: 같을 등) • 最高(최고): 가장 높음(最: 가장 최) [6급 / 10획]
높을 **고**	` 亠 亠 古 古 古 高 高 高 高

194

788. 통나무를 쪼개 토막 난 오른쪽 모양을 본떠 만든 글자	
片	• **片道**(편도): 가거나 오는 길 가운데 어느 한쪽(道: 길 도) • **一片丹心**(일편단심): 한 조각의 붉은 마음이라는 뜻으로, 오직 한 가지에 변함없는 마음을 　　　　　이르는 말(丹: 붉을 단, 心: 마음 심) [3급 / 4획]
조각 **편**	丿 丿' 丿' 片

* 조각널 장(爿)자는 통나무를 쪼개 토막 난 왼쪽 모양으로 조각 편(片)자와 반대 모양

789. 기와의 모양을 본떠 만든 글자	
瓦	• **瓦家**(와가): 기와로 지붕을 이어 올린 집(家: 집 가) • **瓦解**(와해): 기와가 깨진다는 뜻으로, 어떤 원인으로 사물이나 조직, 계획 따위가 산산이 　　　　　무너짐을 이르는 말(解: 풀 해) [3급 / 5획]
기와 **와**	一 丆 瓦 瓦 瓦

790. 손잡이가 달린 공구를 본떠 만든 글자	
工	• **工事**(공사): 토목이나 건축 등에 관한 일을 함(事: 일 사) • **木工**(목공): 나무를 다루어서 물건을 만드는 일(木: 나무 목) • **人工**(인공): 자연물에 사람이 인위적인 요소를 가하는 일(人: 사람 인) [7급 / 3획]
장인 **공**	一 丁 工

791. 손잡이가 달린 커다란 자의 모양을 본떠 만든 글자	
巨	• **巨人**(거인): 몸이 아주 큰 사람. 어떤 분야에서 뛰어난 업적을 쌓은 사람(人: 사람 인) • **巨物**(거물): 큰 물건. 학문이나 경력, 세력 등이 뛰어나 사회적으로 큰 영향력을 갖는 인 　　　　　물(物: 물건 물) [4급 / 5획]
클 **거**	一 丆 F F 巨

792. 손(屮)에 공구(工)를 들고 남의 일을 돕는 모습으로 '왼손'을 의미	
左	• **左右**(좌우): 왼쪽과 오른쪽(右: 오른 우) • **左之右之**(좌지우지): 이리저리 제 마음대로 휘두르거나 다룸(之: 갈 지) • **左衝右突**(좌충우돌): 이리저리 마구 찌르고 부딪침(衝: 찌를 충, 突: 부딪칠 돌) [7급 / 5획]
왼 **좌**	一 ナ ナ 左 左

4.
전쟁편
(49字)

4-1. 方(모 방), 辛(매울 신), 网/罒(그물 망), 黑(검을 흑), 車(수레 거), 舟(배 주)

4-2. 戈(창 과), 刀/刂(칼 도), 弓(활 궁), 矢(화살 시), 至(이를 지), 弋(주살 익), 干(방패 간), 斤(도끼 근), 士(선비 사)

4-①. 方(모 방), 辛(매울 신), 网/罒(그물 망), 黑(검을 흑), 車(수레 거), 舟(배 주)

---

793. 두 척의 배를 나란히 묶어 놓은 모양을 본떠 만든 글자로 배 주위가 네모져 보인다는 의미와 함께, 손잡이가 달린 쟁기 모양으로 보습 날이 나아가는 방향을 의미

方	• **兩方**(양방): 이쪽과 저쪽 또는 이쪽 방향과 저쪽 방향을 아울러 이르는 말(兩: 두 량) • **方位**(방위): 동서남북을 기준으로 정한 방향(位: 자리 위) • **方向**(방향): 향하는 쪽(向: 향할 향) <div align="right">[7급 / 4획]</div>
모/방향 **방**	` 一 亠 方

---

794. 까마귀가 나는 모양을 본떠 만든 글자로, 현재는 말을 이어주는 어조사로 사용

於	• **甚至於**(심지어): 심하다 못해 나중에는(甚: 심할 심, 至: 이를 지) • **靑出於藍**(청출어람): 쪽에서 뽑아낸 푸른 물감이 쪽보다 더 푸르다는 뜻으로, 제자가 스승보다 나음을 비유적으로 이름(靑: 푸를 청, 出: 날 출, 藍: 쪽 람) <div align="right">[3급 / 8획]</div>
어조사 **어**	` 一 亠 方 扩 於 於 於

---

795. 뱀(也)처럼 구불거리는 깃발(㫃)을 매달아 펼치는 모습으로 '펴다, 베풀다'는 의미

施	• **施工**(시공): 공사를 시행함(工: 장인 공) • **施賞**(시상): 상장이나 상금, 상품 따위를 줌(賞: 상줄 상) • **施行**(시행): 어떤 일을 실제로 행함(行: 다닐 행) <div align="right">[4급 / 9획]</div>
베풀 **시**	` 一 亠 方 扩 扩 於 施 施

* 깃발 언(㫃)자는 사람(人)이 갈 방향(方)을 지시하는 깃발을 의미

---

796. 군대의 깃발(㫃) 아래 모이는 많은 사람들(从)로, 군사는 자주 이동하여 나그네라는 의미

旅	• **旅行**(여행): 유람을 목적으로 다른 고장이나 외국을 두루 돌아다님(行: 다닐 행) • **旅客**(여객): 기차, 비행기, 배 따위로 여행하는 사람(客: 손 객) • **旅館**(여관): 일정한 돈을 지불하고 손님이 묵는 집(館: 집 관) <div align="right">[5급 / 10획]</div>
나그네 **려**	` 一 亠 方 扩 扩 护 旅 旅 旅

---

797. 유사시 한 깃발(㫃) 아래 화살(矢)을 들고 모이는 같은 핏줄의 무리로 겨레를 의미

族	• **民族**(민족): 일정한 지역에서 오랜 세월 동안 공동생활을 하면서 언어와 문화상의 공통성에 기초하여 역사적으로 형성된 사회 집단(民: 백성 민) • **家族**(가족): 주로 부부를 중심으로 한, 친족 관계에 있는 사람들의 집단(家: 집 가) <div align="right">[6급 / 11획]</div>
겨레 **족**	` 一 亠 方 扩 扩 护 旅 旅 族 族

798. 죄인이나 노예의 얼굴에 문신을 새기던 침의 모양을 본떠 만든 글자로, 맵고 괴롭다는 의미	
辛	• 辛辣(신랄): 매우 매섭고 날카로움(辣: 매울 랄) • 千辛萬苦(천신만고): 천 가지 매운 것과 만 가지 쓴 것이라는 뜻으로, 온갖 어려운 고비를 　다 겪으며 심하게 고생함을 이르는 말(苦: 쓸 고) [3급 / 7획]
매울 **신**	` 一 亠 宀 立 辛 辛

799. 그릇된(非) 일을 저지른 사람이 법의 그물(罒)에 걸린 모습으로 '죄, 허물'을 의미	
罪	• 罪人(죄인): 죄를 지은 사람(人: 사람 인) • 罪囚(죄수): 죄를 지어 교도소에 수감된 사람(囚: 가둘 수) • 謝罪(사죄): 지은 죄나 저지른 잘못에 대하여 용서를 빎(謝: 사례할 사) [5급 / 13획]
허물 **죄**	` 冂 冂 罒 罒 罒 尹 尹 尹 罪 罪 罪 罪

800. 불(炎)을 피워 창이 검게 그을린다는 의미	
黑	• 黑白(흑백): 검은색과 흰색을 아울러 이르는 말(白: 흰 백) • 黑心(흑심): 음흉하고 부정한 욕심이 많은 마음(心: 마음 심) • 暗黑(암흑): 어둡고 캄캄함(暗: 어두울 암) [5급 / 12획]
검을 **흑**	` 冂 冂 冃 田 甲 甲 里 里 黑 黑 黑

801. 수레의 모양을 본떠 만든 글자	
車	• 自轉車(자전거): 사람이 앉아 두 다리의 힘으로 바퀴를 돌려서 타고 가는 것(自: 스스로 　자, 轉: 구를 전) • 車道(차도): 차량이 다니는 길(道: 길 도) • 車庫(차고): 자동차, 기차, 전차 따위의 차량을 넣어 두는 곳(庫: 창고 고)　[7급 / 7획]
수레 **거/차**	一 一 一 亘 亘 亘 車

802. 사람들(人)과 수레(車)가 전쟁터에 나가는 모습에서 '군사'를 의미	
軍	• 軍隊(군대): 일정한 규율과 질서를 가지고 조직된 군인의 집단(隊: 무리 대) • 陸軍(육군): 주로 땅위에서 공격과 방어의 임무를 수행하는 군대(陸: 뭍 륙) • 敵軍(적군): 적의 군대나 군사(敵: 대적할 적) [8급 / 9획]
군사 **군**	` 一 冖 冖 冖 宣 宣 宣 軍

803. 베틀의 날줄(巠)처럼 가볍고, 날줄 위를 지나다니는 북처럼 빠른 수레(車)를 의미	
輕	• **輕重**(경중): 가벼움과 무거움(重: 무거울 중) • **輕率**(경솔): 말이나 행동이 조심성 없이 가벼움(率: 거느릴 솔) • **輕傷**(경상): 조금 다침(傷: 상할 상) [5급 / 14획]
가벼울 **경**	一 厂 冂 日 日 旦 車 車 軒 軒 輕 輕 輕 輕

804. 물길을 따라(沿) 배(舟)가 지나가는 모습으로 큰 배를 의미	
船	• **船長**(선장): 배의 항해와 모든 사무를 책임지고 선원들을 통솔하는 최고 책임자(長: 길 장) • **船舶**(선박): 사람이나 물건을 싣고 물 위를 떠다니도록 만든 물건(舶: 배 박) • **乘船**(승선): 배를 탐(乘: 탈 승) [5급 / 11획]
배 **선**	′ 丿 刀 月 月 角 舟 舟 船 船 船

4-②. 戈(창 과), 刀/刂(칼 도), 弓(활 궁), 矢(화살 시), 至(이를 지), 弋(주살 익), 干(방패 간),
斤(도끼 근), 士(선비 사)

805. 초목이 무성한 모양을 본떠 만든 글자로, 현재는 십천간의 하나로 사용	
戊	• **戊午士禍**(무오사화): 1498년 무오년(연산군 4년)에 유자광 중심의 훈구파가 김종직 중심의 사림파에 대해서 일으킨 사화(午: 낮 오, 士: 선비 사, 禍: 재앙 화) [3급 / 5획]
다섯째 천간 **무**	ノ 厂 ㄏ 戊 戊

806. 창(戈)의 왼쪽에 넓은 도끼날이 붙은 모습을 본떠 만든 글자로, 현재는 십이지지의 하나로 사용	
戌	• **庚戌國恥**(경술국치): 1910년(경술년) 8월 29일, 우리나라 역사상 처음으로 국권을 상실한 치욕의 날을 이름(庚: 별 경, 國: 나라 국, 恥: 부끄러울 치) [3급 / 6획]
개 **술**	ノ 厂 ㄏ 戌 戌 戌

807. 장정(丁)이 도끼날이 붙은 큰 창(戈)으로 공을 세워 원하는 바를 이룬다는 의미	
成	• **成功**(성공): 목적하는 바를 이룸(功: 공 공) • **成果**(성과): 일이 이루어진 결과(果: 열매 과) • **造成**(조성): 무엇을 만들어서 이룸(造: 지을 조) [6급 / 7획]
이룰 **성**	ノ 厂 ㄏ ㄏ 万 成 成 成

808. 손(手)에 창(戈)을 들고 자신을 보호하는 모습	
我	• **我軍**(아군): 우리 편의 군대(軍: 군사 군) • **我田引水**(아전인수): 자기 논에 물 대기라는 뜻으로, 무슨 일을 자기에게만 이롭게 되도록 생각하거나 행동함을 이르는 말(田: 밭 전, 引: 끌 인, 水: 물 수) [3급 / 7획]
나 **아**	ノ ニ 千 手 我 我 我

809. 혹시 적이 침입할까 봐 창(戈)을 들고 백성(口)과 땅(一)을 지키는 모습	
或	• **或是**(혹시): 그러할 리는 없지만 만일에(是: 옳을 시) • **或如**(혹여): 혹시(如: 같을 여) [4급 / 8획]
혹시 **혹**	一 ㄒ ㄉ 戸 戸 或 或 或

810. 창(單)과 창(戈)으로 서로 싸우는 모습

戰
- **戰爭**(전쟁): 국가와 국가, 또는 교전 단체 사이에 무력을 사용하여 싸움(爭: 다툴 쟁)
- **戰鬪**(전투): 두 편의 군대가 조직적으로 무장하여 싸움(鬪: 싸움 투)
- **舌戰**(설전): 말로 옳고 그름을 가리는 다툼(舌: 혀 설)

[6급 / 16획]

| 싸움 **전** | ﾉ | ﾛ | ﾛ | ﾛﾛ | ﾛﾛ | ﾛﾛ | 單 | 單 | 單 | 單 | 單 | 單 | 戰 | 戰 | 戰 |

---

811. 칼의 모양을 본떠 만든 글자

刀
- **短刀**(단도): 날이 한쪽에만 서 있는 짧은 칼(短: 짧을 단)
- **單刀直入**(단도직입): 칼 한 자루를 들고 곧장 들어간다는 뜻으로, 여러 말을 늘어놓지 아니하고 요점을 바로 말함(單: 홑 단, 直: 곧을 직, 入: 들 입)

[3급 / 2획]

| 칼 **도** | ㄱ | 刀 |

---

812. 칼(刀)로 물건을 나누는(八) 모습

分
- **分散**(분산): 갈라져 흩어짐(散: 흩어질 산)
- **分別**(분별): 서로 다른 일이나 사물을 구별하여 나눔(別: 나눌 별)
- **分野**(분야): 여러 갈래로 나누어진 범위나 부문(野: 들 야)

[6급 / 4획]

| 나눌 **분** | ﾉ | 八 | 今 | 分 |

---

813. 천을 칼(刀)로 자르는 것이 옷(衣)을 만드는 일의 시작이라는 의미

初
- **初期**(초기): 어떤 기간의 처음이 되는 시기나 때
- **初步**(초보): 처음으로 내딛는 걸음(步: 걸음 보)
- **初面**(초면): 처음으로 대하는 얼굴(面: 낯 면)

[5급 / 7획]

| 처음 **초** | ﾍ | ﾌ | ﾈ | ﾈ | 衤 | 初 | 初 |

---

814. 죽은(歹) 짐승이나 가축에서 뼈와 살을 칼(刂)로 갈라서 벌여 놓는 모습

列
- **列強**(열강): 국제 관계에서 강력한 권한을 행사하는 여러 강국(強: 강할 강)
- **列島**(열도): 길게 줄을 지은 모양으로 늘어서 있는 여러 개의 섬(島: 섬 도)
- **列擧**(열거): 여러 가지 예나 사실을 낱낱이 죽 늘어놓음(擧: 들 거)

[4급 / 6획]

| 벌일 **렬** | ﾠ | ﾌ | 歹 | 歹 | 列 | 列 |

815. 죄인을 우물 같은 형틀(井)에 올려놓고 매를 치거나 칼(刂)로 벌을 내리는 모습	
刑	• **刑罰**(형벌): 국가가 범죄자에게 범죄의 책임을 전제로 부과하는 법률상의 제재(罰: 벌할 벌) • **刑法**(형법): 범죄와 형벌에 관한 법률 체계(法: 법 법) • **刑期**(형기): 죄인이 죄의 대가로 형벌을 받는 기간(期: 시기 기) <div align="right">[4급 / 6획]</div>
형벌 **형**	一 二 干 开 刑 刑

816. 날카로운 쟁기(刂)로 땅을 갈아 농사(禾)를 지으니 편리하고 이롭다는 의미	
利	• **利益**(이익): 정신적·물질적으로 이롭고 보탬이 되는 일(益: 더할 익) • **利己**(이기): 자기 자신의 이익만을 꾀함(己: 몸 기) • **便利**(편리): 편하고 이로움(便: 편할 편) <div align="right">[6급 / 7획]</div>
이로울 **리**	一 二 千 禾 禾 利 利

817. 뼈와 살을 칼로(刂)로 갈라(另) 나눈다는 의미	
別	• **別名**(별명): 사람의 외모나 성격 따위의 특징을 가지고 남들이 지어 부르는 이름(名: 이름 명) • **離別**(이별): 서로 오랫동안 만나지 못하고 떨어져 있거나 헤어짐(離: 헤어질 리) • **作別**(작별): 서로 헤어짐(作: 지을 작) <div align="right">[6급 / 7획]</div>
나눌/다를 **별**	丨 口 口 马 另 別 別

818. 물건을 정확하게 절반(半)으로 자르듯이(刂) 어떤 일을 분명하게 판단한다는 의미	
判	• **判斷**(판단): 일정한 논리나 기준에 따라 사물의 가치와 관계를 결정함(斷: 끊을 단) • **判決**(판결): 일의 옳고 그름이나 좋고 나쁨을 판단하여 결정함(決: 정할 결) • **批判**(비판): 현상이나 사물의 옳고 그름을 판단하여 밝히거나 잘못된 점을 지적함(批: 비평할 비) <div align="right">[4급 / 7획]</div>
판단할 **판**	丶 丷 半 半 半 判 判

819. 무사가 칼(刂)을 가지고 위험한 곳을 지나 무사히 도착(至)한다는 의미	
到	• **到着**(도착): 목적지에 다다름(着: 붙을 착) • **到達**(도달): 목표한 곳이나 일정한 수준에 다다름(達: 통달할 달) • **到來**(도래): 어떤 시기나 기회가 닥쳐옴(來: 올 래) <div align="right">[5급 / 8획]</div>
이를 도	一 厶 互 互 卒 至 到 到

820. 매어 놓은 밧줄을 칼(刂)로 자르면 사람이 배(舟)에서 발(止)을 움직이지 않아도 앞으로 나아갈 수 있다는 의미

前	• **前後**(전후): 일정한 시점의 앞이나 뒤(後: 뒤 후) • **前進**(전진): 앞으로 나아감(進: 나아갈 진) • **如前**(여전): 전과 같음(如: 같을 여) [7급 / 9획]
앞 전	` ´ ⺍ 广 芦 岁 肯 前 前

* 앞 전(前)자는 윗부분이 발(止)을 나타내고 아랫부분이 배(舟)와 칼(刂)을 나타냄

821. 재산(貝)을 일정한 원칙에 의거 공평하게 나눈다(刂)는 의미

則	• **規則**(규칙): 다 함께 지키기로 정한 사항이나 법칙(規: 법 규) • **反則**(반칙): 정해 놓은 법칙이나 규정, 규칙 따위를 어김(反: 돌이킬 반) • **必死則生 必生則死**(필사즉생 필생즉사): 반드시 죽고자 하면 살고, 반드시 살고자 하면 죽는다(必: 반드시 필, 死: 죽을 사, 生: 날 생)　　[5급 / 9획]
법칙 칙 / 곧 즉	｜ 冂 月 月 目 貝 貝 貝 則

822. 활의 모양을 본떠 만든 글자

弓	• **弓手**(궁수): 활 쏘는 일을 맡아 하는 군사(手: 손 수) • **洋弓**(양궁): 서양식으로 만든 활 또는 그 활로 겨루는 경기(洋: 큰바다 양) [3급 / 3획]
활 궁	ㄱ ㄱ 弓

823. 활(弓)의 시위에 화살(｜)을 끌어당기는 모습

引	• **引力**(인력): 공간적으로 떨어져 있는 물체끼리 서로 끌어당기는 힘(力: 힘 력) • **引下**(인하): 상품의 가격이나 금리 따위의 수치화되는 대상을 끌어내려 더 낮게 매김(下: 아래 하) • **引用**(인용): 남의 말이나 글을 자신의 말이나 글 속에 끌어 씀(用: 쓸 용)　　[4급 / 4획]
끌 인	ㄱ ㄱ 弓 引

824. 말뚝(丫)에 가죽끈을 차례차례 아래로 내리감아(弓) 고정한(丿) 모습으로, 형제의 순서에서 아래인 '아우'를 의미

弟	• **兄弟**(형제): 형과 아우(兄: 맏 형) • **妻弟**(처제): 아내의 여동생(妻: 아내 처) • **弟子**(제자): 스승으로부터 가르침을 받거나 받은 사람(子: 아들 자) [8급 / 7획]
아우 제	` ´ ⸜ ⸝ 弟 弟 弟

825. 새끼 새가 두 날개를 펼친 모습으로 약하다는 의미

弱
- **強弱**(강약): 강함과 약함(強: 강할 강)
- **微弱**(미약): 보잘것없이 약함(微: 작을 미)
- **老弱者**(노약자): 늙은 사람과 약한 사람을 아울러 이르는 말(老: 늙을 로, 者: 놈 자)

[6급 / 10획]

약할 **약**	ˀ ˀ 弓 弓 弱 弱 弱 弱 弱 弱

826. 활을 벌레(虫)에 강하게 만들어서 널리(弘) 사용한다는 의미

強
- **強烈**(강렬): 강하고 세참(烈: 매울 렬)
- **強打**(강타): 세게 침(打: 칠 타)
- **最強**(최강): 가장 강함(最: 가장 최)

[6급 / 11획]

강할 **강**	ˀ ˀ 弓 弘 弘 弘 弘 弘 強 強 強

827. 화살(矢)이 날아가 땅에 꽂힌 모습으로, 주로 문장을 끝맺을 때의 어조사로 사용

矣
- **足且足矣**(족차족의): 아주 흡족하고 넉넉하여 기준에 차고도 남음(足: 넉넉할 족)

[3급 / 7획]

어조사 **의**	㇄ ㇄ ㇄ 台 台 矣 矣

828. 과녁을 맞히는 화살(矢)처럼 정확하게 말할(口) 정도로 안다는 의미

知
- **知識**(지식): 배우거나 실천하여 알게 된 명확한 인식이나 이해(識: 알 식)
- **知能**(지능): 어떤 사물이나 현상을 받아들이고 생각하는 능력(能: 능할 능)
- **不知其數**(부지기수): 그 수를 알 수 없다는 뜻으로, 헤아릴 수 없을 만큼 매우 많음을 나타내는 말(不: 아니 부, 其: 그 기, 數: 셈 수)

[5급 / 8획]

알 **지**	ˊ ˊ ㇄ 乍 矢 知 知 知

829. 짧은 물건의 치수를 잴 때에는 화살(矢)이나 콩(豆)으로 잰다는 의미

短
- **長短**(장단): 길고 짧음. 좋은 점과 나쁜 점(長: 길 장)
- **短點**(단점): 잘못되고 모자라는 점(點: 점 점)
- **短縮**(단축): 시간이나 거리가 짧게 줄어듦(縮: 줄일 축)

[6급 / 12획]

짧을 **단**	ˊ ˊ ㇄ 乍 矢 矢 知 知 知 知 短 短

* 콩 두(豆)자는 밑받침이 있는 제사 그릇을 본떠 만든 글자로, 제기처럼 둥글어서 콩이라는 뜻으로 사용

830. 화살이 땅위에 거꾸로 꽂힌 모양을 본떠 만든 글자로 '이르다'를 의미	
至	• 至尊(지존): 지극히 존귀하다는 뜻으로, 현재는 한 수 위인 사람을 나타내는 말로 사용(尊: 높일 존) • 至誠(지성): 지극한 정성(誠: 정성 성) • 至毒(지독): 마음이 매우 모질고 독함(毒: 독 독) [4급 / 6획]
이를 지	

831. 말을 채찍질(攵)하여 빨리 이르도록(至) 한다는 의미	
致	• 誘致(유치): 행사나 사업 따위를 이끌어 들임(誘: 꾈 유) • 致賀(치하): 남이 한 일에 대해 고마움이나 칭찬의 뜻을 표시함(賀: 축하할 하) • 景致(경치): 눈에 보이는 자연과 세상 풍경의 모습(景: 경치 경) [5급 / 10획]
이를 치	一 ㄡ ㅜ ㅜ ㅜ 至 到 致 致 致

832. 주살(弋)을 만들(工) 때에도 정해진 방식이나 법칙이 필요하다는 의미	
式	• 正式(정식): 정당한 격식이나 의식(正: 바를 정) • 式場(식장): 식을 거행하는 장소(場: 마당 장) • 形式(형식): 겉으로 나타나는 모양이나 격식(形: 모양 형) [6급 / 6획]
법 식	一 ㄱ ㅜ 王 式 式

833. 방패의 모양을 본떠 만든 글자	
干	• 干戈(간과): 방패와 창이라는 뜻으로, 전쟁에 쓰는 병기를 통틀어 이르는 말(戈: 창 과) • 干支(간지): 천간과 지지 • 干涉(간섭): 직접 관계가 없는 남의 일에 부당하게 참견함(涉: 건널 섭) [4급 / 3획]
방패 간	一 二 干

834. 물 위에 뜬 물풀의 모양을 본떠 만든 글자로, 수면이 고르고 평평하다는 의미	
平	• 平等(평등): 권리, 의무, 자격 등이 차별 없이 고르고 한결같음(等: 같을 등) • 平和(평화): 평온하고 화목함(和: 화목할 화) • 太平(태평): 마음에 아무 근심 걱정이 없음(太: 클 태) [7급 / 5획]
평평할 평	

835. 벼 화(禾)와 사람 인(人)이 합쳐진 글자로, 농사를 지어 가을에 한 번 수확한다는 의미

年	• **豊年**(풍년): 농사가 잘되어 수확이 많은 해(豊: 풍성할 풍) • **元年**(원년): 임금이 즉위한 해. 어떤 일이 시작된 해(元: 으뜸 원) • **來年**(내년): 오는 해(來: 올 래) [8급 / 6획]
해 **년**	ノ ト ヒ ヒ ラ 年

* 갑골문자에서는 윗부분은 '禾'이고 아랫부분은 '人'의 모습이었는데, 옛날에는 농사를 지어 한 해에 한 번만 수확하기 때문에 한 해라는 의미로 사용

836. 발에 채우는 차꼬(수갑)를 본떠 만든 글자로, 죄인을 잡아 다행이라는 의미

幸	• **幸福**(행복): 생활에서 기쁨과 만족감을 느껴 흐뭇한 상태(福: 복 복) • **幸運**(행운): 좋은 운수(運: 운수 운) • **多幸**(다행): 뜻밖에 일이 잘되어 운이 좋음(多: 많을 다) [6급 / 8획]
다행 **행**	一 十 士 土 幸 幸 幸 幸

837. 서 있는(立) 나무(木)를 도끼(斤)로 찍어내니 새로운 면이 생겨난다는 의미

新	• **新聞**(신문): 새로운 소식이나 견문(聞: 들을 문) • **新生**(신생): 이전에는 없던 것이 새로 생김(生: 날 생) • **更新**(경신): 이미 있던 것을 고쳐 새롭게 함(更: 고칠 경) [6급 / 13획]
새로울 **신**	﹅ ﹅ ﹅ ﹅ 立 立 辛 辛 亲 亲 新 新 新

838. 하나(一)를 배우면 열(十)을 아는 슬기로운 사람으로 선비를 의미

士	• **士氣**(사기): 의욕이나 자신감 따위로 충만하여 굽힐 줄 모르는 기세(氣: 기운 기) • **志士**(지사): 나라와 민족을 위하여 몸 바쳐 일하려는 뜻을 가진 사람(志: 뜻 지) • **博士**(박사): 어떤 일에 능통하거나 널리 아는 것이 많은 사람(博: 넓을 박) [5급 / 3획]
선비 **사**	一 十 士

839. 옷감을 짜는 베틀 모양을 본떠 만든 글자로, 현재는 십천간의 하나로 사용

壬	• **壬辰倭亂**(임진왜란): 1592년 임진년(선조25년)에 일본이 침입하여 일으킨 난리(辰: 별 진, 倭: 왜나라 왜, 亂: 어지러울 란) [3급 / 4획]
북방 **임**	一 二 千 壬

Ⅱ. 부문별 배정한자

840. 통나무를 조각(爿)낼 수 있는 씩씩한 남자(士)를 의미	
壯	• **壯丁**(장정): 나이가 젊고 기운이 좋은 남자(丁: 장정 정) • **壯士**(장사): 몸이 우람하고 힘이 아주 센 사람 • **雄壯**(웅장): 규모 따위가 거대하고 성대함(雄: 수컷 웅) <div align="right">[4급 / 7획]</div>
씩씩할 **장**	丨　丬　丬　爿　爿　壯　壯

841. 손(寸)으로 잔을 들고 노인에게 장수를 축하하는(口) 모습으로 목숨을 의미	
壽	• **壽命**(수명): 생물의 목숨(命: 목숨 명) • **長壽**(장수): 오래도록 삶(長: 길 장) • **天壽**(천수): 타고난 수명(天: 하늘 천) <div align="right">[3급 / 14획]</div>
목숨 **수**	一　十　士　吉　圭　壵　壵　壵　壽　壽　壽　壽　壽　壽

* 갑골문자에서는 윗부분은 허리가 굽은 노인이고, 아랫부분은 입((口)과 손(寸)이 있는 모습으로 노인에게 장수를 축하하는 장면을 연상하게 함

5.
기타
(59字)

5-1. 一(한 일), 二(두 이), 八(여덟 팔), 十(열 십), ㅣ(뚫을 곤), ㅣ(갈고리 궐), ノ(삐침 별), 乙(새 을)

5-2. 亠(돼지해머리 두), 入(들 입), 冂(멀 경), 几(안석 궤), 勹(쌀 포), 匸(감출 혜), 无(없을 무), 用(쓸 용), 襾(덮을 아)

5-①. 一(한 일), 二(두 이), 八(여덟 팔), 十(열 십), ㅣ(뚫을 곤), ㅣ(갈고리 궐), ㅣ(삐침 별), 乙 (새 을)

842. 나무막대 한 개를 가로로 놓은 모습

一	• **一生**(일생): 세상에 태어나서 죽을 때까지의 동안(生: 날 생) • **一念**(일념): 한 가지만을 생각하는 한결같은 마음(念: 생각할 념) • **同一**(동일): 서로 똑같음(同: 같을 동) [8급 / 1획]
한 **일**	一

843. 못이나 고무래라는 농기구를 본떠 만든 글자

丁	• **壯丁**(장정): 나이가 젊고 기운이 좋은 남자(壯: 씩씩할 장) • **目不識丁**(목불식정): 고무래를 보고도 정자를 알지 못한다는 뜻으로, 일자무식인 사람을 가리키는 말(目: 눈 목, 不: 아니 불, 識: 알 식) [4급 / 2획]
고무래 **정**	一 丁

844. 칼끝으로 물건을 십자형으로 자르는 모습으로, 끊을 절(切)자와 독음이 비슷하여 숫자 7을 나타내게 됨

七	• **北斗七星**(북두칠성): 국자 모양의 일곱 개의 별(北: 북녘 북, 斗: 말 두, 星: 별 성) • **七顚八起**(칠전팔기): 일곱 번 넘어지고 여덟 번 일어난다는 뜻으로, 여러 번 실패하여도 굴하지 아니하고 꾸준히 노력함(顚: 넘어질 전, 起: 일어날 기) [8급 / 2획]
일곱 **칠**	一 七

845. 나무막대 세 개를 가로로 놓은 모습

三	• **三角形**(삼각형): 세 개의 선분으로 둘러싸인 평면 도형(角: 뿔 각, 形: 모양 형) • **三尺童子**(삼척동자): 철없는 어린아이(尺: 자 척, 童: 아이 동, 子: 아들 자) [8급 / 3획]
석 **삼**	一 二 三

846. 일정한 기준선(一) 위에 점(㇏)을 찍어 '위'를 의미

上	• **上下**(상하): 위와 아래(下: 아래 하) • **上卷**(상권): 두 권이나 세 권으로 된 책의 첫째 권(卷: 책 권) • **向上**(향상): 실력, 수준, 기술 따위가 나아짐(向: 향할 향) [7급 / 3획]
윗 **상**	ㅣ 卜 上

847. 일정한 기준선(一) 아래에 점(ヽ)을 찍어 '아래'를 의미
下	・**上下**(상하): 위와 아래(上: 윗 상) ・**下山**(하산): 산에서 내려오거나 내려감(山: 뫼 산) ・**下落**(하락): 값이나 등급 따위가 낮은 상태로 떨어짐(落: 떨어질 락) [7급 / 3획]
아래 **하**	一　丁　下

848. 하늘(一)로 새가 날아 올라가서(↑) 돌아오지 않음을 본떠 만든 글자
不	・**不能**(불능): 어떤 일을 할 능력이 없거나 할 수 없음(能: 능할 능) ・**不吉**(불길): 운수 따위가 좋지 아니함(吉: 길할 길) ・**不足**(부족): 필요한 양이나 기준에 미치지 못해 충분하지 아니함(足: 넉넉할 족) [7급 / 4획]
아니 **불**	一　フ　ス　不

* 아니 불(不) 다음에 오는 첫소리가 'ㄷ, ㅈ'일 경우 '불'이 아니라 '부'로 발음함

849. 손(크)으로 무언가(丨)를 잡는 모양으로, 소머리 모양과 같아서 '소'를 의미
丑	・**丑時**(축시): 오전 1시에서 3시까지(時: 때 시) ・**癸丑日記**(계축일기): 조선 시대, 광해군이 어린 동생 영창대군을 죽이고 어머니 인목대비를 서궁에 가두었을 때(계축년)부터 인조반정으로 복위될 때(계해년)까지의 정경을 일기체로 기록한 글(記: 기록할 기)　　　[3급 / 4획]
소 **축**	フ　ㄲ　丑　丑

850. 벽으로 둘러싸인 공간(冂) 안에 불(火)을 켜 놓은 모습으로 밝다는 의미이며, 현재는 십천간의 하나로 사용
丙	・**丙子胡亂**(병자호란): 1636년 병자년(인조 14년)에 청나라가 침입하여 일으킨 난리(子: 첫째 지지 자, 胡: 오랑캐 호, 亂: 어지러울 란) [3급 / 5획]
셋째 천간 **병**	一　丆　丏　丙　丙

851. 십(十)을 세 개 합쳐서 30년을 표현했으며, 한 세대는 대략 30년으로 '세대, 세상'을 의미
世	・**世代**(세대): 어린아이가 성장하여 부모 일을 이어받을 때까지 약 30년 정도 되는 기간. 같은 시대에 사는 비슷한 연령층의 사람 전체(代: 세대 대) ・**俗世**(속세): 속인이 사는 세상. 인간 세상(俗: 저속할 속) ・**來世**(내세): 죽은 후 다시 태어난다는 미래의 세상(來: 올 래)　　　[7급 / 5획]
세상 **세**	一　十　廿　卅　世

852. 제사용 그릇(一) 위에 음식을 쌓고 또 쌓는다는 의미

且	• 苟且(구차): 몹시 가난하고 궁색함(苟: 진실로 구) • 重且大(중차대): 매우 중요하고 큼(重: 무거울 중, 大: 큰 대) [3급 / 5획]
또 차	丨 冂 冃 月 且

853. 나무막대 두 개를 가로로 놓은 모습

二	• 二重(이중): 두 번 거듭되거나 겹침(重: 무거울 중) • 一人二役(일인이역): 한 사람이 혼자서 두 사람의 역할을 함(役: 부릴 역) [8급 / 2획]
두 이	一 二

854. 입에서 입김이 퍼져 나가는 모양을 본떠 만든 글자로, 말을 이어주는 어조사로 사용

于	• 于先(우선): 어떤 일에 앞서서 먼저(先: 먼저 선) • 于山國(우산국): 512년 신라에 멸망한 울릉도에 있던 나라(山: 뫼 산, 國: 나라 국) [3급 / 3획]
어조사 우	一 二 于

855. 하늘(一)과 땅(一)을 교차(X)한 모습으로, 만나는 지점이 1과 10의 중간이란 의미

五	• 五感(오감): 시각, 청각, 후각, 미각, 촉각의 다섯 가지 감각(感: 느낄 감) • 五大洋(오대양): 지구에 있는 다섯 개의 큰 바다(洋: 큰바다 양) • 三三五五(삼삼오오): 서너 사람 또는 대여섯 사람이 떼를 지어 다니거나 무슨 일을 함 [8급 / 4획]
다섯 오	一 丁 五 五

856. 구름이 회전하는 형상을 본떠 만든 글자로, 말할 때 나오는 입김과 모습이 비슷해서 '말하다'는 의미로 사용

云	• 云云(운운): 이러쿵저러쿵하는 여러 가지의 말 [3급 / 4획]
이를 운	一 二 云 云

857. 나무로 엇갈려 만든 우물 틀 모양을 본떠 만든 글자	
	• **油井**(유정): 천연석유를 뽑아 올리기 위해 판 우물(油: 기름 유) • **井田**(정전): 정방형의 토지를 우물 정(井)자형으로 9등분해, 가운데 토지만 공동으로 수확하여 세금으로 바치게 했던 중국 주나라의 토지제도(田: 밭 전) • **井底之蛙**(정저지와): 우물 안 개구리. 식견이 좁거나 편견에 사로잡혀 세상이 넓은 줄을 모르는 사람을 비유하는 말(底: 밑 저, 之: 갈 지, 蛙: 개구리 와)　**[3급 / 4획]**
우물 **정**	一　二　井　井

858. 사물을 둘로 나눈 모양으로, 나눌 분(分)자와 독음이 비슷하여 숫자 8을 나타내게 됨	
	• **八角亭**(팔각정): 지붕을 여덟 모가 지게 지은 정자(角: 뿔 각, 亭: 정자 정) • **八道**(팔도): 우리나라 전체를 이르는 말(道: 길 도) • **四方八方**(사방팔방): 여기저기 모든 방향이나 방면(方: 방향 방) **[8급 / 2획]**
여덟 **팔**	丿　八

859. 밭을 9등분해서 가운데 한 토지만 여덟(八) 명의 개인(厶)들이 공동으로 경작하여 세금으로 바치게 했던 중국 주나라의 토지제도에서 유래한 글자	
	• **公益**(공익): 사회 전체의 이익(益: 더할 익) • **公認**(공인): 국가나 사회 또는 공공단체가 어느 행위나 물건에 대해 인정함(認: 알 인) • **公私多忙**(공사다망): 공적·사적인 일 등으로 매우 바쁨(私: 개인 사, 多: 많을 다, 忙: 바쁠 망)　**[6급 / 4획]**
공평할 **공**	丿　八　公　公

860. 두 손의 세 손가락을 아래로 향하게 한 모습	
	• **六十甲子**(육십갑자): 천간과 지지를 예순 가지로 차례로 배열해 놓은 것 • **死六臣**(사육신): 조선 세조 2년(1456년)에 단종의 복위를 꾀하다가 처형된 여섯 명의 충신(死: 죽을 사, 臣: 신하 신) **[8급 / 4획]**
여섯 **륙**	丶　亠　六　六

861. 스무 사람(廿)이 함께 손을 모아 받든다는(廾) 의미	
共	• **共存**(공존): 서로 도와서 함께 존재함(存: 있을 존) • **共生**(공생): 서로 도우며 함께 삶(生: 날 생) • **共感**(공감): 남의 의견·주장·감정 따위에 찬성하여 자기도 그렇다고 느낌(感: 느낄 감) **[6급 / 6획]**
함께 **공**	一　十　廿　立　共　共

II. 부문별 배정한자

862. 무기(斤)를 두 손으로 붙잡고(廾) 있는 병사의 모습	
兵	• 兵卒(병졸): 예전에 군인이나 군대를 이르던 말(卒: 군사 졸) • 將兵(장병): 장교와 사병을 아울러 이르는 말(將: 장수 장) • 伏兵(복병): 기습을 하기 위해 숨겨둔 군사(伏: 엎드릴 복) [5급 / 7획]
군사 **병**	′ ′ ′ ′ ′ 丘 兵 兵

863. 곡식을 까부르는 키를 두 손으로 붙잡고(廾) 있는 모양을 본떠 만든 글자로, 후에 늘 건조한 그곳에 있다는 의미로 지시대명사 '그'라는 뜻으로 사용	
其	• 其他(기타): 그 밖의 또 다른 것(他: 다를 타) • 不知其數(부지기수): 그 수를 알 수 없다는 뜻으로, 헤아릴 수 없을 만큼 매우 많음을 나 　　　　타내는 말(不: 아니 부, 知: 알 지, 數: 셈 수) [3급 / 8획]
그 **기**	一 十 卄 廿 甘 其 其 其

* 기(其)자가 '그'라는 뜻으로 쓰이자, 의미를 확실히 하기 위하여 대나무 죽(竹)을 추가하여 키 기(箕)자를 만듦

864. 두 손(廾)으로 공손하게 책(冊)을 잡고 있는 모습으로 '귀중한 책, 법'을 의미	
典	• 法典(법전): 국가가 일정한 체계에 따라 통일적으로 제정한 성문 법규집(法: 법 법) • 古典(고전): 오랫동안 많은 사람에게 널리 읽히고 모범이 될 만한 작품(古: 옛 고) • 字典(자전): 한자를 모아 그 소리·뜻·생성과정 등을 풀이한 책(字: 글자 자) [5급 / 8획]
법/책 **전**	丨 冂 冂 曲 曲 典 典 典

865. 새끼줄의 모양을 본떠 만든 글자로, 길게 늘어뜨린 줄에 매듭을 한번 지음으로써 한 단위로써의 열을 나타냄	
十	• 十億(십억): 억의 열배(億: 억 억) • 十中八九(십중팔구): 열 가운데 여덟이나 아홉이 그렇다는 뜻으로, 거의 예외 없이 대개가 　　　　그러함(中: 가운데 중) [8급 / 2획]
열 **십**	一 十

866. 사람 인(亻)과 열 십(十)을 합친 글자로, 한 사람의 수명이 백 살이라면 열 사람의 수명은 일천 살이 된다는 의미	
千	• 千里眼(천리안): 사물을 잘 꿰뚫어 보는 뛰어난 능력(里:마을 리, 眼: 눈 안) • 千秋(천추): 오래고 긴 세월(秋: 가을 추) • 千載一遇(천재일우): 천 년 동안 단 한 번 만난다는 뜻으로, 좀처럼 만나기 어려운 좋은 기 　　　　회를 이르는 말(載: 실을 재, 遇: 만날 우)　　　　　[7급 / 3획]
일천 **천**	′ 二 千

867. 똑바로 세운 절굿공이의 모양을 본떠 만든 글자로, 그 그림자로 점심때를 알았다는 데서 '한낮'을 의미

午

- 正午(정오): 낮 열두 시(正: 바를 정)
- 午前(오전): 밤 열두 시부터 낮 열두 시까지의 동안(前: 앞 전)
- 甲午改革(갑오개혁): 1894년 갑오년(고종 31년) 7월부터 1896년 병신년(고종 33년) 2월 사이에 추진되었던 개혁 운동(甲: 갑옷 갑, 改: 고칠 개, 革:가죽 혁)

[7급 / 4획]

낮 오	ノ 宀 二 午

868. 반으로 나누어서(八) 둘(二)로 가른(ㅣ) 모습

半

- 半島(반도): 삼면이 바다로 둘러싸이고 한 면은 육지에 이어진 땅(島: 섬 도)
- 過半(과반): 절반이 넘음(過: 지날 과)
- 太半(태반): 반수 이상(太: 클 태)

[6급 / 5획]

절반 반	丶 丷 二 半

869. 똑같은 옷(衣)을 입은 열(十) 명의 사람으로 병졸을 의미하며, 병졸은 싸움에서 잘 죽으므로 '마치다'의 뜻으로도 사용

卒

- 兵卒(병졸): 예전에 군인이나 군대를 이르던 말(兵: 군사 병)
- 烏合之卒(오합지졸): 까마귀가 모인 것처럼 무질서한 병졸(烏: 까마귀 오, 合: 합할 합)
- 卒業(졸업): 학생이 규정에 따라 소정의 교과 과정을 마침(業: 일 업)

[5급 / 8획]

군사/마칠 졸	丶 亠 广 卒 卒 卒 卒 卒

870. 여러(十) 사람들이 힘(力)을 합쳐 서로 돕고 화합한다는 의미

協

- 協同(협동): 서로 마음과 힘을 하나로 합함(同: 같을 동)
- 協力(협력): 힘을 합하여 서로 도움(力: 힘 력)
- 協助(협조): 힘을 모아 서로 도움(助: 도울 조)

[4급 / 8획]

화합할 협	一 十 忄 忄 忄 協 協 協

871. 악기 모양을 본떠 만든 글자로, 이 악기가 남쪽 지방에서 크게 유행해서 남쪽을 의미

南

- 南北(남북): 남한과 북한을 아울러 이르는 말(北: 북녘 북)
- 南向(남향): 남쪽으로 향함(向: 향할 향)
- 南半球(남반구): 적도를 경계로 지구를 둘로 나누었을 때의 남쪽에 해당하는 부분(半: 절반 반, 球: 공 구)

[8급 / 9획]

남녘 남	一 十 广 内 内 内 内 南 南

---

872. 네모(口)의 중앙에 선(丨)을 그어 가운데를 의미

中	• **中立**(중립): 어느 쪽에도 치우치지 않고 중간적 입장을 지킴(立: 설 립) • **中間**(중간): 두 사물의 사이. 공간이나 시간 따위의 가운데(間: 사이 간) • **百發百中**(백발백중): 백 번 쏘아 백 번 맞힌다는 뜻으로, 무슨 일이든지 틀리지 않고 꼭 들어맞음(百: 일백 백, 發: 쏠 발) [8급 / 4획]
가운데 **중**	丨 口 口 中

---

873. 깃발을 단 깃대를 손으로 잡고(彐) 일하러 가는 모양을 본떠 만든 글자

事	• **事件**(사건): 사회적으로 문제를 일으키거나 주목을 받을 만한 뜻밖의 일(件: 사건 건) • **慶事**(경사): 축하할 만한 기쁜 일(慶: 경사 경) • **每事**(매사): 하나하나의 모든 일(每: 매양 매) [7급 / 8획]
일 **사**	一 一 一 口 曰 写 写 写 事

---

874. 목구멍으로부터 구부려져 나오는 입김을 본떠 만든 글자로, 윗말을 이어주는 어조사로 사용

乃	• **乃至**(내지): 얼마에서 얼마까지의 뜻을 나타내는 말(至: 이를 지) • **人乃天**(인내천): 사람이 곧 하늘이라는 천도교의 기본 사상(人: 사람 인, 天: 하늘 천) [3급 / 2획]
이에 **내**	丿 乃

---

875. 사람(人)의 뒤를 잡아당기는(乀) 모습을 본떠 만든 글자로, 잡아당김으로 인해 걸음이 느려 오래 걸린다는 의미

久	• **耐久**(내구): 오래 견딤(耐: 견딜 내) • **永久**(영구): 어떤 상태가 시간상으로 무한히 이어짐(永: 길 영) • **持久力**(지구력): 오랫동안 버티며 견디는 힘(持: 가질 지, 力: 힘 력) [3급 / 3획]
오랠 **구**	丿 夕 久

---

876. 초목의 싹이 움터서 땅위로 뻗어 나가는 모양을 본떠 만든 글자로, 현재는 어조사로도 많이 쓰임

之	• **之東之西**(지동지서): 동쪽으로도 가고 서쪽으로도 간다는 뜻으로, 뚜렷한 목적 없이 이리저리 갈팡질팡함을 이르는 말(東: 동녘 동, 西: 서녘 서) • **鳥足之血**(조족지혈): 매우 적은 분량을 비유적으로 이르는 말(鳥: 새 조, 血: 피 혈) • **易地思之**(역지사지): 처지를 바꾸어서 생각하여 봄(易: 바꿀 역, 地: 땅 지, 思: 생각할 사) [3급 / 4획]
갈 **지**	丶 ㆍ ヌ 之

877. 목소리를 길게 뽑는 모양으로, 뜻 없이 다른 말의 기운을 도와주는 말로 사용	
	• 斷乎(단호): 결심이나 태도, 입장 따위가 과단성이 있고 엄격함(斷: 끊을 단) • 不亦說乎(불역열호): 또한 기쁘지 아니한가(不: 아니 불, 亦: 또 역, 說: 기쁠 열) [3급 / 5획]
어조사 호	✓ ✓ ✓ ✓ 乎

* 子曰 學而時習之 不亦說乎(자왈 학이시습지 불역열호): 공자가 말하기를, 배우고 때때로 익히면 또한 기쁘지 아니한 가(논어 학이편 제1장)

878. 나무(木) 위에 사람들(人, 北)이 올라가 있는 모습으로, 수레 따위에 탄다는 의미	
	• 乘車(승차): 차를 탐(車: 수레 차) • 乘客(승객): 차, 배, 비행기 등에 타는 손님(客: 손 객) • 加減乘除(가감승제): 덧셈, 뺄셈, 곱셈, 나눗셈(加: 더할 가, 減: 덜 감, 除: 나눌 제) [3급 / 10획]
탈 승	✓ ✓ ✓ ✓ ✓ ✓ 乖 乘 乘

879. 새의 굽은 앞가슴의 모양을 본떠 만든 글자로, 현재는 십천간의 하나로 사용	
乙	• 甲男乙女(갑남을녀): 평범한 사람들을 이르는 말(甲: 갑옷 갑, 男: 사내 남, 女: 계집 녀) • 乙未事變(을미사변): 1895년 을미년(고종 32년)에 일본의 자객들이 경복궁을 습격하여 명성황후를 죽인 사건(未: 아닐 미, 事: 일 사, 變: 변할 변) [3급 / 1획]
새 을	乙

880. 사람의 팔꿈치를 본떠 만든 글자로, 팔꿈치 주(肘)자와 독음이 비슷하여 숫자 9를 나타내게 됨	
九	• 九牛一毛(구우일모): 아홉 마리의 소 가운데 박힌 하나의 털이란 뜻으로, 매우 많은 것 가운데 극히 적은 수를 이르는 말(牛: 소 우) • 十中八九(십중팔구): 열 가운데 여덟이나 아홉이 그렇다는 뜻으로, 거의 예외 없이 대개가 그러함(中: 가운데 중) [8급 / 2획]
아홉 구	ノ 九

881. 뱀(它)이 똬리를 튼 모양을 본떠 만든 글자로, 주로 문장을 끝맺을 때의 어조사로 사용	
	• 獨也靑靑(독야청청): 홀로 푸르고 푸르다는 뜻으로, 홀로 절개를 굳세게 지키고 있음을 비유적으로 이르는 말(獨: 홀로 독, 靑: 푸를 청) [3급 / 3획]
어조사 야	✓ ✓ 也

	882. 햇볕(倝)과 수증기(乞)를 합친 글자로, 수분이 햇볕을 받아 마른다는 의미
乾	• **乾坤坎離**(건곤감리): 우리나라의 국기인 태극기의 모서리에 표현되어 하늘과 땅, 물과 불을 상징하는 4개의 괘(坤: 땅 곤, 坎: 구덩이 감, 離: 떠날 리) • **乾燥**(건조): 물기나 습기를 말려서 없앰(燥: 마를 조) <div align="right">[3급 / 11획]</div>
하늘/마를 건	一　十　十　古　古　古　直　卓　卓　乾　乾

5-②. 亠(돼지해머리 두), 入(들 입), 冂(멀 경), 几(안석 궤), 勹(쌀 포), 匸(감출 혜), 无(없을 무), 用(쓸 용), 襾(덮을 아)

883. 사람(人)이 망하고 도망쳐 와서 숨는다(匸)는 의미
• **亡國**(망국): 이미 망하여 없어진 나라(國: 나라 국) • **興亡**(흥망): 잘되어 일어남과 못되어 없어짐(興: 일으킬 흥) • **存亡**(존망): 존속과 멸망 또는 생존과 사망(存: 있을 존) 　　　　　　　　　　　　　　　　　　　　　　　　　　[5급 / 3획]

亡 | 망할 **망** | ` 亠 亡

884. 사람이 다리를 꼬고 선 모습으로, '교차하다, 사귀다'를 의미
• **交際**(교제): 서로 사귀어 가까이 지냄(際: 사귈 제) • **交易**(교역): 나라와 나라 사이에서 물건을 사고팔고 하며 서로 바꿈(易: 바꿀 역) • **交叉路**(교차로): 두 길이 서로 엇갈린 곳(叉: 깍지낄 차, 路: 길 로) 　　　　　　　　　　　　　　　　　　　　　　　　　　[6급 / 6획]

交 | 사귈 **교** | ` 亠 广 六 広 交

885. 사람(大)의 좌우에 점을 찍어 옆구리를 나타낸 글자로, 옆구리는 왼쪽에도 있고 또 오른쪽에도 있다는 의미
• **亦是**(역시): 또한. 짐작하거나 예상한 바대로(是: 이 시) • **不亦說乎**(불역열호): 또한 기쁘지 아니한가(不: 아니 불, 說: 기쁠 열, 乎: 어조사 호) 　　　　　　　　　　　　　　　　　　　　　　　　　　[3급 / 6획]

亦 | 또 **역** | ` 亠 广 亣 亦 亦

886. 돼지의 모양을 본떠 만든 글자로, 현재는 십이지지의 하나로 사용
• **辛亥通共**(신해통공): 1791년 신해년(정조 15년)에 실시된 정책으로 금난전권을 폐지하고 자유상업을 가능케 함(辛: 매울 신, 通: 통할 통, 共: 함께 공) 　　　　　　　　　　　　　　　　　　　　　　　　　　[3급 / 6획]

亥 | 돼지 **해** | ` 亠 亡 亥 亥 亥

887. 높이 지은 궁전의 모양을 본떠 만든 글자로, 나라를 다스리는 궁전이 있는 서울을 의미
• **京鄕**(경향): 서울과 시골을 아울러 이르는 말(鄕: 시골 향) • **上京**(상경): 지방에서 서울로 올라감(上: 윗 상) • **歸京**(귀경): 서울로 돌아가거나 돌아옴(歸: 돌아갈 귀) 　　　　　　　　　　　　　　　　　　　　　　　　　　[6급 / 8획]

京 | 서울 **경** | ` 亠 亡 古 古 京 京 京

888. 두 개의 길이 만나 합쳐져서 한 길로 들어가는 모양을 본떠 만든 글자
入	• **入口**(입구): 들어가는 어귀나 문(口: 입 구) • **收入**(수입): 돈이나 물품 따위를 거두어들임(收: 거둘 수) • **投入**(투입): 던져 넣음(投: 던질 투) [7급 / 2획]
들 **입**	ノ 入

889. 성(冂) 안으로 들어간다(入)는 의미
內	• **內外**(내외): 안과 밖(外: 바깥 외) • **內容**(내용): 말, 글, 그림 따위의 모든 표현 매체 속에 들어 있는 것(容: 받아들일 용) • **內憂外患**(내우외환): 나라 안팎의 여러 가지 어려움(憂: 근심 우, 患: 근심 환) [7급 / 4획]
안 **내**	丨 冂 冂 內

890. 귀중한 옥(玉)을 창고 안에 넣어(入)를 온전하게 보관한다는 의미
全	• **完全**(완전): 필요한 것이 모두 갖추어져 모자람이나 흠이 없음(完: 완전할 완) • **全部**(전부): 어떤 대상을 이루는 낱낱의 전체(部: 떼 부) • **保全**(보전): 온전하게 잘 지킴(保: 지킬 보) [7급 / 6획]
온전할 **전**	ノ 入 스 스 수 全

891. 하나(一)의 수레에 두 마리(网)의 말이 끄는 모습으로 '한 쌍, 둘'을 의미
兩	• **兩立**(양립): 두 가지가 동시에 따로 성립함(立: 설 립) • **兩面**(양면): 사물의 두 면(面: 낯 면) • **兩家**(양가): 양쪽 집안(家: 집 가) [4급 / 8획]
두 **량**	一 冂 冂 帀 雨 兩 兩

892. 대나무를 잘라 가죽끈으로 엮어 매었던 죽간의 모습을 본떠 만든 글자
冊	• **冊床**(책상): 주로 글을 읽거나 쓸 때에 이용하기 위한 상(床: 평상 상) • **冊子**(책자): 어떤 생각을 글이나 그림으로 나타낸 종이를 묶어 꿰맨 물건 • **別冊**(별책): 따로 엮어 만든 책(別: 나눌 별) [4급 / 5획]
책 **책**	丨 冂 冂 冊 冊

893. 통나무를 쌓고 그 위에 다시 하나(一)를 겹쳐 올린다는 의미

再	• **再生**(재생): 낡거나 못 쓰게 된 물건을 가공하여 다시 쓰게 함(生: 날 생) • **再演**(재연): 한 번 했던 행위나 일을 다시 되풀이함(演: 펼 연) • **再建**(재건): 허물어진 건물이나 조직 따위를 다시 일으켜 세움(建: 세울 건) <div align="right">[5급 / 6획]</div>
다시 **재**	一 丆 丏 襾 再 再

894. 돛의 모양을 본떠 만든 글자로, 대체적으로는 바람을 이용한다는 의미

凡	• **平凡**(평범): 뛰어나거나 색다른 점이 없이 예사로움(平: 평평할 평) • **非凡**(비범): 평범한 수준보다 훨씬 뛰어남(非: 아닐 비) • **凡事**(범사): 갖가지의 모든 일(事: 일 사) <div align="right">[3급 / 3획]</div>
무릇 **범**	丿 几 凡

895. 깃발 모양을 본뜬 글자로, 금지 신호의 깃발이 올랐으니 하지 말라는 의미

勿	• **勿論**(물론): 더 말할 것도 없이(論: 논할 론) • **勿忘草**(물망초): 나를 잊지 말라는 꽃말의 여러해살이풀(忘:잊을 망, 草: 풀 초) <div align="right">[3급 / 4획]</div>
말 **물**	丿 勹 勾 勿

896. 옷감을 똑같이 양쪽에서 감아(八) 나란히 넣어둔(匚) 모습

匹	• **配匹**(배필): 부부로서의 짝(配: 짝 배) • **匹夫匹婦**(필부필부): 평범한 남녀(夫: 지아비 부, 婦: 아내 부) • **匹馬單騎**(필마단기): 혼자 한 필의 말을 타고 전진으로 뛰어듦(馬: 말 마, 單: 홑 단, 騎: 말 탈 기) <div align="right">[3급 / 4획]</div>
짝 **필**	一 丆 兀 匹

897. 숟가락(匕)으로 고소한 밥(白)을 먹고 고개를 돌리는(无) 모습으로, 이미 다 먹었다는 의미

旣	• **旣往之事**(기왕지사): 이미 지나간 과거의 일(往: 갈 왕, 事: 일 사) • **旣定**(기정): 이미 결정되어 있음(定: 정할 정) • **旣婚**(기혼): 이미 결혼함(婚: 혼인 혼) <div align="right">[3급 / 11획]</div>
이미 **기**	丶 亻 白 白 白 白 皀 皀 旣 旣 旣

898. 큰 통에 쓸모있는 나뭇가지를 넣어둔 모습으로, 쓸모있는 것을 간수해 둔다는 의미	
用	• **使用**(사용): 물건을 쓰거나 사람을 부림(使: 부릴 사) • **信用**(신용): 믿고 씀. 평판이 좋고 믿음성이 있음(信: 믿을 신) • **惡用**(악용): 알맞지 않게 쓰거나 나쁜 일에 씀(惡: 악할 악) <div align="right">[6급 / 5획]</div>
쓸 용	ノ 刀 月 月 用

899. 새의 둥지를 본떠 만든 글자로, 해가 서쪽으로 지면 새들이 둥지로 날아온다는 의미	
西	• **西風**(서풍): 서쪽에서 불어오는 바람(風: 바람 풍) • **西洋**(서양): 동양에 대하여 유럽과 아메리카의 여러 나라를 이르는 말(洋: 큰바다 양) • **東問西答**(동문서답): 동쪽을 묻는데 서쪽을 대답한다는 뜻으로, 묻는 말에 대하여 전혀 엉뚱한 대답을 함(東: 동녘 동, 問: 물을 문, 答: 대답할 답) [8급 / 6획]
서녘 서	一 丆 丆 丙 両 西

900. 허리에 양손(臼)을 짚고 있는 여자(女)의 모양을 본떠 만든 글자로, 허리는 몸의 중요한 부분이라는 의미	
要	• **重要**(중요): 귀중하고 요긴함(重: 무거울 중) • **要請**(요청): 필요한 일을 해달라고 부탁함(請: 청할 청) • **要求**(요구): 필요한 것을 달라고 청함(求: 구할 구) <div align="right">[5급 / 9획]</div>
중요할/ 구할 요	一 丆 丆 両 両 西 覀 要 要

Ⅲ.
부록

1. 유의자(類義字)

2. 반의자(反義字)

3. 사자성어

1. 유의자(類義字)

歌 謠 (가요)	
노래 가	노래 요

空 虛 (공허)	
빌 공	빌 허

談 話 (담화)	
말씀 담	말씀 화

覺 悟 (각오)	
깨달을 각	깨달을 오

過 失 (과실)	
허물 과	잃을 실

到 達 (도달)	
이를 도	이를 달

監 視 (감시)	
볼 감	볼 시

果 實 (과실)	
열매 과	열매 실

道 路 (도로)	
길 도	길 로

健 康 (건강)	
굳셀 건	편안할 강

教 訓 (교훈)	
가르칠 교	가르칠 훈

末 端 (말단)	
끝 말	끝 단

境 界 (경계)	
경계 경	경계 계

具 備 (구비)	
갖출 구	갖출 비

文 章 (문장)	
글월 문	글 장

競 爭 (경쟁)	
다툴 경	다툴 쟁

極 端 (극단)	
끝 극	끝 단

法 典 (법전)	
법 법	법 전

計 算 (계산)	
셀 계	셈할 산

根 本 (근본)	
뿌리 근	근본 본

兵 卒 (병졸)	
군사 병	군사 졸

孤 獨 (고독)	
외로울 고	홀로 독

技 術 (기술)	
재주 기	재주 술

報 告 (보고)	
알릴 보	알릴 고

高 尙 (고상)	
높을 고	높일 상

技 藝 (기예)	
재주 기	재주 예

保 守 (보수)	
지킬 보	지킬 수

攻 擊 (공격)	
칠 공	칠 격

斷 絶 (단절)	
끊을 단	끊을 절

扶 助 (부조)	
도울 부	도울 조

思 考 (사고)	
생각할 사	생각할 고

始 初 (시초)	
처음 시	처음 초

連 續 (연속)	
이을 련	이을 속

思 想 (사상)	
생각할 사	생각할 상

試 驗 (시험)	
시험할 시	시험할 험

永 遠 (영원)	
길 영	멀 원

舍 宅 (사택)	
집 사	집 택

申 告 (신고)	
알릴 신	알릴 고

溫 暖 (온난)	
따뜻할 온	따뜻할 난

想 念 (상념)	
생각할 상	생각할 념

身 體 (신체)	
몸 신	몸 체

完 全 (완전)	
완전할 완	온전할 전

喪 失 (상실)	
잃을 상	잃을 실

心 情 (심정)	
마음 심	뜻 정

恩 惠 (은혜)	
은혜 은	은혜 혜

選 別 (선별)	
가릴 선	나눌 별

眼 目 (안목)	
눈 안	눈 목

音 聲 (음성)	
소리 음	소리 성

素 朴 (소박)	
흴 소	순박할 박

哀 悼 (애도)	
슬플 애	슬퍼할 도

議 論 (의논)	
의논할 의	논할 론

樹 木 (수목)	
나무 수	나무 목

言 語 (언어)	
말씀 언	말씀 어

衣 服 (의복)	
옷 의	옷 복

純 潔 (순결)	
순수할 순	깨끗할 결

研 究 (연구)	
갈 연	연구할 구

意 志 (의지)	
뜻 의	뜻 지

施 設 (시설)	
베풀 시	갖출 설

年 歲 (연세)	
해 년	해 세

財 貨 (재화)	
재물 재	재화 화

貯 蓄 (저축)	
쌓을 저	쌓을 축

增 加 (증가)	
더할 증	더할 가

戰 爭 (전쟁)	
싸움 전	다툴 쟁

至 極 (지극)	
이를 지	다할 극

停 留 (정류)	
머무를 정	머무를 류

智 識 (지식)	
알 지	알 식

精 誠 (정성)	
정성 정	정성 성

處 所 (처소)	
곳 처	곳 소

正 直 (정직)	
바를 정	곧을 직

寒 冷 (한랭)	
찰 한	찰 랭

製 作 (제작)	
지을 제	지을 작

恒 常 (항상)	
항상 항	항상 상

製 造 (제조)	
지을 제	지을 조

混 雜 (혼잡)	
섞일 혼	섞일 잡

調 和 (조화)	
고를 조	화할 화

休 息 (휴식)	
쉴 휴	숨쉴 식

存 在 (존재)	
있을 존	있을 재

希 望 (희망)	
바랄 희	바랄 망

中 央 (중앙)	
가운데 중	가운데 앙

2. 반의자(反義字)

加 減 (가감)		功 過 (공과)		多 少 (다소)	
더할 가	덜 감	공 공	허물 과	많을 다	적을 소

江 山 (강산)		攻 防 (공방)		當 落 (당락)	
강 강	뫼 산	칠 공	막을 방	마땅 당	떨어질 락

強 弱 (강약)		官 民 (관민)		大 小 (대소)	
강할 강	약할 약	벼슬 관	백성 민	큰 대	작을 소

開 閉 (개폐)		貴 賤 (귀천)		東 西 (동서)	
열 개	닫을 폐	귀할 귀	천할 천	동녘 동	서녘 서

去 來 (거래)		吉 凶 (길흉)		得 失 (득실)	
갈 거	올 래	길할 길	흉할 흉	얻을 득	잃을 실

輕 重 (경중)		男 女 (남녀)		賣 買 (매매)	
가벼울 경	무거울 중	사내 남	계집 녀	팔 매	살 매

京 鄕 (경향)		南 北 (남북)		明 暗 (명암)	
서울 경	시골 향	남녘 남	북녘 북	밝을 명	어두울 암

苦 樂 (고락)		內 外 (내외)		矛 盾 (모순)	
쓸 고	즐길 락	안 내	바깥 외	창 모	방패 순

高 低 (고저)		勞 使 (노사)		問 答 (문답)	
높을 고	낮을 저	일할 로	부릴 사	물을 문	대답할 답

曲 直 (곡직)		老 少 (노소)		文 武 (문무)	
굽을 곡	곧을 직	늙을 로	젊을 소	글월 문	무사 무

227

物 心 (물심)		山 海 (산해)		是 非 (시비)	
물건 물	마음 심	뫼 산	바다 해	옳을 시	아닐 비

發 着 (발착)		賞 罰 (상벌)		始 終 (시종)	
필 발	붙을 착	상줄 상	벌할 벌	처음 시	마칠 종

方 圓 (방원)		上 下 (상하)		新 舊 (신구)	
모 방	둥글 원	윗 상	아래 하	새로울 신	옛 구

本 末 (본말)		善 惡 (선악)		心 身 (심신)	
근본 본	끝 말	착할 선	악할 악	마음 심	몸 신

夫 婦 (부부)		先 後 (선후)		言 行 (언행)	
남편 부	아내 부	먼저 선	뒤 후	말씀 언	행할 행

貧 富 (빈부)		成 敗 (성패)		玉 石 (옥석)	
가난할 빈	부유할 부	이룰 성	패할 패	구슬 옥	돌 석

死 生 (사생)		授 受 (수수)		緩 急 (완급)	
죽을 사	날 생	줄 수	받을 수	느릴 완	급할 급

師 弟 (사제)		水 火 (수화)		往 復 (왕복)	
스승 사	아우 제	물 수	불 화	갈 왕	돌아올 복

山 川 (산천)		勝 敗 (승패)		優 劣 (우열)	
뫼 산	내 천	이길 승	패할 패	뛰어날 우	못할 렬

山 河 (산하)		始 末 (시말)		遠 近 (원근)	
뫼 산	물 하	처음 시	끝 말	멀 원	가까울 근

有 無 (유무)		正 誤 (정오)		出 入 (출입)	
있을 유	없을 무	바를 정	그르칠 오	날 출	들 입

陰 陽 (음양)		朝 夕 (조석)		彼 此 (피차)	
그늘 음	볕 양	아침 조	저녁 석	저 피	이 차

利 害 (이해)		祖 孫 (조손)		海 陸 (해륙)	
이로울 리	해할 해	할아버지 조	손자 손	바다 해	뭍 륙

因 果 (인과)		主 客 (주객)		虛 實 (허실)	
인할 인	결과 과	주인 주	손 객	빌 허	열매 실

日 月 (일월)		晝 夜 (주야)		兄 弟 (형제)	
날 일	달 월	낮 주	밤 야	맏 형	아우 제

自 他 (자타)		主 從 (주종)		黑 白 (흑백)	
스스로 자	남 타	주인 주	따를 종	검을 흑	흰 백

長 短 (장단)		增 減 (증감)		興 亡 (흥망)	
길 장	짧을 단	더할 증	덜 감	일으킬 흥	망할 망

將 兵 (장병)		進 退 (진퇴)		喜 悲 (희비)	
장수 장	군사 병	나아갈 진	물러날 퇴	기쁠 희	슬플 비

將 卒 (장졸)		集 配 (집배)	
장수 장	군사 졸	모을 집	나눌 배

前 後 (전후)		春 秋 (춘추)	
앞 전	뒤 후	봄 춘	가을 추

3. 사자성어

1	角者無齒 각 자 무 치	뿔이 있는 놈은 이가 없다는 뜻으로, 한 사람이 모든 복을 겸하지는 못함
2	刻舟求劍 각 주 구 검	바다에 떨어진 칼을 찾기 위해 배에 표시를 하지만, 배가 움직여 위치를 못 찾는다는 뜻으로, 어리석고 융통성이 없음을 비유
3	甘言利說 감 언 이 설	남의 비위에 맞도록 꾸민 달콤한 말과 이로운 조건을 내세워 꾀는 말
4	結者解之 결 자 해 지	맺은 사람이 풀어야 한다는 뜻으로, 자기가 저지른 일은 스스로 해결해야 한다는 말
5	結草報恩 결 초 보 은	풀을 묶어서 은혜에 보답한다는 뜻으로, 죽어서라도 은혜를 갚음을 비유
6	鷄口牛後 계 구 우 후	닭의 입과 소의 꼬리라는 뜻으로, 큰 집단의 꼴찌보다 작은 집단의 우두머리가 더 낫다는 비유
7	苦肉之策 고 육 지 책	자기 몸을 다치면서까지 택한 방법이나 계략으로, 어려움을 벗어나기 위해 꾸며내는 방법
8	苦盡甘來 고 진 감 래	쓴 것이 다하면 단 것이 온다는 뜻으로, 고생 끝에 즐거움이 온다는 말
9	骨肉相爭 골 육 상 쟁	뼈와 살이 서로 싸우는 것으로, 가까운 혈족끼리 서로 경쟁하고 다툼
10	管鮑之交 관 포 지 교	친구끼리 매우 다정하고 허물없는 교제
11	句句節節 구 구 절 절	하나하나의 모든 구절
12	九死一生 구 사 일 생	아홉 번 죽을 뻔하다 한 번 살아났다는 뜻으로, 여러 차례 죽을 고비를 넘고 살았음을 이르는 말
13	九牛一毛 구 우 일 모	아홉 마리의 소 가운데 박힌 하나의 털이란 뜻으로, 매우 많은 것 가운데 극히 적은 수를 이르는 말
14	今時初聞 금 시 초 문	이제야 비로소 처음으로 들음

한자 Up 어휘력 Up 성적 Up

15	金枝玉葉 금 지 옥 엽	금으로 된 가지와 옥으로 된 잎사귀라는 뜻으로, 임금이나 귀한 집의 자손
16	勞心焦思 노 심 초 사	몹시 마음을 쓰며 애를 태움
17	多多益善 다 다 익 선	많을수록 좋고, 더 능력을 발휘할 수 있다는 말
18	多情多感 다 정 다 감	정이 많고 감성이 풍부함
19	多才多能 다 재 다 능	재능과 능력이 많음
20	大器晩成 대 기 만 성	큰 그릇을 만드는 데는 시간이 오래 걸린다는 뜻으로, 크게 될 사람은 늦게 이루어짐을 이르는 말
21	獨不將軍 독 불 장 군	혼자서는 장군이 못 된다는 뜻으로, 남의 의견을 무시하고 자기 혼자 생각하고 행동하는 사람
22	同苦同樂 동 고 동 락	괴로울 때나 즐거울 때나 항상 함께함
23	東問西答 동 문 서 답	질문과는 전혀 상관없는 엉뚱한 대답
24	東奔西走 동 분 서 주	사방으로 이리저리 바쁘게 돌아다님
25	燈下不明 등 하 불 명	등잔 밑이 어둡다는 뜻으로, 가까이에서 일어난 일을 모름을 비유
26	馬耳東風 마 이 동 풍	동풍이 말의 귀를 스쳐 간다는 뜻으로, 남의 말에 귀 기울이지 않고 흘려 버림을 비유
27	莫上莫下 막 상 막 하	위도 없고 아래도 없다는 뜻으로, 서로 우열을 가릴 수 없음
28	萬事太平 만 사 태 평	모든 일이 잘되어 평안하다는 뜻으로, 모든 일에 아무 걱정 없이 지냄
29	萬壽無疆 만 수 무 강	아무 탈 없이 아주 오래 삶

30	滿身瘡痍 만 신 창 이	온몸이 다쳐서 상처투성이로, 일이 아주 엉망이 된 상태
31	孟母三遷 맹 모 삼 천	맹자의 어머니가 맹자의 교육을 위하여 세 번 이사를 했다는 뜻으로, 교육에는 주위환경이 중요함을 강조
32	百發百中 백 발 백 중	백번 발사하여 백번 모두 맞힘을 뜻하며, 모든 일이 잘됨을 의미
33	不老長生 불 로 장 생	늙지 않고 오래 사는 것
34	粉骨碎身 분 골 쇄 신	뼈가 가루가 되고 몸이 부서진다는 뜻으로, 힘과 노력을 다해 수고를 아끼지 않음
35	非夢似夢 비 몽 사 몽	꿈인지 아닌지 희미한 상태
36	非一非再 비 일 비 재	같은 일이 여러 번 있음
37	四面楚歌 사 면 초 가	사방이 다 막혀서 도와줄 수 없는 고립된 상태
38	事必歸正 사 필 귀 정	처음에 그릇된 길로 가더라도 반드시 바른길로 돌아옴
39	山川草木 산 천 초 목	산, 물, 풀, 나무라는 뜻으로, 자연을 비유
40	殺身成仁 살 신 성 인	남을 위해 자신의 목숨을 희생함
41	塞翁之馬 새 옹 지 마	변방에 사는 노인의 말이라는 뜻으로, 변화가 많아 어떤 것이 재앙인지 축복인지 예측하기 어려움을 비유
42	雪上加霜 설 상 가 상	눈 위에 서리가 덮인다는 뜻으로, 불행한 일이 여러 번 겹침을 비유
43	小貪大失 소 탐 대 실	작은 것을 욕심내다 큰 것을 잃음
44	束手無策 속 수 무 책	손을 묶어 놓아 방법이 없다는 뜻

45	水魚之交 수 어 지 교	물과 물고기의 관계라는 뜻으로, 서로 떨어질 수 없는 매우 친밀한 관계
46	始終一貫 시 종 일 관	일 따위를 처음부터 끝까지 한결같이 함
47	身土不二 신 토 불 이	몸과 땅은 둘이 아니라는 뜻으로, 우리 땅에서 자란 농산물이 우리 몸에 좋다는 비유
48	良藥苦口 양 약 고 구	좋은 약은 입에 쓰다는 뜻으로, 좋은 충고는 귀에 거슬리나 자신에게 좋다는 말
49	漁父之利 어 부 지 리	새와 조개가 다투는 틈을 타서 어부가 둘 다 잡았다는 고사로, 두 사람이 다투는 사이 제3자가 이익을 보게 됨을 이르는 말
50	語不成說 어 불 성 설	이치에 맞지 않아 말이 도무지 되지 않음
51	言飛千里 언 비 천 리	말이 천 리를 날아간다는 뜻으로, 말이 몹시 빠르고도 멀리 전하여짐을 이르는 말
52	言中有骨 언 중 유 골	말 속에 뼈가 있다는 뜻으로, 말 속에 깊은 속뜻이 숨어 있음을 비유
53	言行一致 언 행 일 치	말과 행동이 같음
54	易地思之 역 지 사 지	상대방과 입장을 바꿔서 생각함
55	烏飛梨落 오 비 이 락	까마귀 날자 배 떨어진다는 뜻으로, 아무 관계 없는 일이 우연한 상황으로 억울한 일을 당하게 됨
56	溫故知新 온 고 지 신	옛것을 익히고 그것을 통하여 새로운 것을 안다는 의미
57	臥薪嘗膽 와 신 상 담	불편한 섶에 몸을 눕히고 쓸개를 맛본다는 뜻으로, 원수를 갚으려고 온갖 어려움과 괴로움을 참고 견딤을 이르는 말
58	外柔內剛 외 유 내 강	겉으로는 부드러우나 속은 꿋꿋하고 강함
59	樂山樂水 요 산 요 수	산수의 경치를 좋아함

60	龍頭蛇尾 용 두 사 미	용의 머리에 뱀의 꼬리라는 뜻으로, 시작은 화려했으나 끝은 초라함
61	牛耳讀經 우 이 독 경	소 귀에 경 읽기라는 뜻으로, 가르치고 일러 주어도 알아듣지 못함
62	右往左往 우 왕 자 왕	오른쪽으로 왼쪽으로 왔다 갔다 한다는 뜻으로, 가고자 하는 방향을 못 잡고 이리저리 왔다 갔다 함
63	有口無言 유 구 무 언	입은 있으나 할 말이 없다는 뜻으로, 변명할 말이 없음
64	有備無患 유 비 무 환	미리 준비해 두면 근심할 것이 없음
65	類類相從 유 유 상 종	같은 무리끼리 서로 따르고 모임
66	以心傳心 이 심 전 심	마음과 마음이 서로 통한다는 뜻
67	一擧兩得 일 거 양 득	한 가지 일로 두 가지 이익을 얻음
68	一瀉千里 일 사 천 리	강물이 빨리 흘러가 단번에 천 리를 간다는 뜻으로, 일이 거침없이 신속하게 진행됨
69	一石二鳥 일 석 이 조	돌 하나로 두 마리의 새를 잡는다는 뜻으로, 한 가지의 일로 두 가지 또는 그 이상의 이득을 얻음을 비유
70	日就月將 일 취 월 장	날마다 달마다 성장하고 발전한다는 뜻으로, 나날이 학문이나 기술이 발전해 나감
71	自畵自讚 자 화 자 찬	자기가 그린 그림을 칭찬한다는 뜻으로, 자기가 한 일을 스스로 자랑함
72	轉禍爲福 전 화 위 복	재앙이 바뀌어 오히려 복이 된다는 뜻으로, 나쁜 일이 좋은 일로 바뀜
73	井底之蛙 정 저 지 와	우물 안 개구리라는 뜻으로, 견문이 좁고 세상물정이 어두운 사람을 비유
74	朝三暮四 조 삼 모 사	자기의 이익을 위해 교활한 꾀를 써서 남을 속이고 놀리는 것

75	坐不安席 좌 불 안 석	자리에 편안히 앉지 못한다는 뜻으로, 마음의 불안이나 근심으로 한자리에 오래 앉아 있지 못함
76	左之右之 좌 지 우 지	왼쪽으로 돌렸다 오른쪽으로 돌렸다 한다는 뜻으로, 자기 마음대로 하는 것
77	晝耕夜讀 주 경 야 독	낮에는 농사를 짓고 밤에는 글을 읽는다는 뜻으로, 힘들고 어려워도 열심히 공부하는 것
78	走馬看山 주 마 간 산	말을 타고 달리며 산천을 구경한다는 뜻으로, 사물을 자세히 살펴보지 않고 겉으로 대충 보는 것
79	竹馬故友 죽 마 고 우	어릴 때부터 같이 놀며 자란 친한 친구
80	衆口難防 중 구 난 방	뭇사람의 말을 막기가 어렵다는 뜻으로, 막기 어려울 정도로 여럿이 마구 지껄임을 이르는 말
81	知彼知己 지 피 지 기	적을 알고 나를 알아야 한다는 뜻으로, 상대의 약점과 상황을 알면 상대방과 싸워도 이길 수 있음
82	珍羞盛饌 진 수 성 찬	맛이 좋은 음식이라는 뜻으로, 성대하게 잘 차려진 음식
83	進退兩難 진 퇴 양 난	앞이나 뒤로 갈 수 없는 것으로, 이러지도 못하고 저러지도 못하는 것
84	此日彼日 차 일 피 일	약속한 시간이나 날짜를 오늘 내일 하며 자꾸 미루는 모양
85	天高馬肥 천 고 마 비	하늘이 높고 말이 살찐다는 뜻으로, 가을의 청명함과 풍성함을 표현
86	天眞爛漫 천 진 난 만	천진함이 넘친다는 뜻으로, 조금도 꾸밈이 없고 순진하며 진실됨
87	草綠同色 초 록 동 색	풀의 색과 녹색은 같은 색이란 뜻으로, 같은 환경에 있는 사람들끼리 모인다는 뜻
88	初志一貫 초 지 일 관	처음에 세운 뜻을 이루려고 끝까지 밀고 나감
89	寸鐵殺人 촌 철 살 인	작고 날카로운 쇠붙이로도 사람을 죽일 수 있다는 뜻으로, 간단한 말로 사람을 감동시키거나 남의 약점을 찌를 수 있음

90	七顚八起 칠 전 팔 기	일곱 번 넘어지고 여덟 번 일어난다는 뜻으로, 여러 번 실패해도 굴하지 않고 꾸준히 노력함을 비유
91	他山之石 타 산 지 석	남의 산에 있는 돌이라도 나의 옥을 다듬는 데에 도움이 된다는 뜻으로, 다른 사람의 언행, 허물, 실패까지도 자신에게 도움이 되는 것
92	貪官汚吏 탐 관 오 리	탐욕스런 관리와 더러운 관리로, 부정부패로 청렴하지 못한 관리
93	破顔大笑 파 안 대 소	얼굴이 찢어지도록 크게 웃는다는 뜻으로, 즐거운 표정으로 한바탕 크게 웃는 웃음
94	破竹之勢 파 죽 지 세	대나무의 한끝을 갈라 내리 쪼개듯, 거침없이 적을 물리치며 진군하는 기세를 비유
95	風前燈火 풍 전 등 화	바람 앞에 등불로, 매우 위급한 상황
96	鶴首苦待 학 수 고 대	학의 목처럼 목을 늘여 빼고 몹시 애타게 기다림
97	咸興差使 함 흥 차 사	심부름 가서 아무 소식 없이 돌아오지 않거나 회답이 더딘 것을 비유
98	好事多魔 호 사 다 마	좋은 일에는 흔히 시샘하는 듯이 안 좋은 일들이 많음
99	呼兄呼弟 호 형 호 제	서로를 형, 동생이라 부른다는 뜻으로, 아주 가까운 사이를 말함

색인

239

241

색인

한자 Up 어휘력 Up 성적 Up